Aplicaciones informáticas de tratamiento de textos

Ofimática

Certificados de profesionalidad

RE/DG/TRANS/10-41

Anagrama «LUCHA CONTRA LA PIRATERÍA», propiedad de Unión Internacional de Escritores.

CONSEJO DE REDACCIÓN

María Mercedes Rey Botana

Elena Rubio Gallardo

MAQUETACIÓN

Sara Bravo Alia

Alicia Plaza Arija

ILUSTRACIÓN DE CUBIERTA

Ignacio Velasco Marugán

© Centro de Estudios Adams   **www.adams.es**

ISBN: 978-84-1077-050-8
Depósito legal: M-14691-2024
Editado en octubre de 2024
Imprime: Centro de Estudios Adams. Ediciones Valbuena, S.A.
Impreso en España. Printed in Spain

Presentación

Comprometidos por ofrecer una propuesta formativa ajustada a las necesidades de la sociedad y del mercado de trabajo, Grupo ADAMS presenta este curso de **Aplicaciones Informáticas de tratamiento de textos** desarrollado conforme a los nuevos **Certificados de Profesionalidad** y, por tanto, vinculado al **Catálogo Nacional de Cualificaciones**. De esta manera, es posible obtener la acreditación oficial, con validez en todo el territorio nacional, de estar en posesión de las aptitudes y conocimientos que permiten un óptimo desempeño profesional, una vez superadas las pruebas establecidas al efecto.

Esta **Unidad Formativa**, con una duración asociada de 30 horas, forma parte del **Módulo Transversal de Ofimática (MF0233_2)**, perteneciente a la familia de Administración y Gestión.

En la elaboración de los contenidos hemos pretendido garantizar la **adquisición, mejora y actualización de las competencias profesionales** requeridas en el mercado laboral, así como fomentar el **aprendizaje**.

Para conseguir tal objetivo, cada unidad didáctica presenta la siguiente estructura:

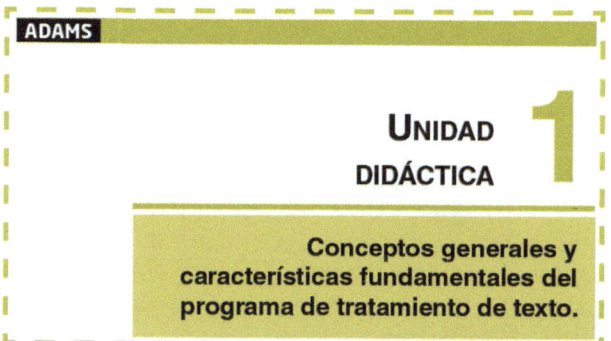

ADAMS

UNIDAD **1**
DIDÁCTICA

Conceptos generales y características fundamentales del programa de tratamiento de texto.

Título

Según el programa oficial publicado en el BOE.

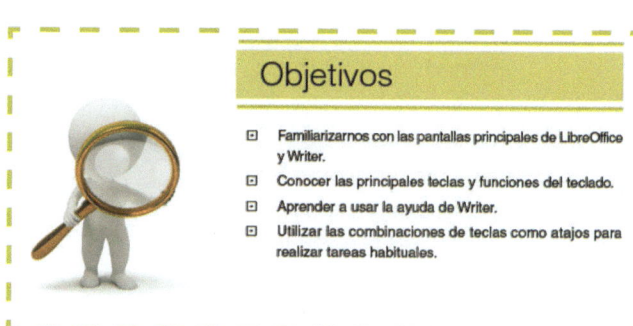

Objetivos

Al comienzo de la unidad didáctica, identifican las capacidades que podrás adquirir.

Objetivos

☐ Familiarizarnos con las pantallas principales de LibreOffice y Writer.

☐ Conocer las principales teclas y funciones del teclado.

☐ Aprender a usar la ayuda de Writer.

☐ Utilizar las combinaciones de teclas como atajos para realizar tareas habituales.

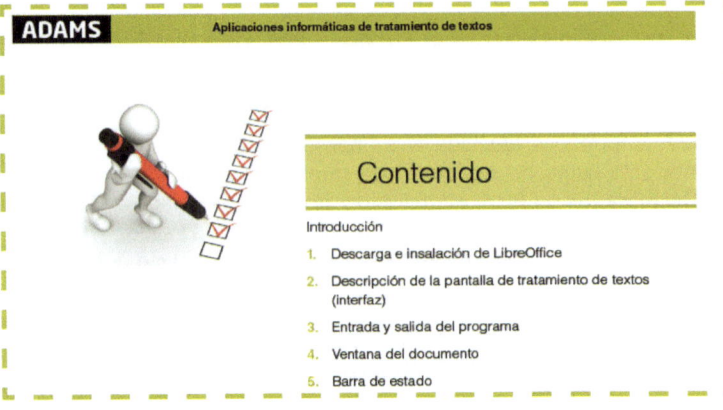

Contenido

Introducción

1. Descarga e insalación de LibreOffice
2. Descripción de la pantalla de tratamiento de textos (interfaz)
3. Entrada y salida del programa
4. Ventana del documento
5. Barra de estado

Índice de contenidos

Proporciona una visión general del contenido, enumerando todos los aspectos que se desarrollan en la Unidad Didáctica.

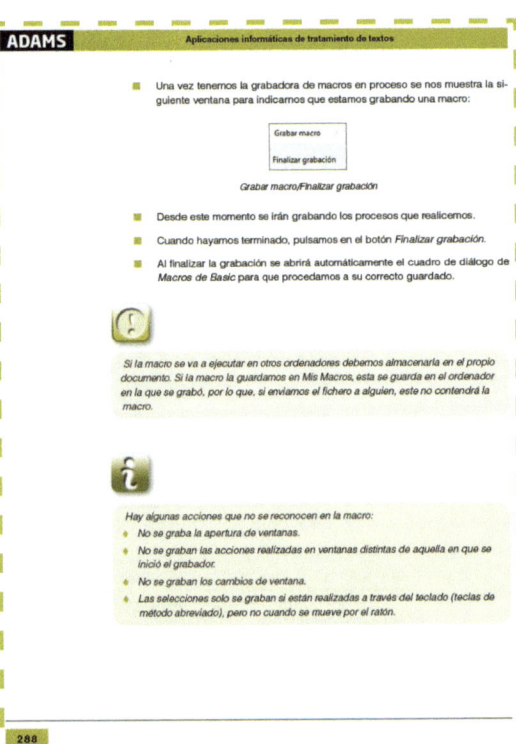

Exposición y desarrollo

Del contenido del programa oficial, con notas destacadas al margen, como "Importante", "Información"...

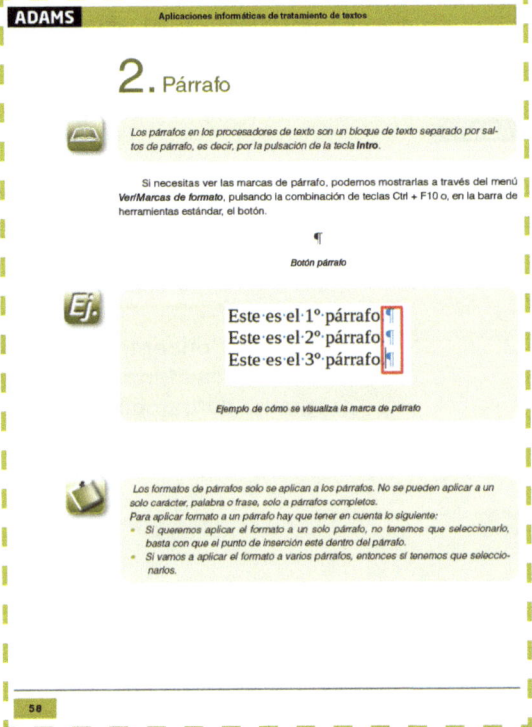

Ejemplos

Interrelacionados con los contenidos estudiados y que aportan una visión práctica de la materia.

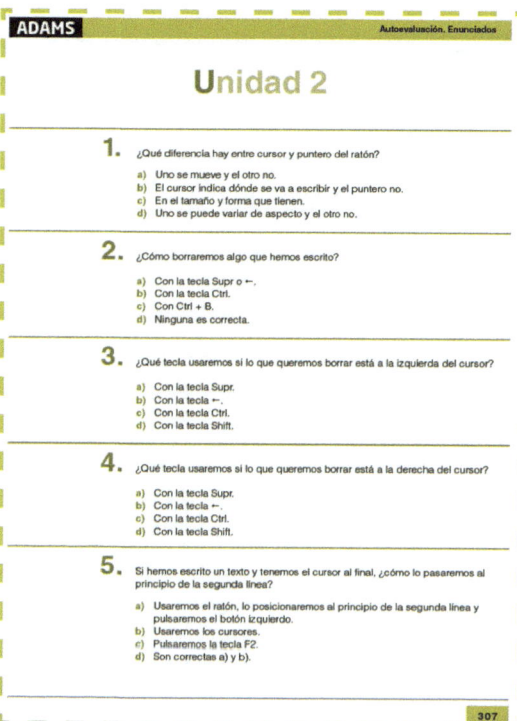

Unidad 2

1. ¿Qué diferencia hay entre cursor y puntero del ratón?

  a) Uno se mueve y el otro no.
  b) El cursor indica dónde se va a escribir y el puntero no.
  c) En el tamaño y forma que tienen.
  d) Uno se puede variar de aspecto y el otro no.

2. ¿Cómo borraremos algo que hemos escrito?

  a) Con la tecla Supr o ←.
  b) Con la tecla Ctrl.
  c) Con Ctrl + B.
  d) Ninguna es correcta.

3. ¿Qué tecla usaremos si lo que queremos borrar está a la izquierda del cursor?

  a) Con la tecla Supr.
  b) Con la tecla ←.
  c) Con la tecla Ctrl.
  d) Con la tecla Shift.

4. ¿Qué tecla usaremos si lo que queremos borrar está a la derecha del cursor?

  a) Con la tecla Supr.
  b) Con la tecla ←.
  c) Con la tecla Ctrl.
  d) Con la tecla Shift.

5. Si hemos escrito un texto y tenemos el cursor al final, ¿cómo lo pasaremos al principio de la segunda línea?

  a) Usaremos el ratón, lo posicionaremos al principio de la segunda línea y pulsaremos el botón izquierdo.
  b) Usaremos los cursores.
  c) Pulsaremos la tecla F2.
  d) Son correctas a) y b).

307

Autoevaluaciones

Te ayudarán a comprobar el grado de asimilación de la materia estudiada, en base a las competencias a adquirir y sus criterios de realización.

Glosario

Te ayudará a comprender mejor el significado de algunas palabras.

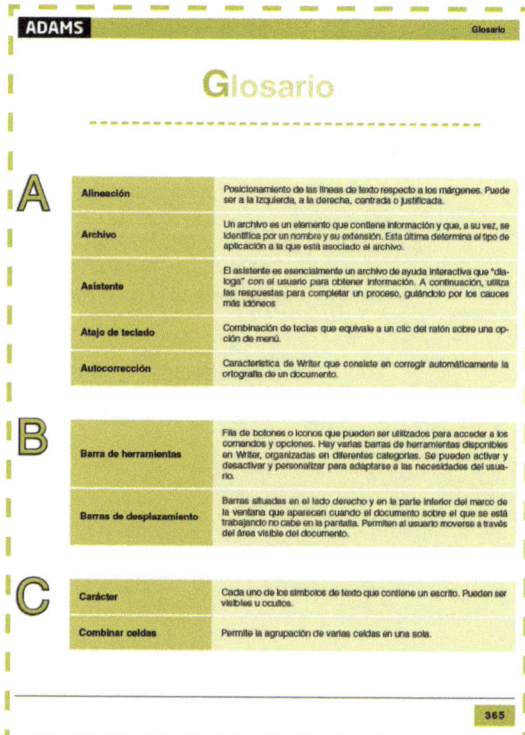

Glosario

A

Alineación	Posicionamiento de las líneas de texto respecto a los márgenes. Puede ser a la izquierda, a la derecha, centrada o justificada.
Archivo	Un archivo es un elemento que contiene información y que, a su vez, se identifica por un nombre y su extensión. Esta última determina el tipo de aplicación a la que está asociado el archivo.
Asistente	El asistente es esencialmente un archivo de ayuda interactiva que "dialoga" con el usuario para obtener información. A continuación, utiliza las respuestas para completar un proceso, guiándolo por los cauces más idóneos.
Atajo de teclado	Combinación de teclas que equivale a un clic del ratón sobre una opción de menú.
Autocorrección	Característica de Writer que consiste en corregir automáticamente la ortografía de un documento.

B

Barra de herramientas	Fila de botones o iconos que pueden ser utilizados para acceder a los comandos y opciones. Hay varias barras de herramientas disponibles en Writer, organizadas en diferentes categorías. Se pueden activar y desactivar y personalizar para adaptarse a las necesidades del usuario.
Barras de desplazamiento	Barras situadas en el lado derecho y en la parte inferior del marco de la ventana que aparecen cuando el documento sobre el que se está trabajando no cabe en la pantalla. Permiten al usuario moverse a través del área visible del documento.

C

Carácter	Cada uno de los símbolos de texto que contiene un escrito. Pueden ser visibles u ocultos.
Combinar celdas	Permite la agrupación de varias celdas en una sola.

365

Bibliografía y Webgrafía

Para ampliar tus conocimientos en caso de considerarlo necesario.

En nuestra página web **www.adams.es** estarás al día en cuanto a información sobre cursos, productos y servicios se refiere, además tendrás la opción de dirigirnos cualquier consulta o sugerencia a través de **adams@adams.es**

Esperando haber cumplido el objetivo propuesto, te expresamos nuestros mejores deseos de éxito.

ADAMS

Índice

Iconos

 **DEFINICIÓN**

 **IMPORTANTE**

 EJEMPLO

 **NOTA**

 **INFORMACIÓN**

Familia profesional: **ADMINISTRACIÓN Y GESTIÓN**

H. Q	Módulos certificado	Correspondencia con el Catálogo Modular de Formación Profesional		
		H. CP	Unidades formativas	Horas
120	MF0233_2: Ofimática	190	UF0319: Sistema Operativo, Búsqueda de la Información: Internet/Intranet y Correo Electrónico	30
			UF0320: Aplicaciones Informáticas de Tratamiento de Textos	30
			UF0321: Aplicaciones Informáticas de Hojas de Cálculo	50
			UF0322: Aplicaciones Informáticas de Bases de Datos Relacionales	50
			UF0323: Aplicaciones Informáticas para Presentaciones: Gráficas de Información	30

UNIDAD
DIDÁCTICA

1

Conceptos generales y características fundamentales del programa de tratamiento de texto.

Objetivos

- ☑ Familiarizarnos con las pantallas principales de LibreOffice y Writer.
- ☑ Conocer las principales teclas y funciones del teclado.
- ☑ Aprender a usar la ayuda de Writer.
- ☑ Utilizar las combinaciones de teclas como atajos para realizar tareas habituales.

Contenido

Introducción

En esta unidad veremos cómo descargar e instalar LibreOffice 7.

Una vez instalado en veremos cómo ejecutar la aplicación y la estructura de la ventana principal.

También veremos cómo iniciar el procesador de textos de LibreOffice y su estructura en cuanto a la pantalla inicial.

1. Descarga e insalación de LibreOffice

Para descargar el paquete LibreOffice, debemos hacerlo desde la siguiente página: https://es.libreoffice.org y hacemos clic en la opción DESCARGA/Descargar LibreOffice.

Descarga LibreOffice

A continuación, podremos elegir la versión que queremos descargar y para el tipo de sistema en el que lo vamos a ejecutar. Después pulsaremos sobre el botón DESCARGAR para iniciar la descarga.

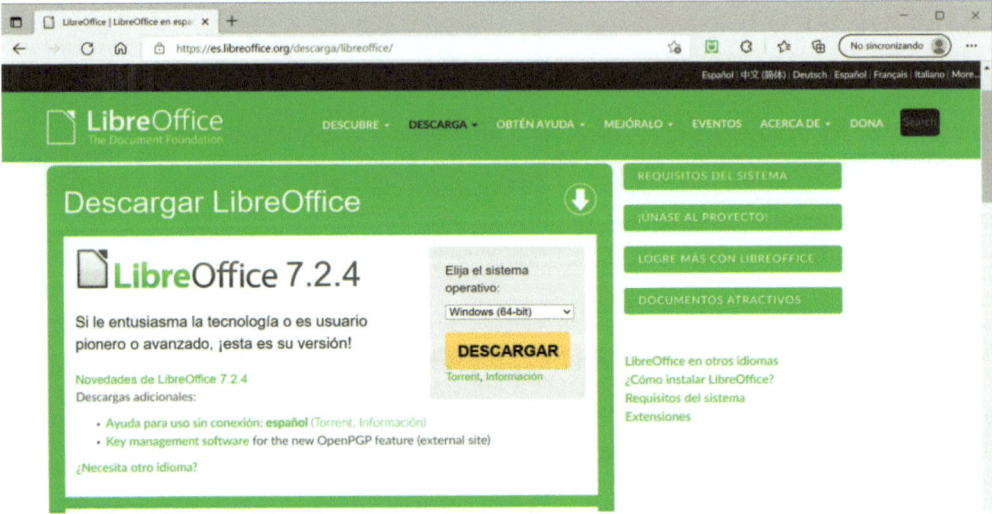

Botón Descargar

Una vez descargado el archivo, que por defecto se guarda en la carpeta de descargas, haremos doble clic con el botón izquierdo y sobre su nombre e iniciaremos la instalación.

Una vez iniciada la instalación, únicamente hay que ir aceptando los cuadros de diálogo que por defecto nos irá mostrando.

Cuando haya finalizado, se creará en el escritorio un nuevo icono llamado LibreOffice.

2. Descripción de la pantalla de tratamiento de textos (interfaz)

Al acceder a Writer, se nos mostrará la siguiente ventana, en la que podemos identificar los siguientes elementos:

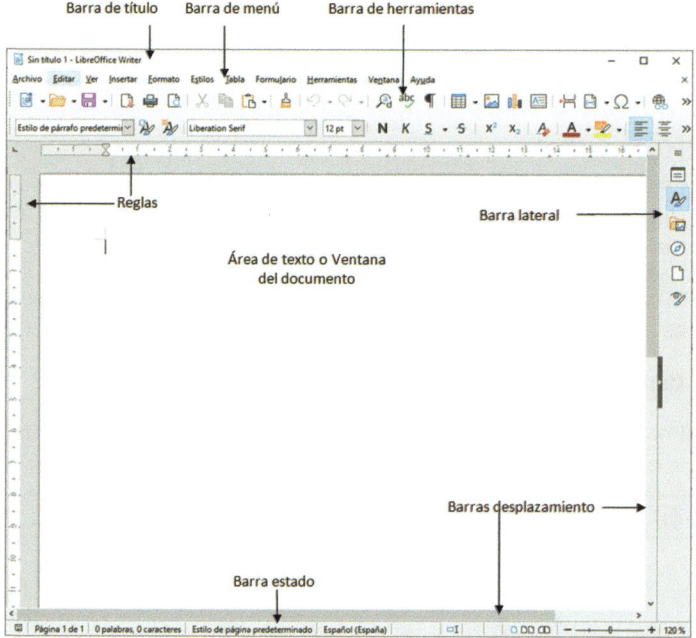

Elementos de la interfaz de Writer

Barra de título

Barra de título

Está situada en la parte superior de la ventana, ocupando todo el ancho de la misma.

En la parte izquierda nos muestra un icono representativo del documento, a continuación, el nombre del fichero y por último el nombre de la aplicación LibreOffice Writer.

En la parte derecha tenemos los botones de control de la ventana *Minimizar*, *Maximizar/Restaurar* y *Cerrar,* que nos permitirán manejar la disposición de la ventana en el escritorio.

Podemos acceder a estas opciones haciendo clic en el icono representativo del documento, que está situado en la parte izquierda de la barra de título.

■ **Barra de menú**

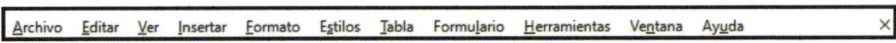

Barra de menú

Está situada en la parte superior del documento, debajo de la barra de título. Nos muestra diferentes menús desplegables desde los que podremos acceder a todas las órdenes o comandos de la aplicación.

Si las opciones del menú aparecen atenuadas, significa que esa opción no está disponible.

■ **Barra de herramientas**

Por defecto aparecen siempre activadas la barra de herramienta estándar y la barra de formato.

Barra de herramientas

Las barras de herramientas están formadas por una serie de iconos, listas desplegables y otros elementos, que nos permiten acceder con mayor facilidad a las órdenes que podríamos ejecutar desde los menús.

Estás barras de herramientas las podemos personalizar.

■ **Reglas**

Disponemos de dos reglas, una horizontal y otra vertical, cuyas medidas, por defecto, están en centímetros. En sus extremos tenemos una zona de color gris, que representa el margen derecho, izquierdo, superior e inferior.

Estas reglas nos permiten colocar el texto o los diversos objetos que insertemos en el documento, en una posición concreta.

■ **Área de texto o ventana del documento**

Lo conforma la parte central de la pantalla y es donde se introducirá o mostrará el contenido del documento.

■ **Barra de estado**

Barra de estado

3. Entrada y salida del programa

Una vez instalado LibreOffice en nuestro ordenador podremos **iniciarlo** de varias maneras:

* Utilizando el acceso directo del escritorio:

Icono de acceso directo para Writer

* A través del menú de *Inicio*, pulsando sobre la opción *LibreOffice*.

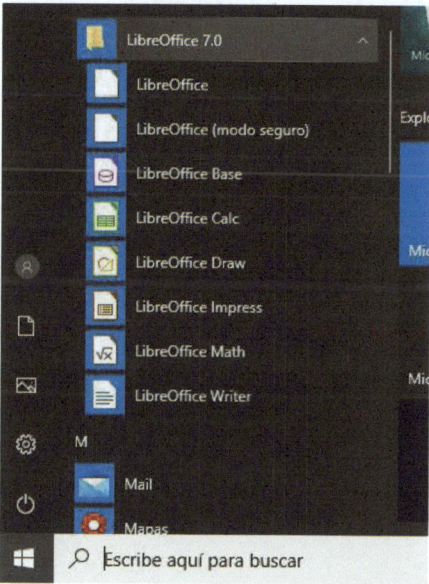

Menú Inicio

Para **salir** de la aplicación también podemos hacerlo de varias maneras:

→ Clic en menú *Archivo/Salir de LibreOffice*:

Salir utilizando el menú Archivo

→ Utilizando la combinación de teclas Ctrl + Q.

4. Ventana del documento

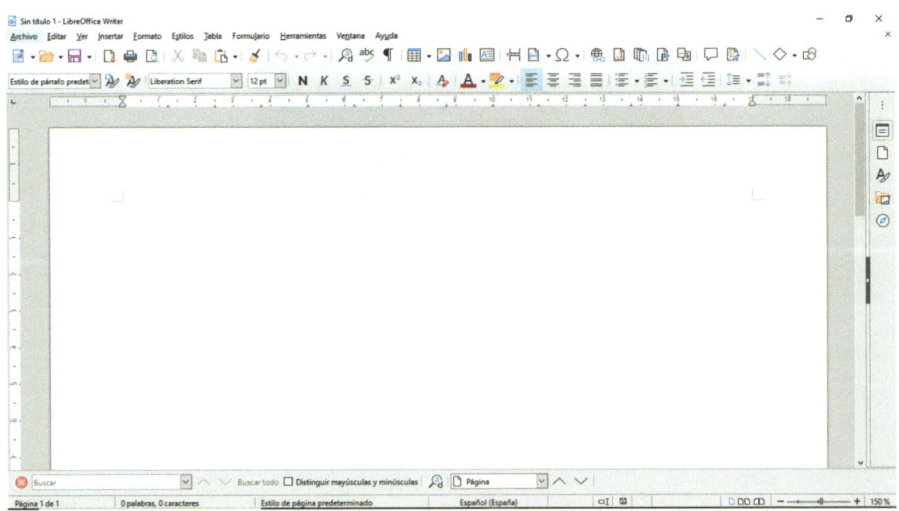

5. Barra de estado

La barra de estado, situada en la parte inferior de la pantalla, muestra:

- Información sobre el número de páginas de documento y nuestra situación en él.

- Las palabras escritas del documento.

- Los caracteres.

- El estilo de página.

- El idioma.

- Diferentes opciones de ver el documento por pantalla.

- El zoom para ver o ampliar o reducir la vista del documento.

Barra de estado

6. Teclado

Cuando trabajamos con Writer podemos usar el ratón para hacer clic en la opción que nos interese o utilizar el teclado.

Las combinaciones de teclas que usaremos más a menudo son:

- Ctrl + otra tecla.
- Shift + otra tecla.
- Alt + otra tecla.

7. Ayuda de la aplicación de tratamiento de textos

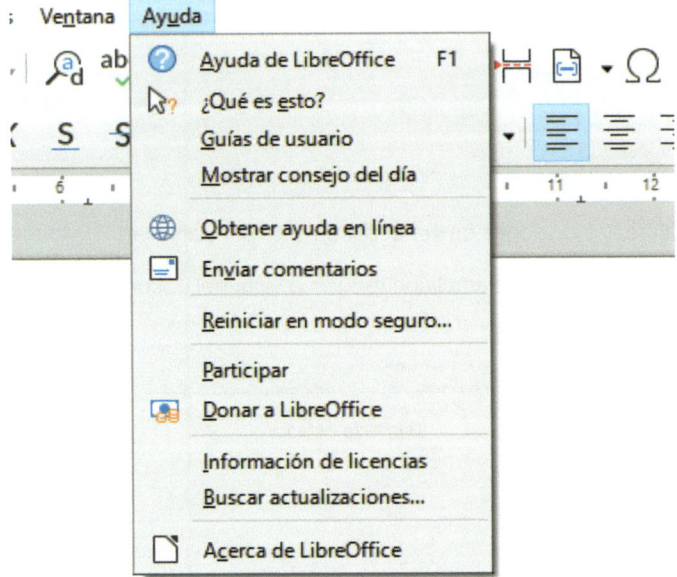

Menú Ayuda

8. Barra de herramientas estándar

Las barras de herramientas son grupos de botones que tienen una tarea asociada. De esta manera ahorraremos tener que ir buscarla a través de la barra de menús.

Las barras de herramientas se pueden mostrar u ocultar según se muestra en la imagen.

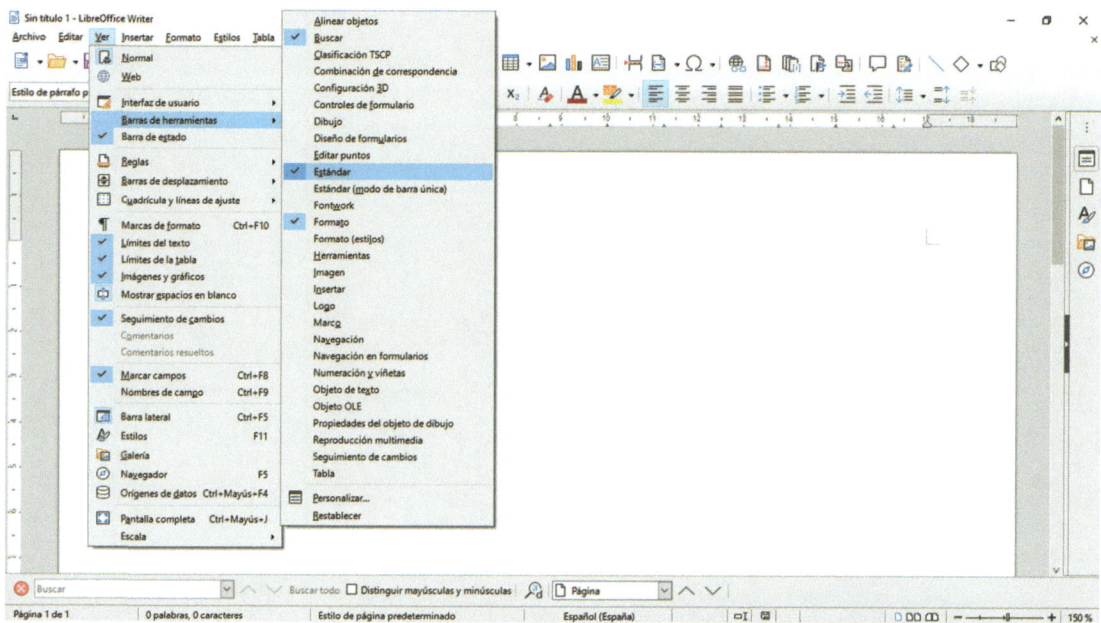

Ver/Barra de herramientas/Estándar

Resumen

En esta unidad hemos descargado e instalado el paquete de LibreOffice y visto los elementos que lo componen:

→   Barra de menús.

→   Barra de herramientas.

→   Regla horizontal y vertical.

→   Área de documento.

→   Barra de estado.

UNIDAD DIDÁCTICA 2

Introducción, desplazamiento del cursor, selección y operaciones con el texto del documento.

Objetivos

- ▣ Aprender a manejar de las teclas de cursor y el ratón.
- ▣ Aprender a borrar, copiar y mover texto.
- ▣ Aprender a grabar y abrir documentos.
- ▣ Aprender a incluir la fecha en el documento.

Contenido

Introducción

En esta unidad aprenderemos cómo desplazarnos con el cursor, a seleccionar partes del documento y a realizar operaciones con estos.

Explicaremos la diferencia entre insertar y sobrescribir texto.

Veremos cómo guardar, abrir y cerrar un documento y te enseñaremos a insertar la fecha en un documento.

1. Generalidades

Cuando necesitemos editar o visualizar un documento de Writer necesitaremos desplazarnos a lo largo del documento o seleccionar texto al que deseamos realizar algún cambio o modificación o, simplemente, situar el punto de inserción en la posición en la que vamos a insertar el texto.

Es importante distinguir el punto de inserción del puntero del ratón.

→ **Punto de inserción** es la línea vertical que nos aparece dentro del documento parpadeando y será el lugar donde se introducirá el texto que escribamos.

→ **Puntero del ratón** es el que se desplaza al mover el ratón y que nos permitirá desplazar el punto de inserción haciendo clic con el botón izquierdo del ratón.

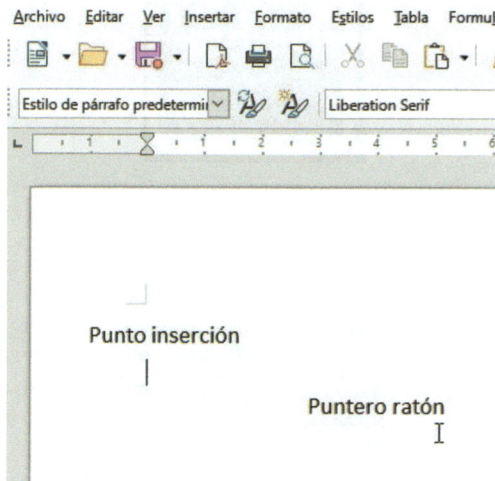

Punto de inserción/Puntero del ratón

Tanto para movernos a lo largo del documento como para seleccionar podremos hacerlo tanto a través del teclado, como con el ratón, o utilizando las teclas de método abreviado.

2. Modo insertar texto y modo sobrescribir texto

Cuando estamos escribiendo un documento, por defecto, tenemos activado el modo insertar texto.

Si pulsamos la tecla Insertar de nuestro teclado y escribimos, veremos que, al empezar a escribir, el texto que vamos introduciendo "borra" lo que estaba escrito a la derecha del cursor.

3. Borrado de un carácter

Para borrar un carácter que hayamos escrito, podemos hacerlo de dos formas diferentes en función de la posición del cursor:

- Con la tecla **Supr** o **Delete**, que borrará el carácter situado a la derecha del cursor.

Tecla Delete

- Con la tecla **borrar**, que borrará el carácter situado a la izquierda del cursor.

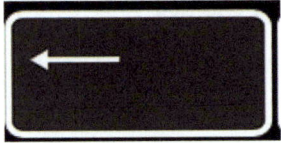

Tecla borrar

4. Desplazamiento del punto de inserción

Cuando tenemos un texto en pantalla, el cursor (|) marcará la posición en la que aparecerá el texto que vayamos a introducir.

Si deseamos cambiar la posición del cursor, lo haremos mediante el uso de las teclas "arriba", "abajo", "izquierda" y "derecha" de nuestro teclado.

Teclas de desplazamiento

Pero también podemos hacerlo desplazando de puntero del ratón y haciendo clic con el botón izquierdo en la posición que deseemos.

5. Diferentes formas de seleccionar texto

Para marcar un texto dentro de nuestro documento, podemos hacerlo usando el menú *Editar/Seleccionar todo*.

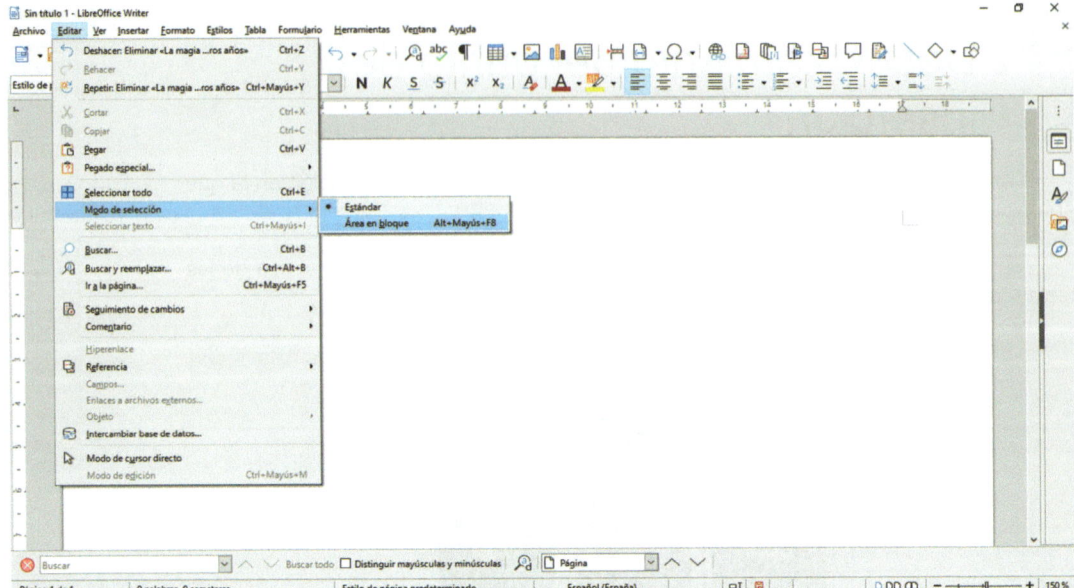

Editar/Modo selección

Para seleccionar todo el documento también podemos utilizar la combinación de teclas Ctrl + E.

Pero también podemos marcar la selección deseada utilizando el ratón.

6. Opciones copiar-mover y pegar

Una vez hayamos seleccionado una parte o todo nuestro texto, podemos copiarlo o moverlo. Para ello usaremos el menú *Editar*:

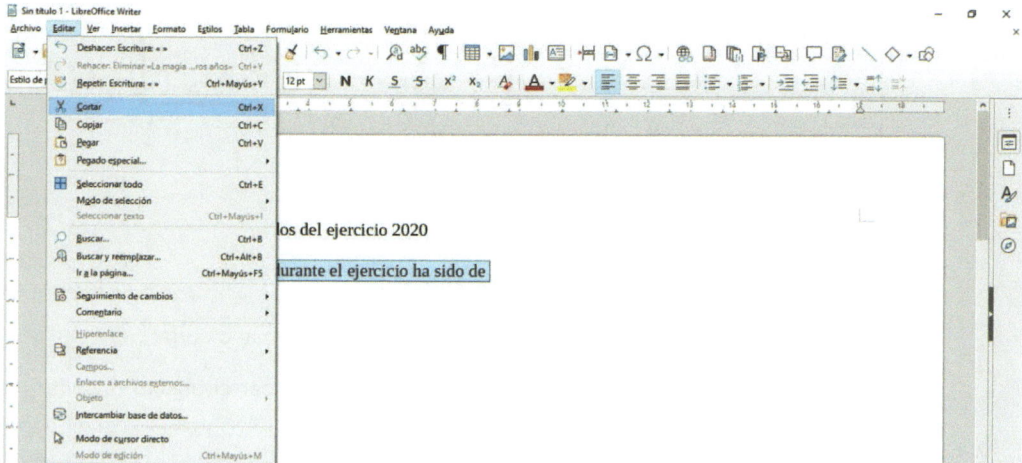

Editar/Cortar

7. Uso y particularidades del portapapeles

El portapapeles es una herramienta que permite almacenar de forma temporal cualquier tipo de información, cuando copiamos texto, imágenes, ficheros, etc.

Es un área invisible de memoria en la que se copia una serie de información que, previamente, hemos seleccionado, copiado o cortado para pegarla en una nueva ubicación.

Por norma general el contenido del portapapeles se obtiene a partir de las opciones de **Copiar** o **Cortar** y se recupera con la opción **Pegar**.

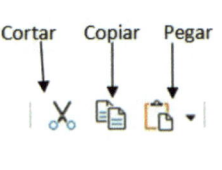

Cortar   Copiar   Pegar

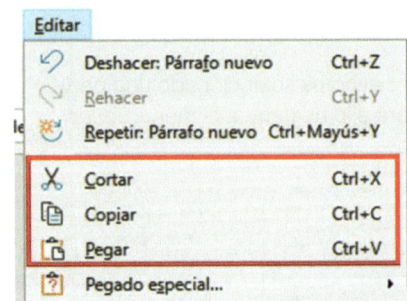

Opciones de cortar, copiar y pegar

Pasos a seguir para el uso del portapapeles:

❋   Seleccionar el texto o elemento que deseamos copiar o cortar.

❋   Seleccionar la opción *Copiar* (si deseamos duplicar el objeto) o *Cortar* (si deseamos moverlo de posición).

❋   Situar el punto de inserción dentro del documento, en la posición en la que deseamos copiar o mover el texto o elemento seleccionado.

❋   Seleccionar la opción *Pegar*.

El contenido del portapapeles, al pegar el texto o elementos copiados o cortados, no se elimina, permanece en el portapapeles, por lo que lo podremos pegar en el documento tantas veces como necesitemos.

8. Inserción de caracteres especiales

Hay ocasiones en las que necesitamos incluir caracteres que no se encuentran en el teclado, son los llamados **caracteres especiales**.

Para incluirlos en el documento, debemos usar la opción:

→   **Menú *Insertar/Carácter especial.***

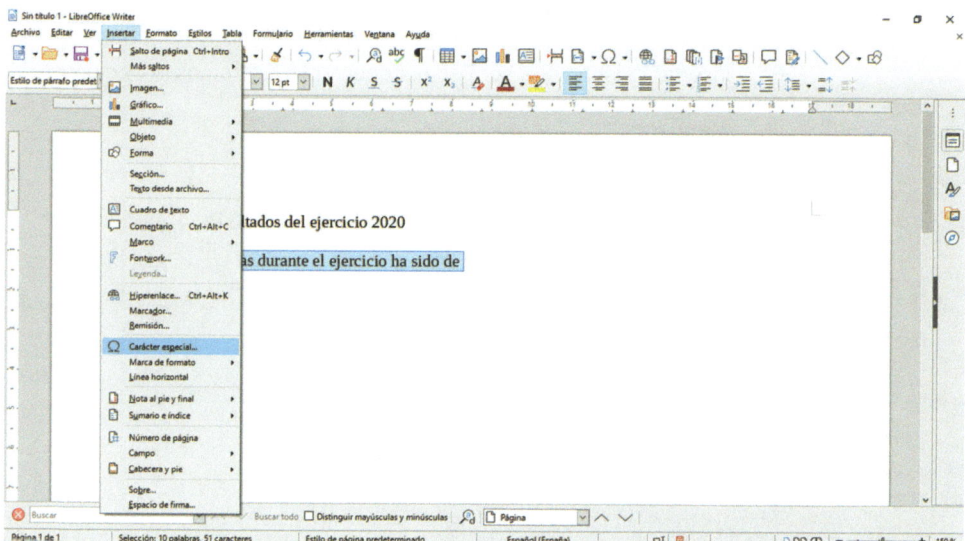

Insertar/Carácter especial

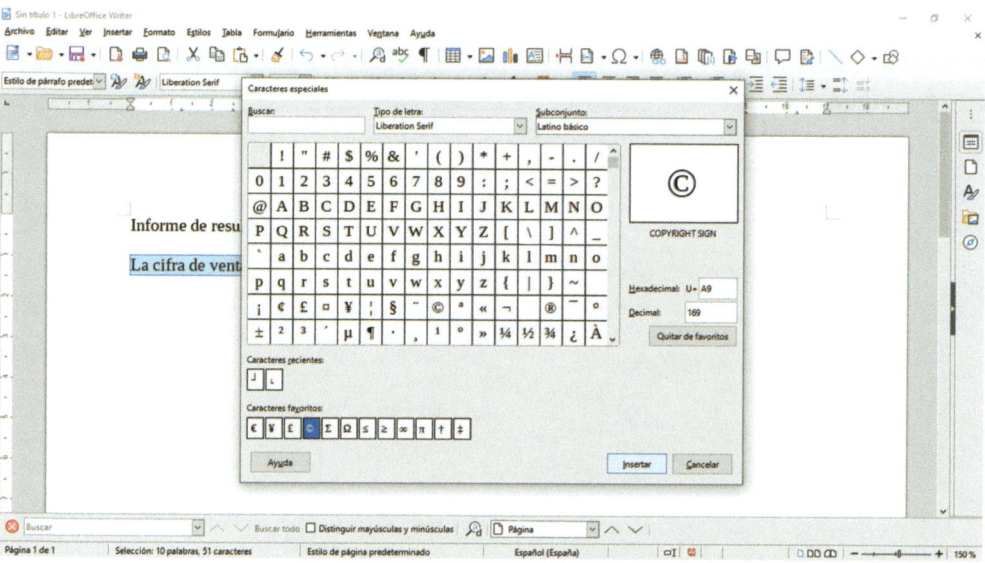

Ventana de caracteres especiales

9. Inserción de fecha y hora

Para insertar la fecha o la hora en el documento, usaremos la opción:

- **Menú *Insertar/Campo/Fecha.***

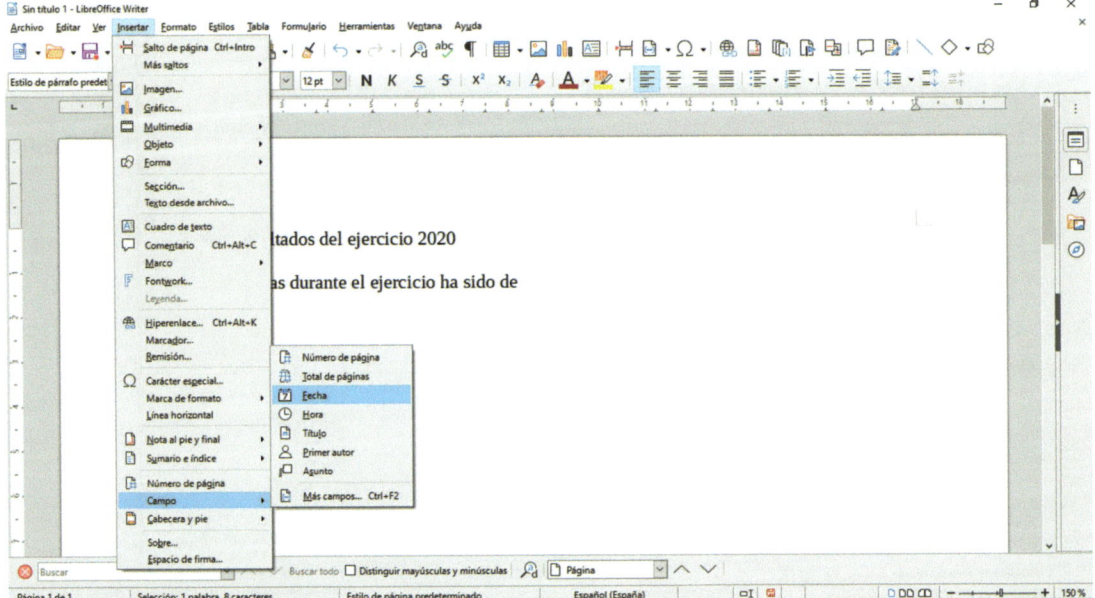

Insertar/Campo/Fecha

10. Deshacer y rehacer los últimos cambios

Para deshacer los últimos cambios podemos hacerlo de dos maneras:

◆ **Pulsando las teclas Ctrl + Z.**

◆ **A través del menú *Editar/Deshacer*.**

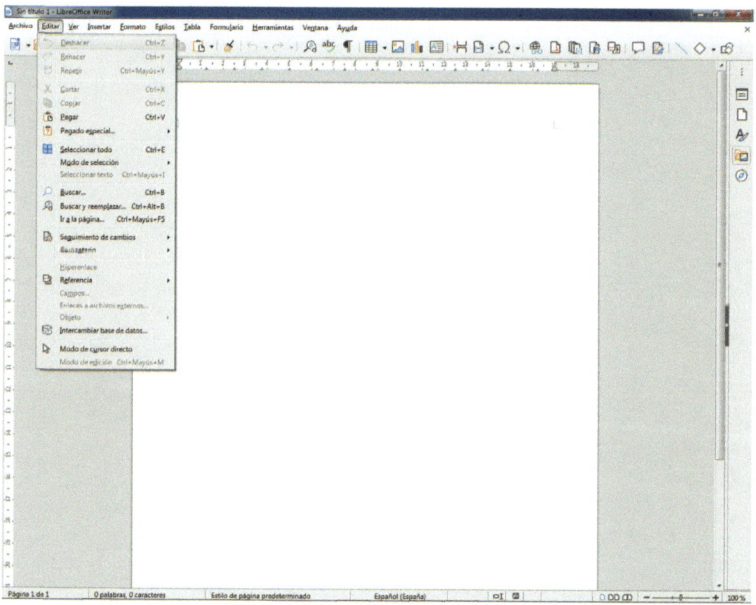

Editar/Deshacer

En el caso de no obtener el resultado deseado, podemos rehacer pulsando Ctrl + Y o Editar/Rehacer.

Resumen

■ Para movernos por el texto del documento usaremos las teclas de dirección o el ratón.

■ Para seleccionar un texto podemos hacerlo pulsando el botón izquierdo del ratón al principio de la zona a marcar y manteniéndolo hasta el final de la zona que queremos seleccionar.

■ El texto seleccionado lo podemos copiar y mover, además de darle formato, eliminar, etc.

UNIDAD DIDÁCTICA 3

Archivos de la aplicación de tratamiento de textos, ubicación, tipo y operaciones con ellos.

Objetivos

- ☑ Aprender a abrir y recuperar documentos.
- ☑ Aprender a trabajar con varios formatos o versiones.
- ☑ Aprender a cerrar correctamente un documento.

Contenido

Introducción

1. Creación de un nuevo documento

2. Apertura de un documento ya existente

3. Abrir varios documentos a la vez

4. Guardado de los cambios realizados en un documento

5. Duplicación de un documento con *Guardar como*

6. Guardar un documento con una contraseña

7. Cierre de un documento

8. Compatibilidad de los documentos de distintas versiones o aplicaciones

9. Menú *Ventana*. Manejo de varios documentos

Resumen

Introducción

En esta unidad veremos cómo y dónde guardar los documentos que hayamos creado con Wirter, sus diferentes formatos y la manera de trabajar con varios documentos a la vez.

También veremos las diferentes opciones desde la ventana de *Abrir/Guardar* documentos, así como crear carpetas.

1. Creación de un nuevo documento

Abrimos la aplicación LibreOffice y seleccionamos *Documento de Writer*.

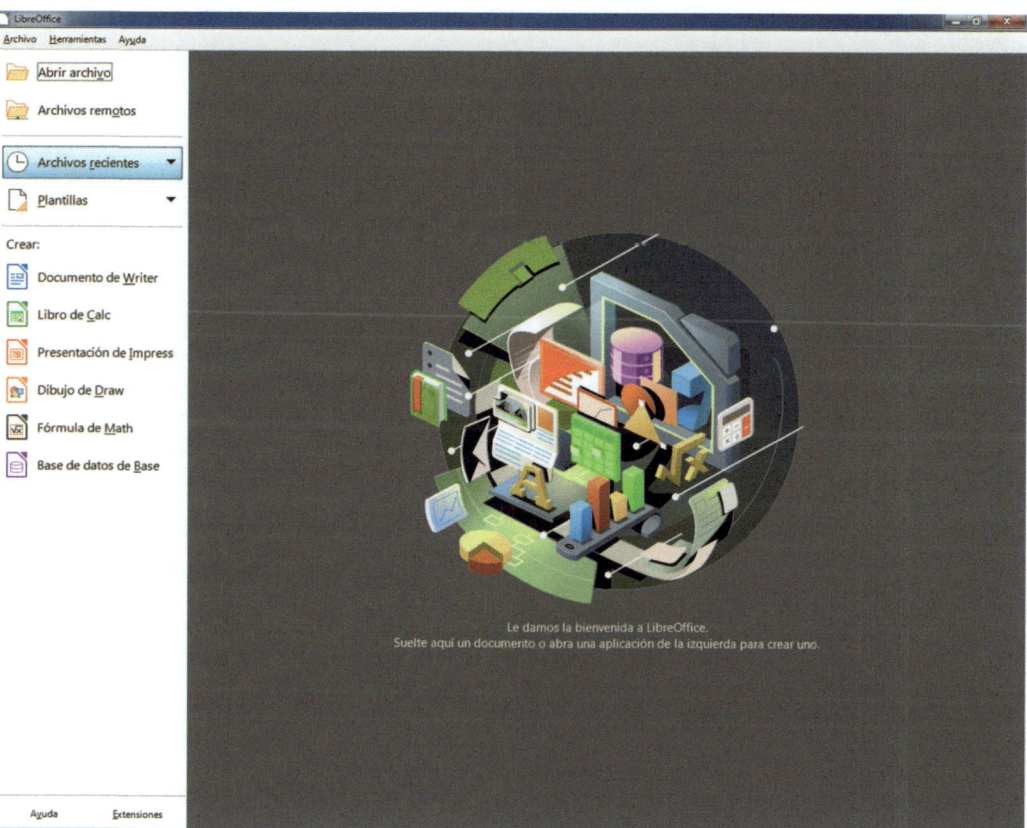

Creación de un nuevo documento de Writer

Se abrirá el procesador de textos en el que podremos empezar a escribir:

Nuevo documento en blanco

2. Apertura de un documento ya existente

Para abrir un archivo que ya está creado, debemos seguir los siguientes pasos:

■ Menú *Archivo/Abrir*.

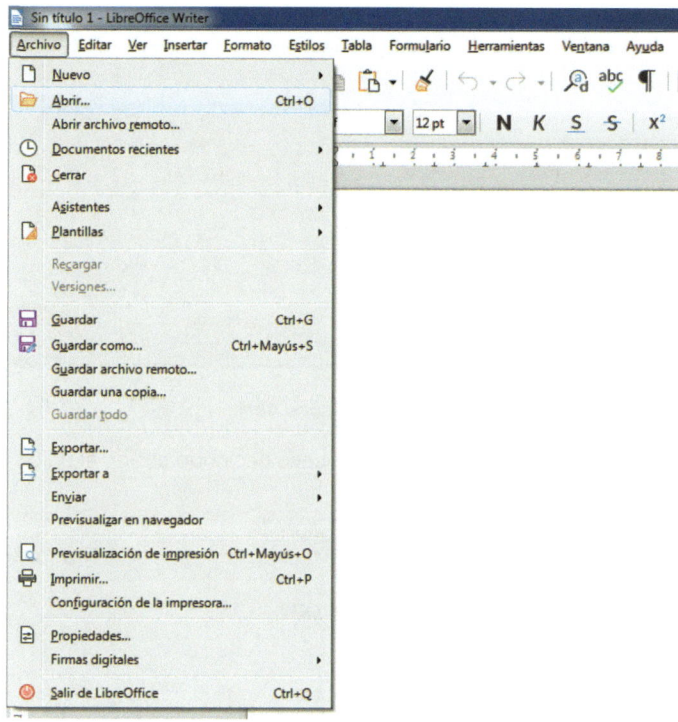

Archivo/Abrir

■ Nos aparecerá una nueva ventana donde podemos elegir el archivo que vamos a abrir.

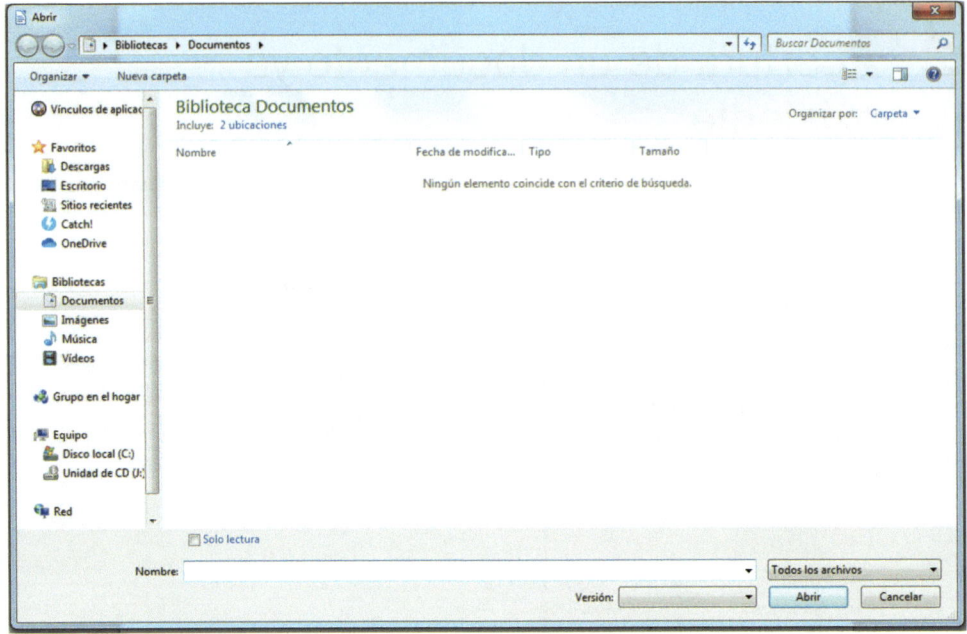

Cuadro de diálogo Abrir

También podemos hacer este mismo proceso haciendo clic en el botón de la barra de herramientas con forma de carpeta.

Icono Carpeta

3. Abrir varios documentos a la vez

Si deseamos abrir varios documentos al mismo tiempo:

* Menú *Archivo/Abrir*.

* Con la tecla Ctrl presionada, seleccionamos los archivos que queremos abrir.

* Pulsar el botón *Abrir*.

De esta forma podremos tener todos los documentos en pantalla.

Para ir de un documento a otro, podemos movernos con el ratón de una ventana a otra.

4. Guardado de los cambios realizados en un documento

Para grabar el documento, deberemos seguir los siguientes pasos:

→   Menú *Archivo/Guardar*.

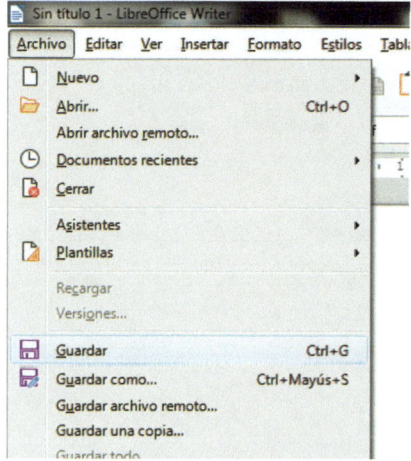

Archivo/Guardar

→   Se abrirá una ventana donde podemos elegir la carpeta donde guardarlo, el nombre que le queremos dar y si deseamos hacerlo con un formato diferente (por defecto será un archivo con extensión .ODF).

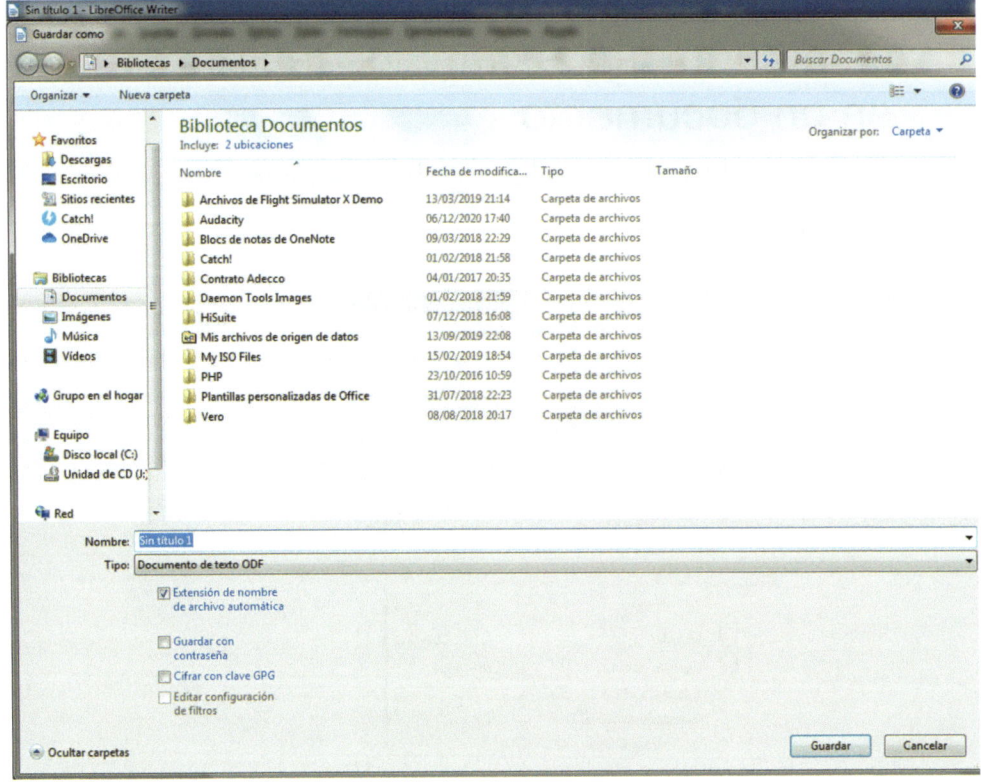

Cuadro de diálogo Guardar como

También podemos guardar utilizando el icono situado en la parte superior izquierda de la pantalla con forma de disco.

Icono Guardar

Hay que tener en cuenta que, esta última opción, grabará automáticamente el documento con el mismo nombre y ubicación que ya tenía, por lo que no se abrirá la ventana para elegir tipo de archivo o ubicación. Solamente se mostrará si es la primera vez que guardamos el archivo.

4.1.   Guardar un documento previamente guardado

Para guardar las modificaciones que hayamos realizado en nuestro documento, podemos hacerlo mediante la opción del menú *Archivo/Guardar* o pulsando las teclas Ctrl + G.

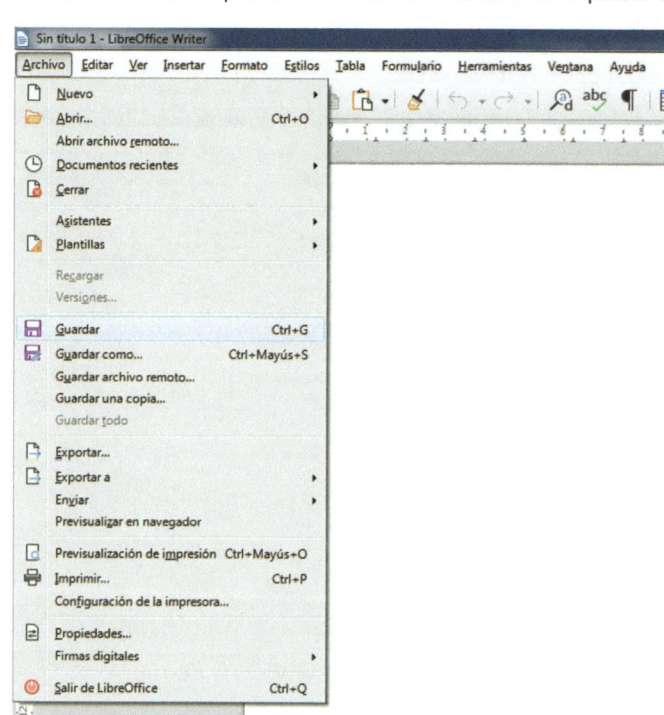

Icono/Guardar

5. Duplicación de un documento con Guardar como

Si deseamos guardar una copia del documento que tenemos en pantalla, pero en otro archivo, usaremos esta opción:

Menú *Archivo/Guardar Como*

De esta forma mantendremos el archivo original y, por otro lado, otro archivo igual, pero con otro nombre.

6. Guardar un documento con una contraseña

Para añadir una contraseña a nuestro documento:

● Menú *Archivo/Guardar como*.

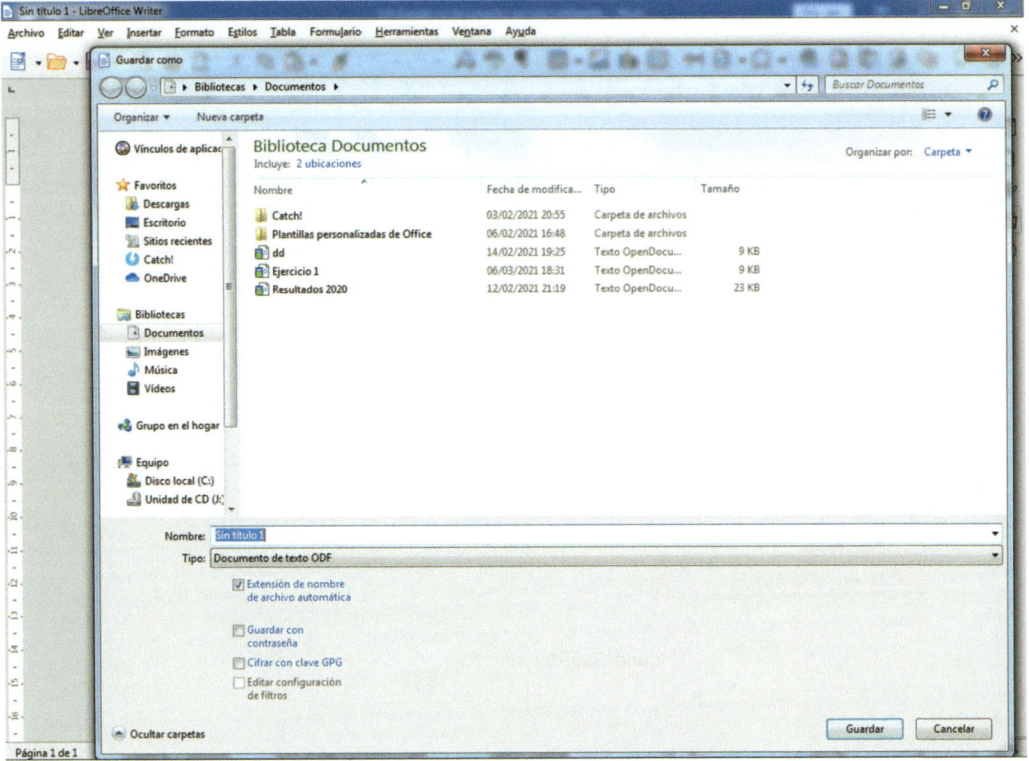

Ventana Guardar como

- Marcamos la opción de *Guardar con contraseña.*

Guardar con contraseña

- Escribimos y confirmamos la contraseña en la ventana que nos aparece.

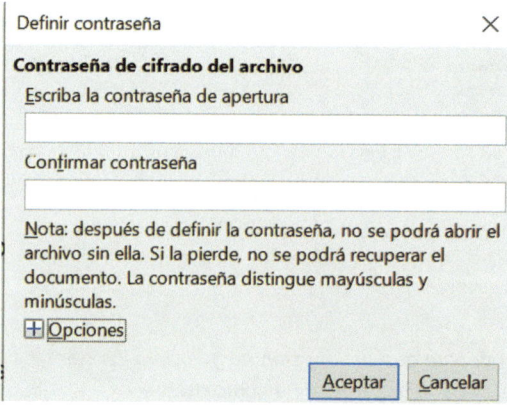

Cuadro de diálogo Definir contraseña

7. Cierre de un documento

Para cerrar un documento que hayamos abierto previamente, usaremos la opción:

Menú *Archivo/Cerrar*

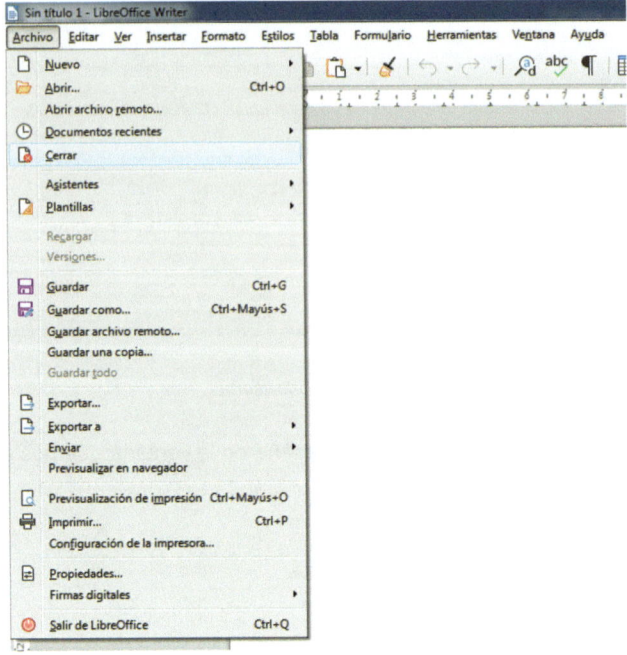

Archivo/Cerrar

Debemos tener en cuenta que esta opción no guardará los cambios que hayamos podido hacer en el documento. Lo dejará como estaba.

8. Compatibilidad de los documentos de distintas versiones o aplicaciones

Writer nos permite trabajar con documentos que se hayan hecho con otros programas.

Los tipos de archivos se muestran tanto en la opción de abrir archivo, como en la opción de guardarlo.

Todos los archivos

9. Menú ventana. Manejo de varios documentos

Muchas veces necesitamos comparar y editar varios documentos. El menú de Ventana nos facilita trabajar con varios documentos a la vez.

Otra funcionalidad que nos permite el menú *Ventana* es cerrar la ventana del documento sin cerrar la aplicación de LibreOffice, o crear una nueva ventana para mostrar una nueva vista del documento.

Para acceder a los documentos que tenemos abiertos:

Menú Ventana

→ **Ventana nueva:**

Desde aquí podemos crear otra vista de un documento que ya tenemos abierto, por ejemplo, para visualizar dos partes del documento distintas.

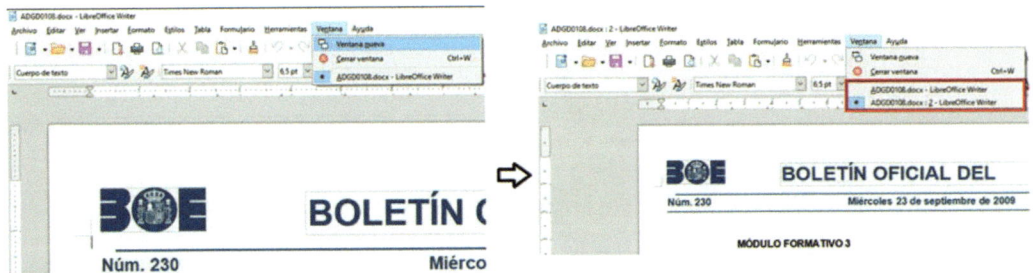

Ejemplo: observamos dos ventanas con el mismo documento, pero en diferentes partes

→ **Cerrar ventana:**

Desde aquí podemos cerrar uno de los documentos sin salirnos de Writer.

También podemos utilizar la combinación de teclas Ctrl + W.

El documento activo se cierra, pero seguimos teniendo abierto Writer y el otro fichero.

→ **Parte inferior:**

En la parte inferior se muestran los ficheros que tenemos abiertos.

En botón azul, situado en la parte izquierda, nos indica el documento activo.

Para mostrar uno u otro solo tenemos que hacer clic en el nombre del documento, dentro del menú de *Ventana*.

Resumen

- Abrir un documento: *Archivo/Abrir*.

- Cerrar un documento: *Archivo/Cerrar*.

- Grabar un documento: *Archivo/Guardar* o *Guardar como*.

- La diferencia entre cerrar y guardar es que si cerramos el documento no se grabarán los cambios que hayamos hecho.

- Cuando grabamos un documento podemos elegir el formato entre los que nos permite Writer.

UNIDAD DIDÁCTICA 4

Utilización de las diferentes posibilidades que ofrece el procesador de textos para mejorar el aspecto del texto.

Objetivos

- ☐ Conocer los tipos de fuente y la letra capital.
- ☐ Conocer los formatos de párrafo.
- ☐ Aprender a copiar y pegar formatos.
- ☐ Aprender a trabajar con tabulaciones.

Contenido

Introducción

1. Fuente

2. Párrafo

3. Bordes y sombreado

4. Numeración y viñetas

5. Tabulaciones

6. Letras capitales

Resumen

Introducción

En esta unidad aprenderemos a trabajar con diferentes tipos de letra a los que llamaremos fuentes, así como a modificar el aspecto de un párrafo o copiar el formato desde otra parte de documento.

Veremos qué es y cómo utilizar la letra capital.

También mostraremos cómo crear listas de numeración, viñetas y esquemas numerados. Y explicaremos cómo trabajar con los diferentes tipos de tabulaciones.

1. Fuente

Para empezar a escribir nuestro documento, podemos hacerlo con el tipo de letra predeterminado o elegir otro. Para ello podemos hacerlo:

Desde la barra de menús:

Menú *Formato/Carácter.*

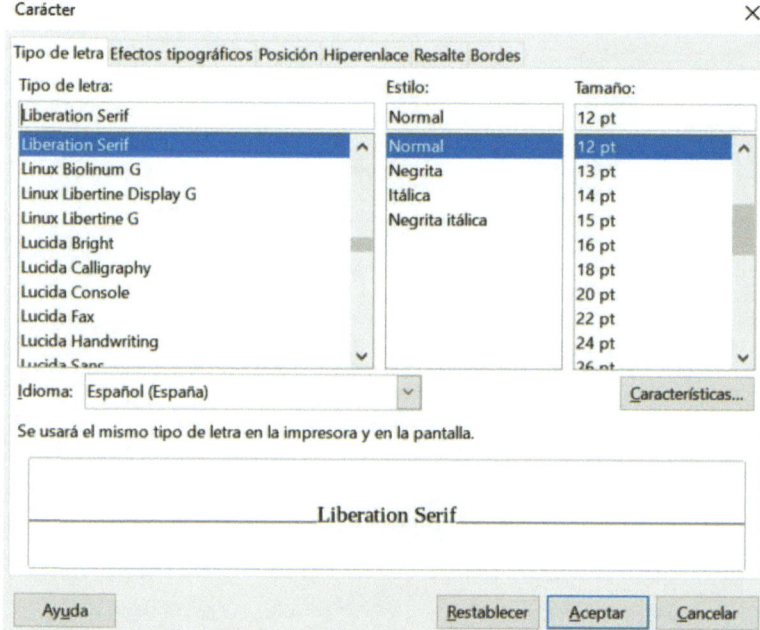

Ventana Carácter/Tipo de letra

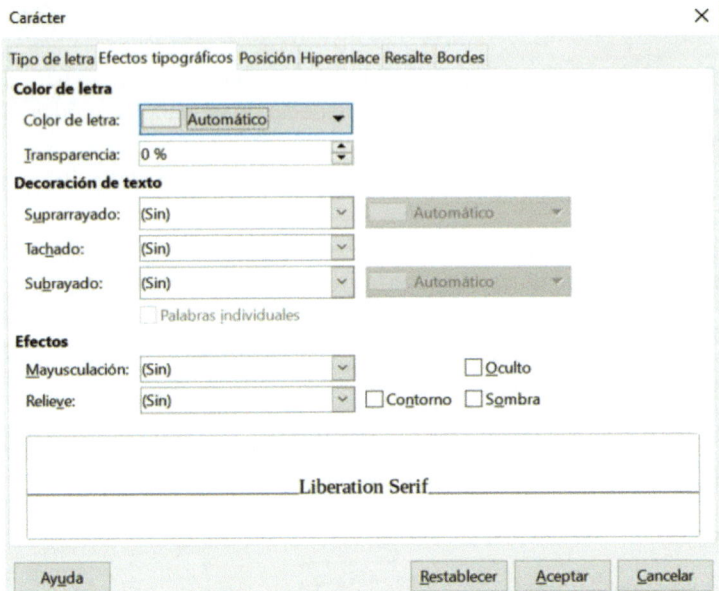

Ventana Carácter/Efectos tipográficos

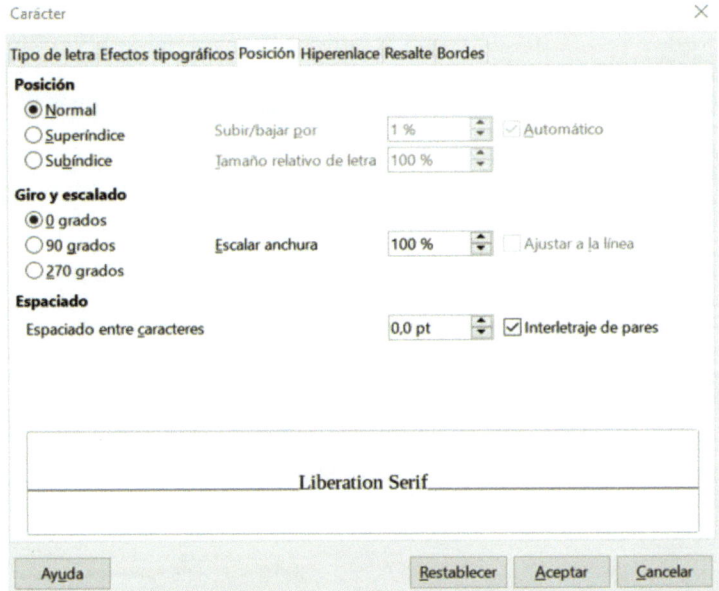

Ventana Carácter/Posición

Desde la barra de herramientas estándar y formato:

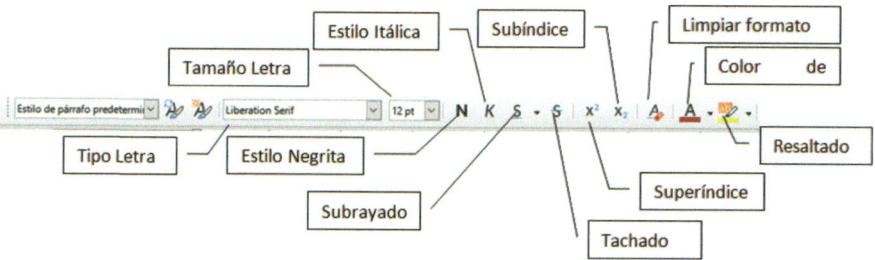

Barra de herramientas estándar y formato

Además de aplicar los formatos a través del menú o de la barra de herramientas de formato, podemos utilizar las teclas de método abreviado.

Combinación de teclas	Acción
Ctrl + N	Activar/Desactivar Negrita
Ctrl + I	Activar/Desactivar Itálica o Cursiva
Ctrl + S	Activar/Desactivar Subrayado simple
Ctrl + D	Activar/Desactivar Subrayado doble
Ctrl + Mayús + P	Activar/Desactivar Superíndice
Ctrl + Mayús + B	Activar/Desactivar Subíndice
Ctrl + M	Limpiar formato directo
Mayús + F3	Cambiar mayúsculas, minúsculas o título
Ctrl + Mayús + K	Aplicar formato versalita

2. Párrafo

*Los párrafos en los procesadores de texto son un bloque de texto separado por saltos de párrafo, es decir, por la pulsación de la tecla **Intro**.*

Si necesitas ver las marcas de párrafo, podemos mostrarlas a través del menú *Ver/Marcas de formato*, pulsando la combinación de teclas Ctrl + F10 o, en la barra de herramientas estándar, el botón.

Botón párrafo

Este·es·el·1º·párrafo.¶
Este·es·el·2º·párrafo.¶
Este·es·el·3º·párrafo.¶

Ejemplo de cómo se visualiza la marca de párrafo

Los formatos de párrafos solo se aplican a los párrafos. No se pueden aplicar a un solo carácter, palabra o frase, solo a párrafos completos.
Para aplicar formato a un párrafo hay que tener en cuenta lo siguiente:
- *Si queremos aplicar el formato a un solo párrafo, no tenemos que seleccionarlo, basta con que el punto de inserción esté dentro del párrafo.*
- *Si vamos a aplicar el formato a varios párrafos, entonces sí tenemos que seleccionarlos.*

ADAMS

Utilización de las diferentes posibilidades que ofrece el procesador de textos...

Desde la barra de menús:

Menú *Formato/Párrafo*:

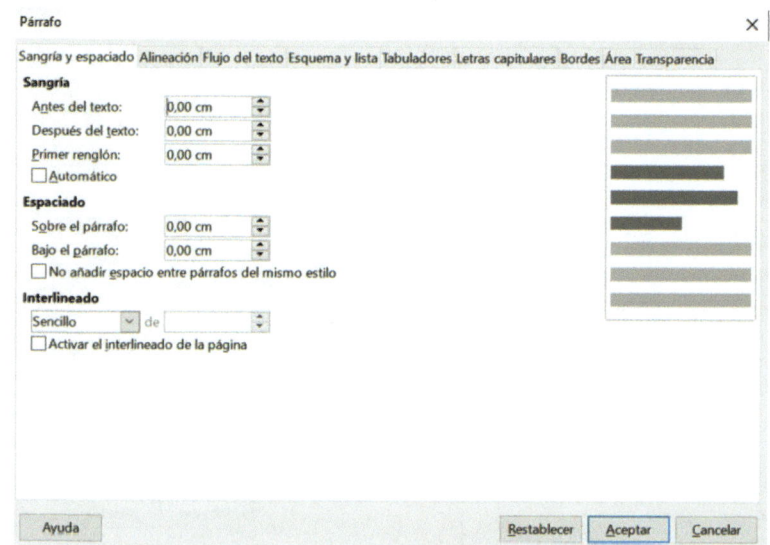

Pestaña Sangría y espaciado

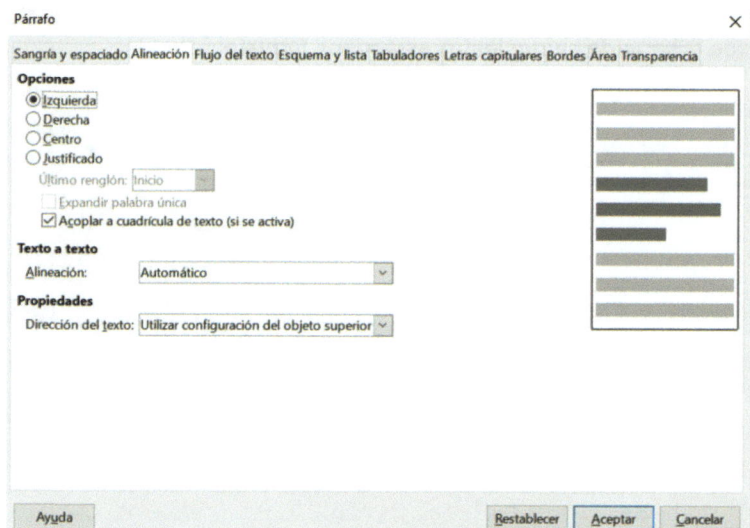

Pestaña alineación

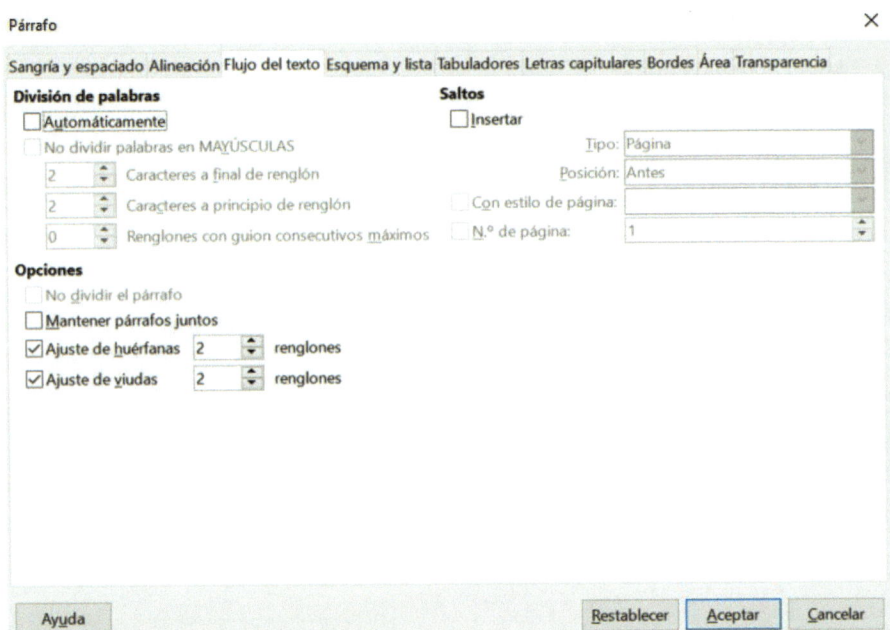

Pestaña flujo de texto

Desde la barra de herramientas estándar y formato:

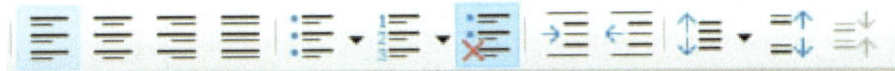

Barra de herramientas estándar y formato

3. Bordes y sombreado

Podemos resaltar un párrafo, añadiéndole bordes y sombreado. Para ello:

Menú *Formato/Párrafo*:

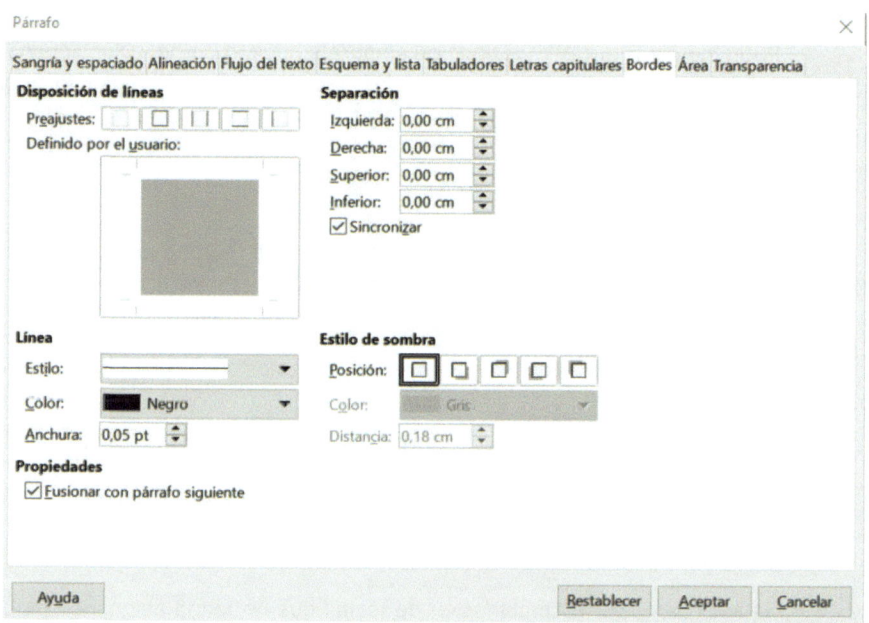

Párrafo/Bordes

＊ **Disposición de líneas:**

En este apartado podemos indicar qué líneas deseamos aplicar a nuestra página, pudiendo seleccionar en *Preajustes* la opción sin bode, los cuatro bordes, solo borde izquierdo y derecho, solo borde superior o inferior o solo borde izquierdo. También lo podemos indicar de forma manual en *Definido por el usuario*, pulsando con el botón del ratón en cada uno de los lados a los que le deseemos aplicar el borde.

＊ **Línea:**

En este apartado podremos seleccionar el tipo de línea que deseemos aplicar, su color y la anchura.

✳ **Separación:**

En estas casillas podemos indicar la distancia del borde al texto en relación a cada uno de los lados.

Si dejamos activada la casilla *Sincronizar,* los 4 lados tendrán la misma distancia.

✳ **Estilos de sombra:**

Podremos aplicar distintos tipos de sombra a nuestro borde, seleccionando entre los estilos de sombra predefinidos. También podremos definir el color, así como su distancia.

- **Teclas rápidas**

Writer no tiene definidas por defecto ninguna tecla de método abreviado para aplicar bordes y sombreados, pero podemos personalizarlas y definir una combinación de teclas para abrir el cuadro de dialogo de Bordes o sombreados.

Para personalizar las teclas de método abreviado tenemos que seguir los siguientes pasos:

→ Hacer clic en la barra de menú en *Ver.*

→ Hacer clic en *Barra de herramientas/Personalizar.*

→ Hacemos clic en la ficha ***Teclado***.

→ Seleccionamos una combinación de teclas que no tenga asignado ningún atajo de teclado, por ejemplo, Mayús + F10.

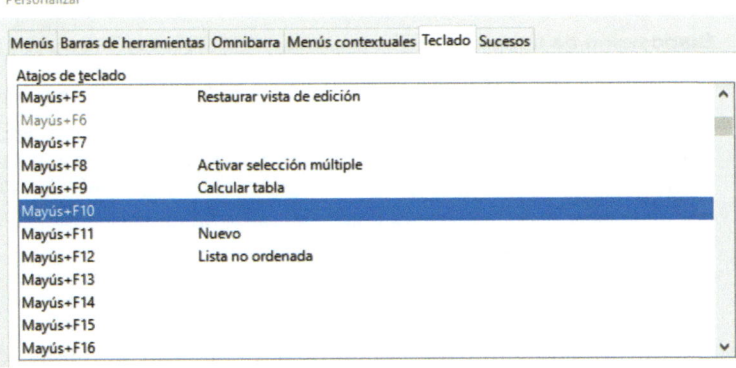

Personalizar

ADAMS

Utilización de las diferentes posibilidades que ofrece el procesador de textos...

→ En el apartado *Categoría*, seleccionamos la categoría a la que pertenece el comando al que queremos asociar la combinación de teclas.

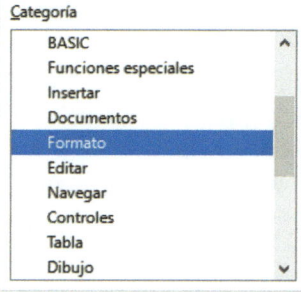

Categoría

→ En el apartado la lista *Función* seleccionamos el comando que queremos desencadenar al pulsar la combinación de teclas. Seleccionamos *Bordes*.

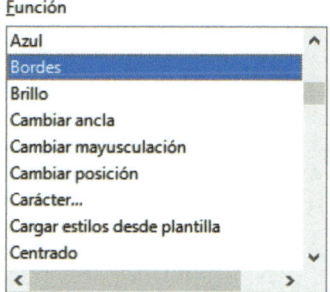

Función

→ Pulsamos en el botón *Modificar* para asignar esa función a la combinación de teclas seleccionada. Y hacemos clic en *Aceptar*.

4. Numeración y viñetas

Estilos/Lista con viñetas:

Lista con viñetas
- Primero
- Segundo
  - Tabulador primero
  - Tabulador segundo

Estilos/Lista con numeración arábiga:

Lista numerada

1. Primero
2. Segundo
   1. Tabulador primero
   2. Tabulador segundo

Estilos/Lista alfabetizada en mayúsculas:

Lista alfabetizada:
A. Primero
B. Segundo
   A. Tabulador primero
   B. Tabulador segundo

Estilos/Lista con números romanos en minúscula:

Lista en números romanos
i. Primero
ii. Segundo
   i. Tabulador primero
   ii. Tabulador segundo

También podemos optar por otros tipos de lista numeración y viñetas mediante la opción menú *Formato/Numeración y viñetas*.

5. Tabulaciones

Tipos de tabulaciones:

⌐ Tabulación con el texto alineado a la izquierda.

¬ Tabulación con el texto alineado a la derecha.

⊥ Tabulación con el texto centrado.

⊥ Tabulación con números alineados por la coma decimal.

Las tabulaciones se pueden definir de dos modos diferentes:

● Mediante menú *Formato/Párrafo/Tabuladores*:

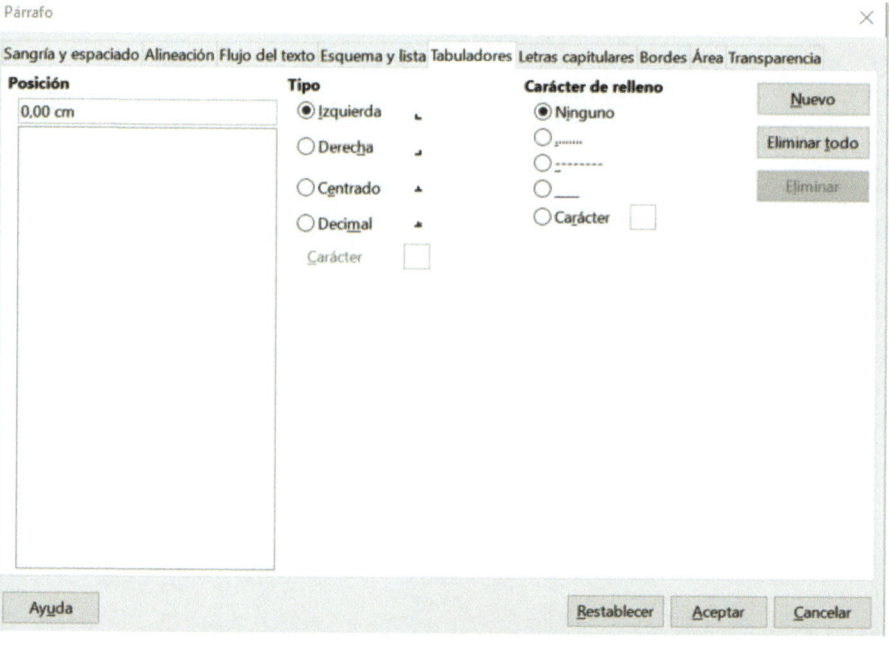

● Sobre la misma regla horizontal, modificando, añadiendo o eliminando tabulaciones.

Para eliminar una tabulación desde la regla, haremos clic con el botón izquierdo del ratón sobre ella y, manteniéndolo pulsado, la arrastraremos fuera de la regla.

Estas tabulaciones se definen para todas las páginas, pero en cualquier momento se pueden modificar si afectar a las anteriores, de modo que podemos tener diferentes tipos de párrafos con diferentes tabulaciones en la misma página.

6. Letras capitales

Para insertar una letra capital:

* ✳ Menú *Formato*.

* ✳ *Párrafo*.

* ✳ Pestaña *Letras capitulares*.

Una letra capital es aquella que aparece al inicio de un párrafo con un tamaño superior al resto del texto.

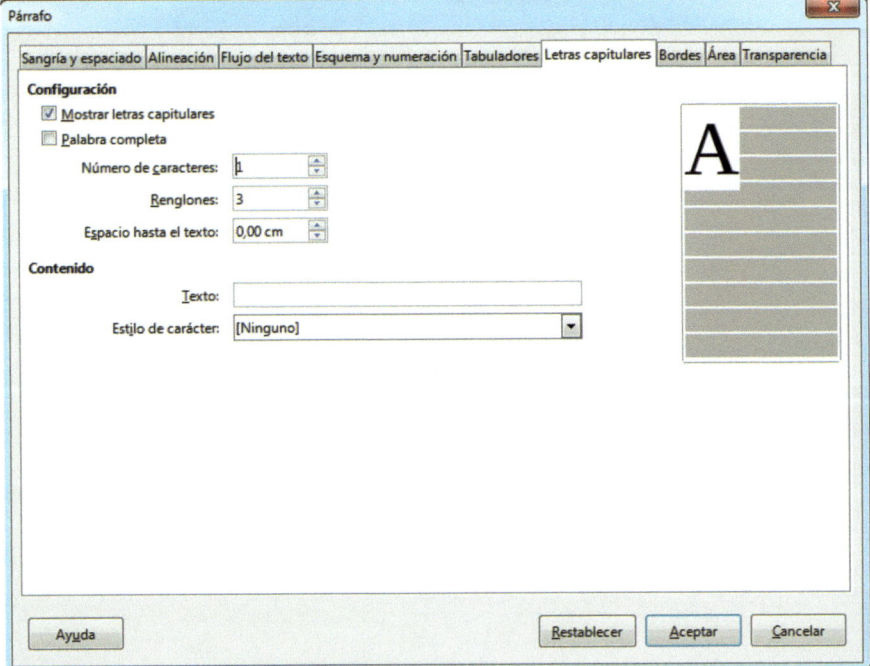

Resumen

■ Es posible trabajar con diferentes tipos de letra o fuente en el mismo documento. Accederemos a ellos desde la barra de menús o la barra de herramientas.

■ El tipo de fuente se puede clonar, copiar y pegar, para aplicarlo a otra parte del documento.

■ Letra capital se suele utilizar al inicio el documento o al principio de un párrafo.

■ Se pueden crear listas numeradas y viñetas desde el menú *Estilos* y el menú *Formato*.

■ Tenemos cuatro tipos de tabulación: izquierda, centrada, derecha y alineada con el punto decimal.

Configuración de página en función del tipo de documento a desarrollar utilizando las opciones de la aplicación Visualización del resultado antes de la impresión.

Objetivos

- ⊡ Aprender a modificar el tipo de página.
- ⊡ Aprender a configurar los márgenes.
- ⊡ Aprender a insertar saltos de página, así como encabezados y pies de página.
- ⊡ Aprender cómo incluir bordes de páginas y columnas periodísticas.
- ⊡ Aprender a utilizar el navegador de Writer.
- ⊡ Aprender las diferentes maneras de visualizar un documento antes de imprimirlo.

Contenido

Introducción

En esta unidad aprenderemos diseñar un documento configurando sus márgenes, insertando encabezados y pies de página, incluyendo bordes de página o columnas periodísticas, etc.

Posteriormente, veremos las diferentes opciones que tenemos en Writer para ver el documento antes de imprimirlo.

Y, además, estudiaremos cómo utilizar el navegador de Writer.

1. Secciones y páginas

Al crearla, Writer nos permitirá aplicarle un aspecto diferente al resto del documento.

Para crear una sección vamos a menú:

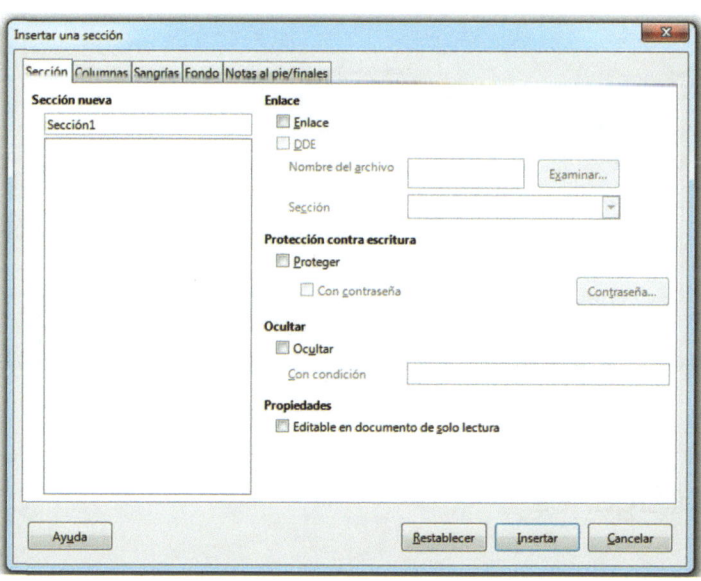

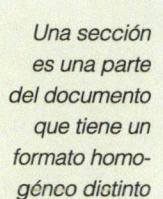
Una sección es una parte del documento que tiene un formato homogénco distinto del aplicado en otra parte del documento.

Las secciones pueden tener un tamaño muy variable y abarcar desde un solo párrafo hasta varias páginas.

Cuadro de diálogo Insertar una sección

2. Configuración de páginas

2.1. Introducción

En Writer, al formato de página (tamaño, orientación, color o imagen del fondo, encabezado y pie, etc.) se le llama **estilo de página**.

Para acceder al estilo de página vamos a menú *Formato/Estilo de página*:

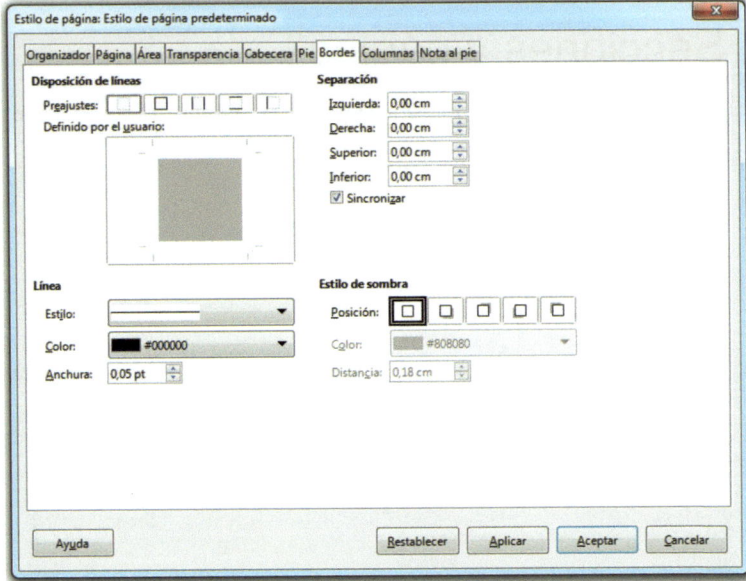

Ventana Estilo de página

2.2. Márgenes

Los márgenes son las distancias desde el borde de la página hasta la zona de la página donde insertaremos el texto del documento. Hay 4 márgenes, y cada uno se mide desde el borde de página correspondiente.

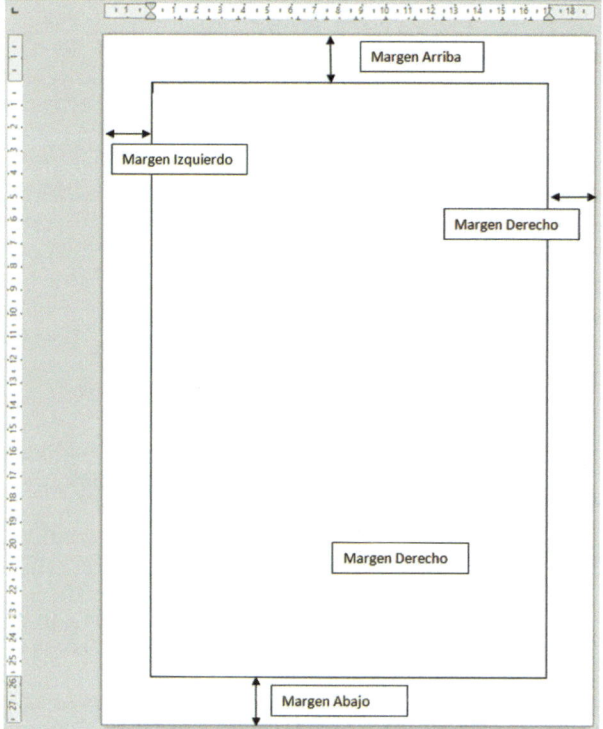

Márgenes de un documento

Para configurar los márgenes podemos hacerlo de varias maneras:

■ **Desde la regla:**

Para modificar un margen lo podemos hacerlo desde la regla superior horizontal.

Esta regla muestra en color gris el espacio que ocupará el margen desde los bordes izquierdo y derecho y en blanco la zona donde estará el texto.

Regla superior horizontal

Si situamos el puntero del ratón justo en la intersección de la zona del margen y la zona del texto, el puntero de ratón se transforma en una flecha y si pulsamos el botón izquierdo del ratón y arrastramos modificamos el margen.

Flecha para modificar el margen

■ **Desde la barra de menús:**

Formato/Estilo de página/Página:

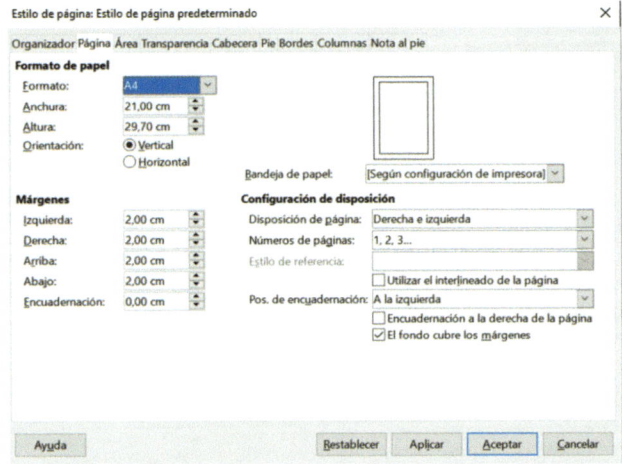

Estilo de página/Página

En *Configuración de disposición* podemos seleccionar diferentes valores:

♦ Es el más habitual, ya que es el que se utiliza para documentos tipo informes, apuntes, etc., que no van a ser encuadernados. Todas las hojas tendrán el mismo margen derecho e izquierdo.

♦ Esta opción la seleccionaremos para tipos de documentos como libros, revistas, etc. Es decir, que vayan a ser encuadernados. Al seleccionar esta opción, el margen izquierdo y derecho pasan a llamarse Interior y Exterior.

♦ Nos permite imprimir solo las páginas impares.

♦ Nos permite imprimir solo las páginas pares.

■ **Desde la barra lateral:**

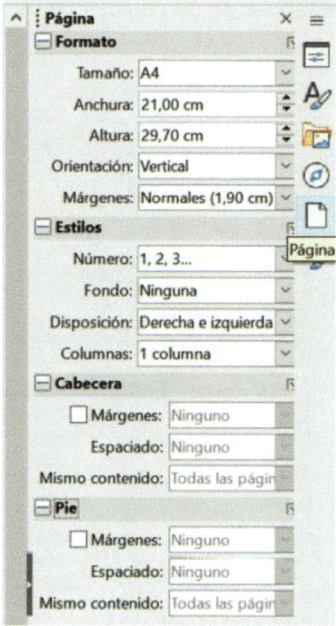

Icono Pagina de la barra lateral derecha

Si queremos encuadernar el documento que hemos creado, debemos tener en cuenta que el margen izquierdo debe ser más ancho de lo habitual para facilitar su lectura una vez encuadernado.

2.3. Dos páginas por hoja

Menú *Archivo/Imprimir/Disposición de página/Dos páginas por hoja*:

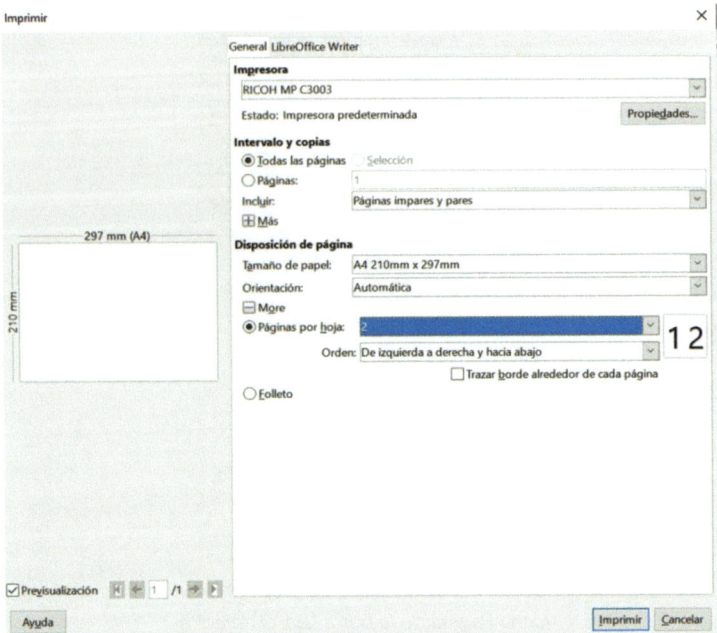

Archivo/Imprimir/Disposición de página/Dos páginas por hoja

2.4. Orientación de la página y tamaño de papel

En algunas ocasiones es necesario cambiar la orientación del papel. Para ello, podemos optar entre la orientación vertical (la opción por defecto) u horizontal. Esta modificación afecta a todas las páginas del documento que tengan el mismo estilo de página.

Para configurar la orientación y tamaño de papel, podremos hacerlo a través de dos opciones:

Menú *Archivo/Imprimir/Disposición de página*:

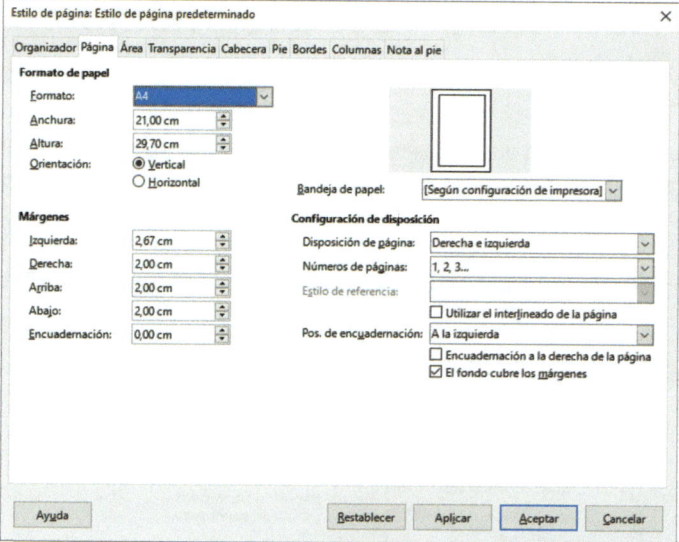

Formato/Estilo de página/Página

Menú *Archivo/Imprimir/Disposición de página*:

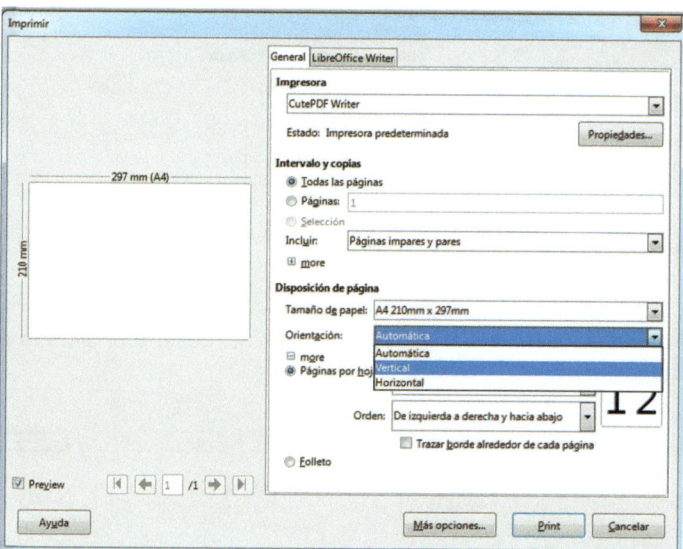

Archivo/Imprimir/Disposición de página

3. Visualización del documento

3.1. Zoom

Hay ocasiones en las que necesitamos que el texto de nuestro documento sea más grande para poder leerlo mejor o reducirlo para verlo en su totalidad y hacernos una idea general. Para esto usaremos la opción:

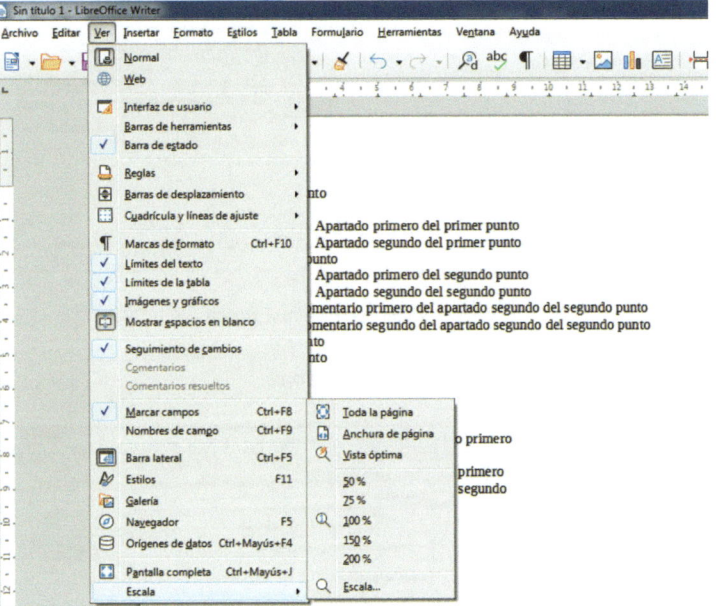

Ver/Escala

También podemos modificar el zoom a través del deslizador situado en la barra de herramientas *Estado*.

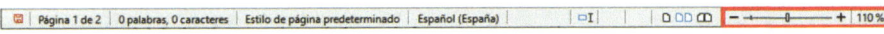

Zoom de la barra de herramientas Estado

El porcentaje que aparece en el deslizador nos indica la escala de visualización que tenemos en el documento. Si hacemos un doble clic sobre ese porcentaje, aparece el cuadro de diálogo Diseño de vista y escala, al que podremos acceder a través del menú de Ver/Escala/Escala.

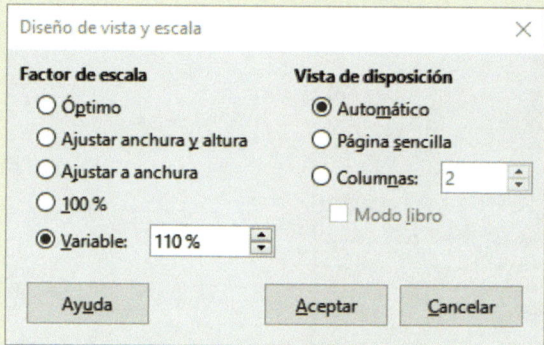

Cuadro de diálogo Diseño de vista y escala

Para establecer la Disposición de vista también disponemos de unos accesos directos en la barra de Estado:

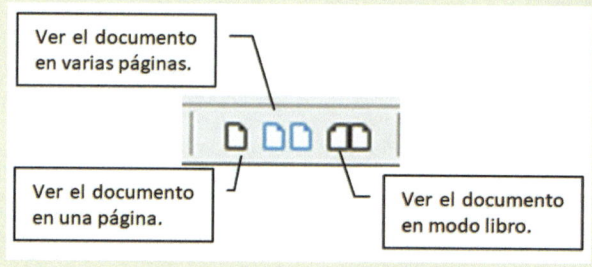

Accesos directos para cambiar la vista del documento

Esto no afecta al tamaño del texto que se imprimirá, solamente es para visualizarlo.

3.2. Vista preliminar

Para ver cómo quedaría impreso nuestro documento usaremos la opción menú *Archivo/Previsualización de impresión.*

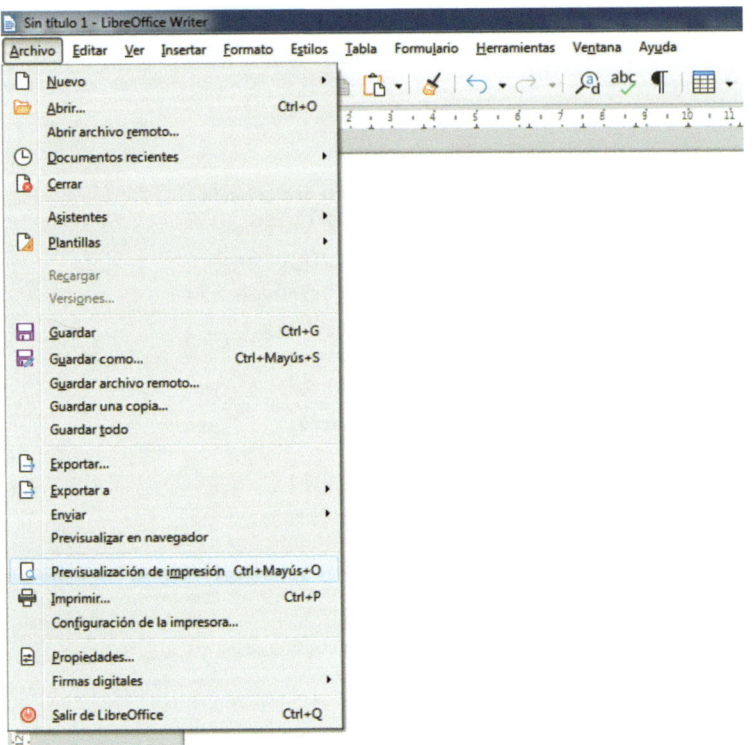

Archivo/ Previsualización de impresión

Para salir de esta vista, haremos clic con el botón izquierdo del ratón sobre la opción Cerrar la previsualización.

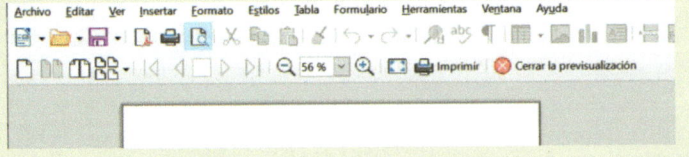

Botón Cerrar la previsualización

3.3. Panel de navegación

El Panel de navegación de Writer nos permite gestionar, de forma muy eficaz, documentos de gran tamaño.

Para acceder a él, podemos hacerlo de diferentes formas:

◆ **Pulsando la tecla F5.**

◆ **Mediante la opción menú** *Ver/Navegador*.

◆ **Desde la barra lateral, el icono con forma de brújula.**

Al activarlo nos aparecerá esta ventana:

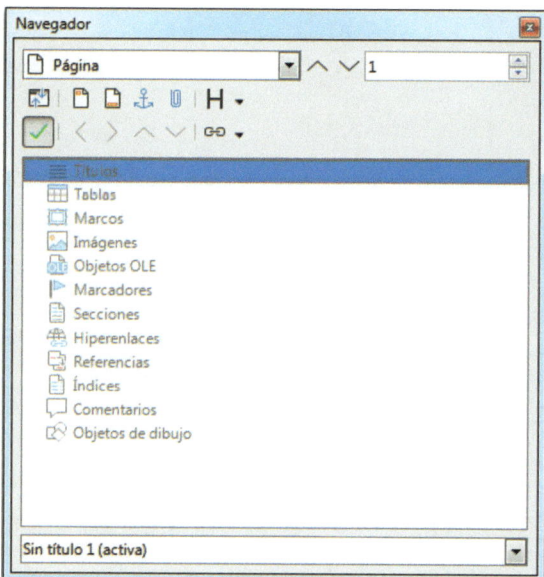

Ventana Navegador

En esta ventana se nos muestran todos los objetos que forman el documento, lo que nos permite acceder a ellos de una forma rápida y sencilla.

4. Encabezados y pies de página. Creación, eliminación y modificación

→ Para crear encabezados de página en nuestro documento usaremos la opción menú *Insertar/Cabecera y pie/Cabecera/Estilo de página predeterminado*.

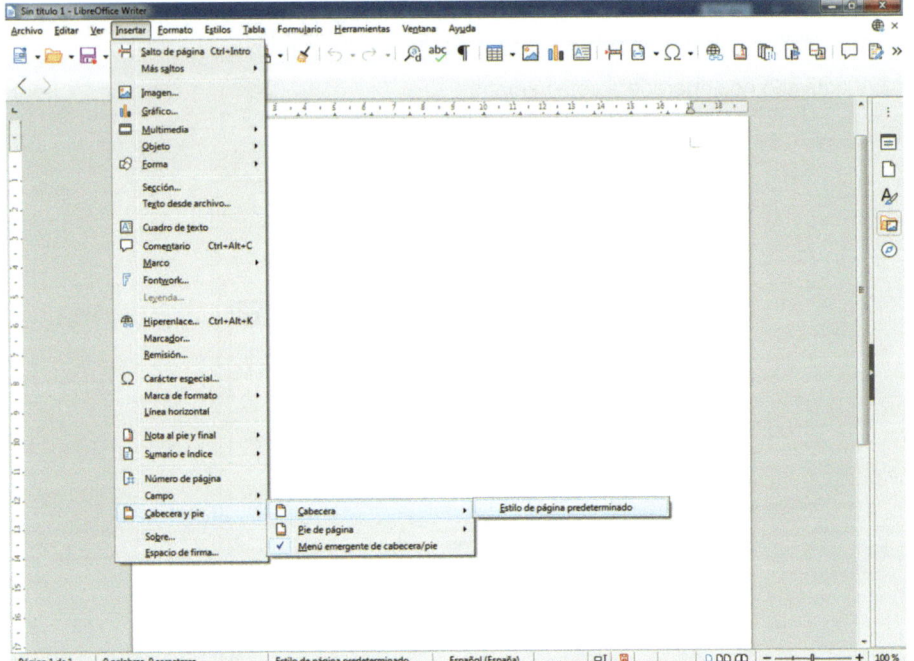

Insertar/Cabecera y pie/Cabecera/Estilo de página predeterminado

→ Escribimos el texto que queremos que aparezca como cabecera.

→ Para crear un pie de página usaremos la opción menú *Insertar/Cabecera y pie/Pie de página/Estilo de página predeterminado*.

→ Escribimos el texto que queremos que aparezca como pie.

→ Para modificar el pie, posicionamos el ratón encima y hacemos clic con el botón izquierdo.

5. Numeración de páginas

Para insertar números de página utilizamos la opción menú *Insertar/Campo/Número de página*.

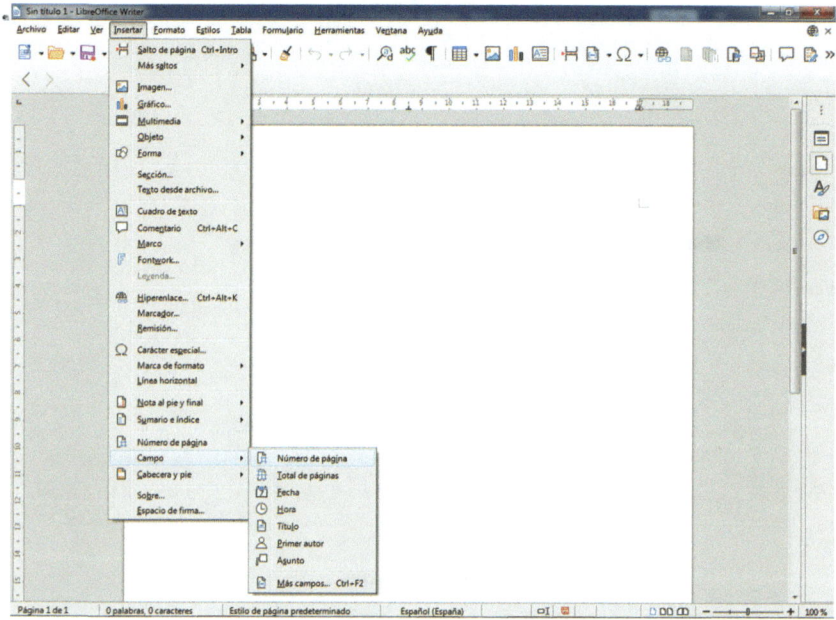

Insertar/Campo/Número de página.

Para colocar la numeración al pie, previamente, debemos indicarlo:

◆   *Insertar/Cabecera y Pie/Pie de página/Estilo predeterminado*.

◆   **Y después** *Insertar/Campo/Número de página*.

6. Bordes de página

Para aplicar un borde de página realizaremos los siguientes pasos:

■   Clic en el menú *Formato*.

■   Opción *Estilo de página*.

■   Ficha *Bordes*.

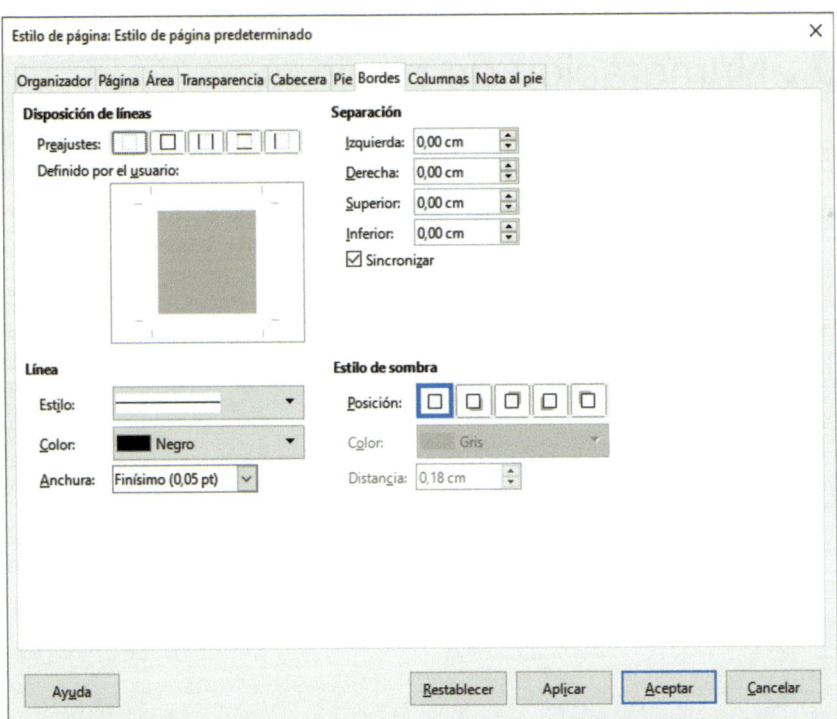

Pestaña Bordes

→ **Disposición de líneas:**

En este apartado podemos indicar qué líneas deseamos aplicar a nuestra página, pudiendo seleccionar en *Preajustes* la opción sin bode, los cuatro bordes, solo borde izquierdo y derecho, solo borde superior o inferior o solo borde izquierdo. También lo podemos indicar de forma manual en *Definido por el usuario,* pulsando con el botón del ratón en cada uno de los lados a los que le deseemos aplicar el borde.

→ **Separación:**

En estas casillas podemos indicar la distancia del borde al texto en relación a cada uno de los lados.

Si dejamos activada la casilla *Sincronizar,* los 4 lados tendrán la misma distancia.

→ **Línea:**

En este apartado podremos seleccionar el tipo de línea que deseemos aplicar, su color y la anchura.

→ **Estilos de sombra:**

Podremos aplicar distintos tipos de sombra a nuestro borde, seleccionando entre los estilos de sombra predefinidos. También podremos definir el color, así como su distancia.

7. Bordes de página

7.1. Inserción de saltos de página

Cuando necesitemos insertar páginas nuevas a nuestro documento dispondremos de la opción *Insertar saltos de página*.

Para insertar saltos de página en nuestro documento:

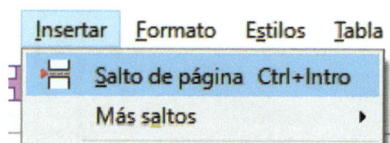

Menú Insertar/Salto de página

El salto de página se realiza a partir de la posición en la que tenemos el punto de inserción. Esto quiere decir que, si después del punto de inserción tenemos texto, este se desplazará a la página siguiente.

7.2. Inserción de saltos de sección

Dentro de los documentos podemos trabajar con secciones que nos van a permitir aplicar distintos formatos dentro del mismo documento, ocultar o proteger parte de un documento, etc.

Cuando necesitemos trabajar con distintas secciones, debemos definir esa sección y, para ello, vamos a menú *Insertar/Sección*.

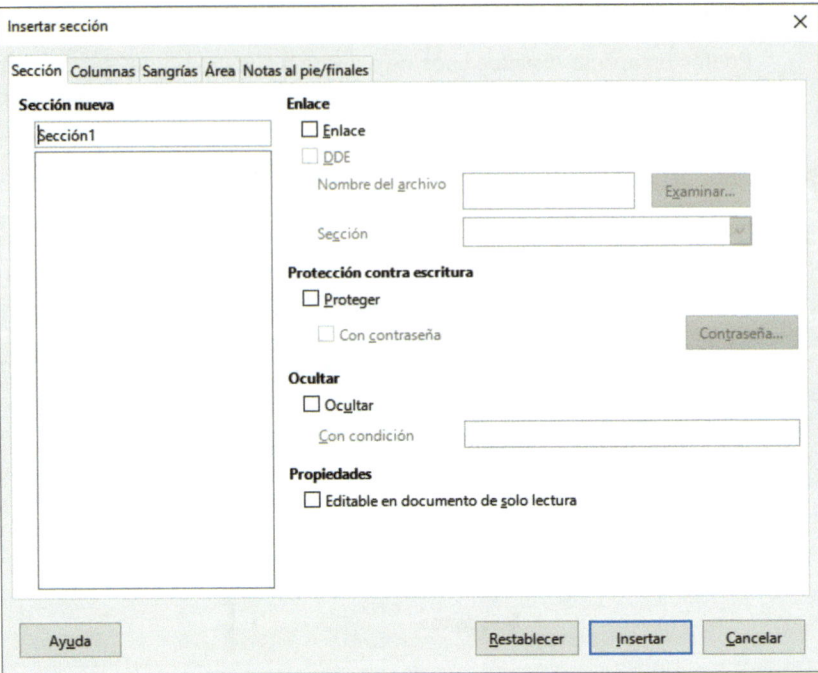

Ventana Insertar sección

◆ **Sección nueva:**

Indicaremos el nombre con que queremos crear la sección y, a continuación, indicaremos la configuración de la sección a través del resto de opciones que disponemos en el cuadro de diálogo.

◆ **Enlace:**

Si activamos esta casilla, podremos insertar el contenido de otro documento en la sección que estamos creando.

◆ **Proteger:**

Si activamos esta casilla la sección no se podrá modificar, pudiendo incluir una contraseña para protegerla.

◆ **Ocultar:**

Si activamos esta casilla la sección actual queda oculta y no se imprimirá. También se puede incluir una condición que se debe de cumplir para ocultar la sección.

◆   **Propiedades:**

Si activamos la casilla *Editable en documento de solo lectura,* el contenido de la sección se podrá modificar, aunque el documento se haya abierto en modo de solo lectura.

No se puede ocultar una sección si constituye el único contenido de una página o de una cabecera, un pie, una nota al pie, un marco o una celda.

8. Inserción de columnas periodísticas

8.1. Introducción

Es habitual que tengamos la necesidad de organizar el texto de los documentos en forma de columnas periodísticas.

Las columnas periodísticas las podemos aplicar a toda la página o a una parte de esta.

Cuando creamos columnas periodísticas, Writer, automáticamente, crea secciones en el documento.

Para definir columnas podemos hacerlo a través de:

■   Esta opción la utilizaremos cuando deseamos aplicar columnas al estilo de página que estamos utilizando.

■   Esta opción nos permite aplicar columnas a parte de un texto o, si ya tenemos creada una sección, aplicar las columnas a la sección.

■   Esta opción nos permite crear una sección y definirla al mismo tiempo las columnas.

8.2. Definir columnas en Formato/estilo

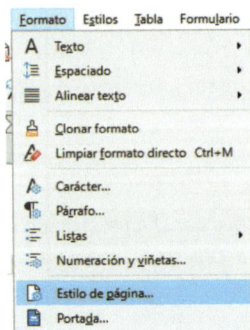

Formato/Estilo de página

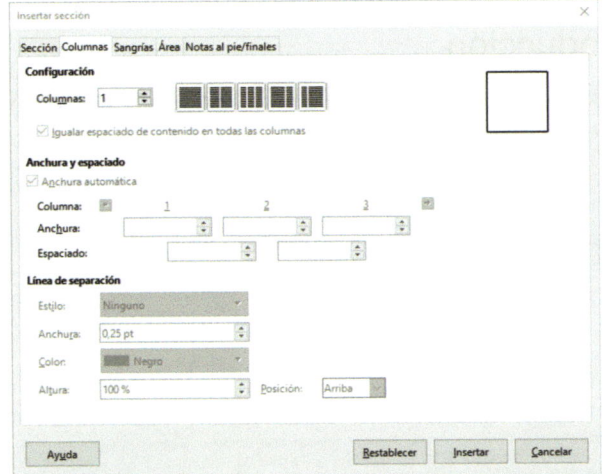

Insertar sección/Columnas

8.3. Definir columnas en Formato/Columnas

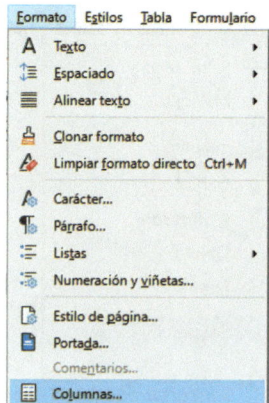

Formato/Columnas

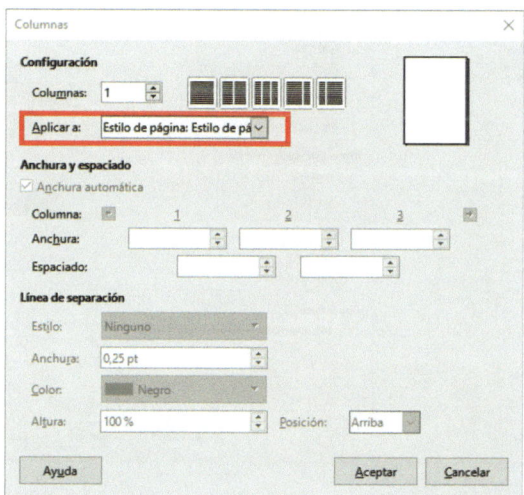

Ventana Columnas

8.4. Definir columnas en Insertar/Sección

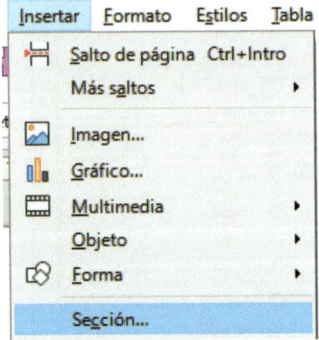

Insertar/Sección

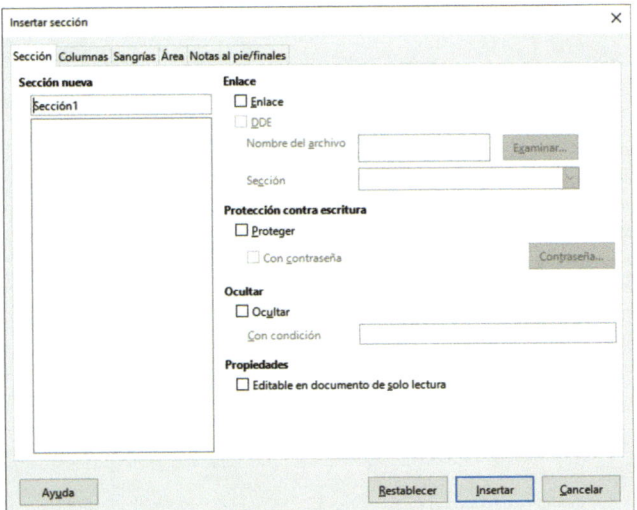

Insertar sección

8.5. Creación de columnas con distintos estilos

Podemos aplicar distintos estilos a las columnas, definiendo el número de columnas que deseamos, estableciendo la anchura y el espaciado de las columnas o definiendo una línea de separación entre ellas.

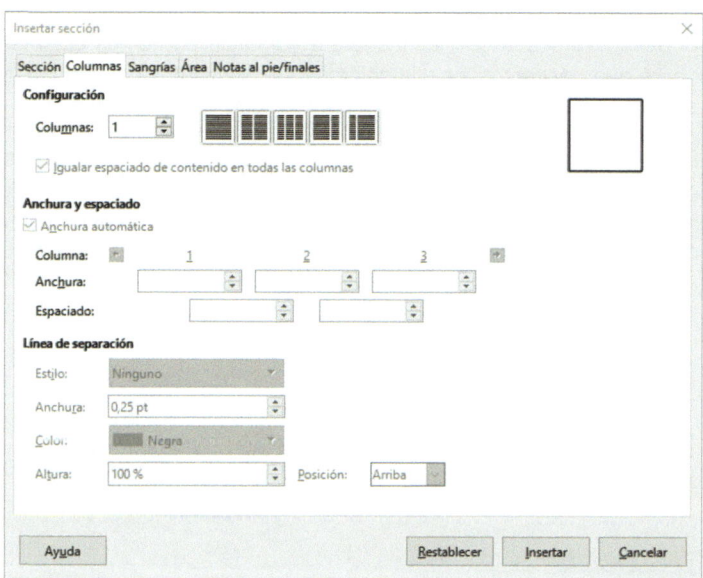

Insertar sección/Columnas

● **Configuración:**

En este apartado podemos definir el número de columnas que deseamos:

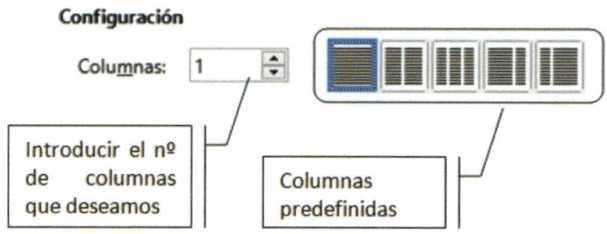

Se puede introducir el número o marcar el botón correspondiente en las columnas predefinidas

● **Anchura y espaciado:**

En este apartado indicaremos la anchura de las columnas y la separación entre ellas.

Si la casilla *Anchura automática* esta activada, la aplicación calcula el ancho de las columnas, por lo que las casillas de *Anchura* aparecen desactivadas.

Si desactivamos la casilla *Anchura automática* podremos establecer la anchura que deseemos a cada columna. Según vamos cambiando la anchura a la columna, la aplicación recalcula el ancho de la siguiente.

En la casilla *Espaciado* introduciremos la separación que deseamos entre cada columna. Si la casilla *Anchura automática* está activada, todas las columnas tendrán la separación que indiquemos en la primera casilla. Si está desactivada podremos indicar distintos espaciados para cada columna.

La suma de los anchos de todas las columnas y los espacios no puede ser superior al espacio que tengamos entre la sangría izquierda y derecha.

● **Línea de separación:**

Este apartado nos permite definir una línea de separación entre las columnas.

En la lista desplegable *Estilo* podemos escoger entre no aplicar ninguna línea de separación o seleccionar entre las que tiene predefinidas la aplicación.

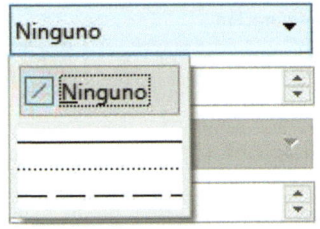

Desplegable Estilo

Al seleccionar un estilo de línea de los predeterminados en la aplicación, podremos personalizar la línea aplicando:

- **Anchura:**

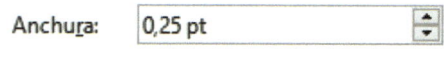

Opción anchura

- **Color:**

Opción Color

- **Altura y posición:** podemos establecer la longitud de la línea como un porcentaje del área de la columna y establecer la posición de la línea con respecto a la propia columna (centrada, superior o inferior), siempre que el porcentaje de altura de será inferior al 100%.

Opciones Altura y Posición

8.6. Aplicar columnas en distintos espacios dentro del documento

Podemos aplicar distintos formatos de columnas dentro del mismo documento, trabajando con secciones o seleccionando el texto y definiendo las columnas que deseamos para ese texto.

Al crear columnas, la aplicación ya crea automáticamente las secciones.

Para aplicar columnas dentro de un documento:

- Seleccionamos los párrafos deseados.

- Menú *Formato/Columnas.*

- Definimos las columnas deseadas.

- Y elegimos el resto de características, como la anchura, el espaciado y la línea de separación.

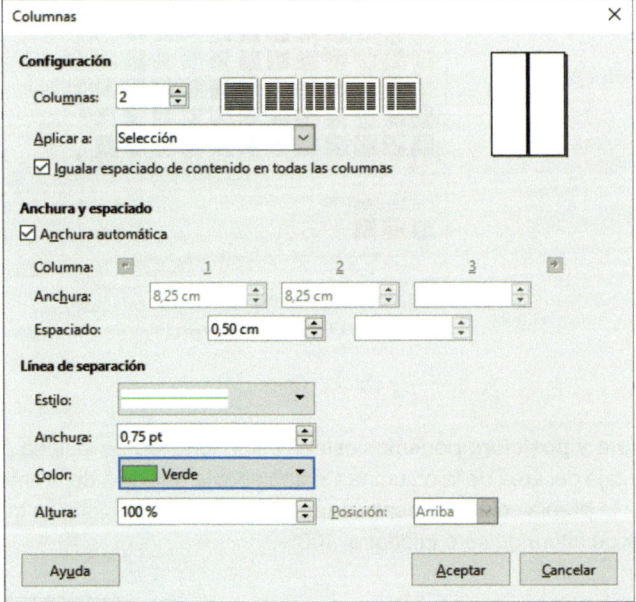

Cuadro de diálogo Columnas

9. Inserción de notas al pie y al final

9.1. Insertar notas al pie

Para insertar una nota al pie:

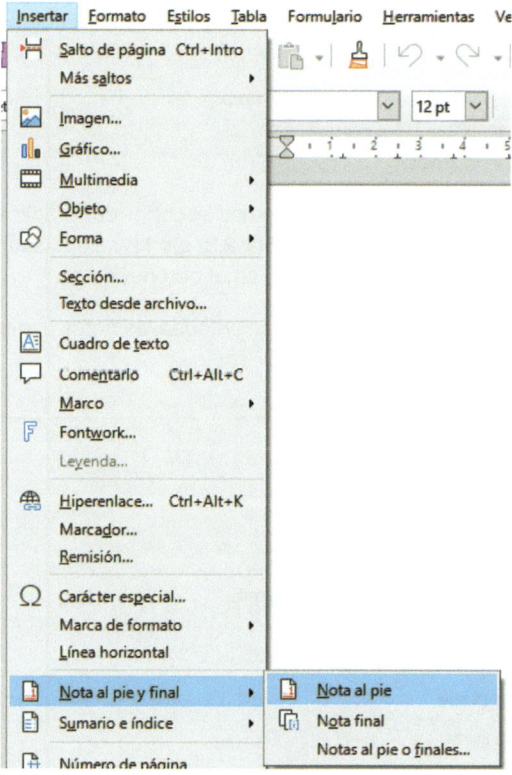

Insertar/Nota al pie y final

◆ **Nota al pie:**

En la posición en la que tenemos el punto de inserción se añade un número por defecto y en la parte de debajo de la página disponemos del espacio para escribir la nota.

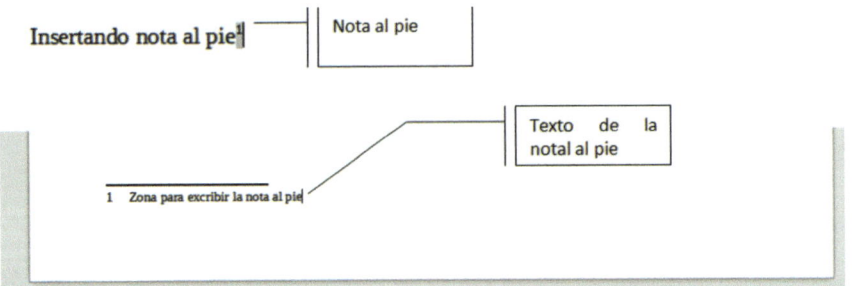

Ejemplo

◆ **Nota al pie o final:**

Al seleccionar esta opción podemos escoger entre aplicar una numeración automática para las notas al pie (1,2,3, etc.) o seleccionar cualquier otro carácter para la nota haciendo clic en el botón *Elegir.*

Si seleccionamos la opción *Carácter* todas las notas al pie se insertan con el mismo carácter.

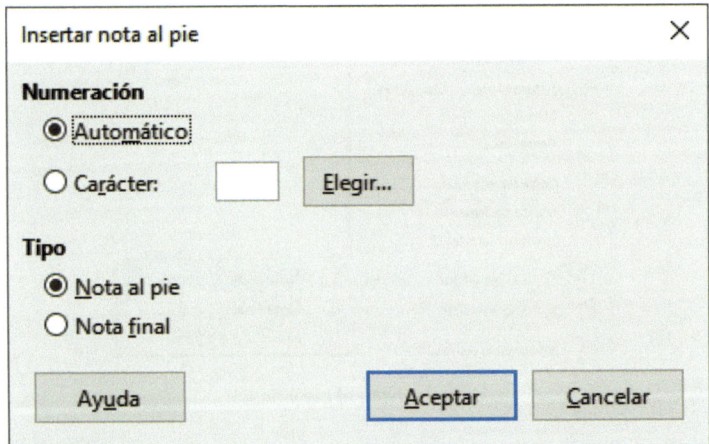

Cuadro de diálogo Insertar nota al pie

9.2.   Insertar notas al final

Para insertar una nota al final:

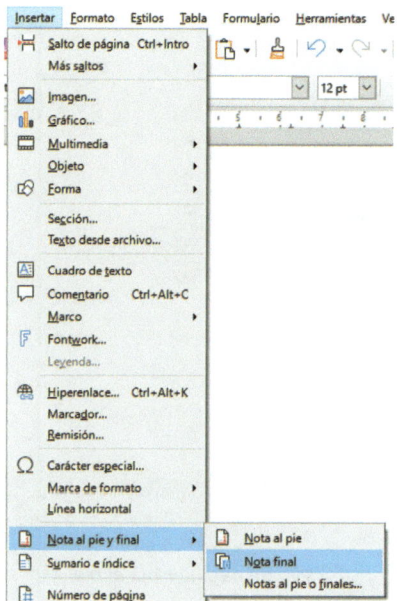

Insertar/Nota final

En la posición en la que tenemos el punto de inserción se añade la letra "i" por defecto y, al principio de la última página del documento, disponemos del espacio para escribir la nota al final.

9.3.   Personalización de las notas al pie

Podemos personalizar el diseño de las notas al pie a través del cuadro de diálogo Estilo de página, en el menú *Formato/Estilo de página/Nota al pie,* definiendo el área que deseamos para las notas, así como el formato de la línea separadora.

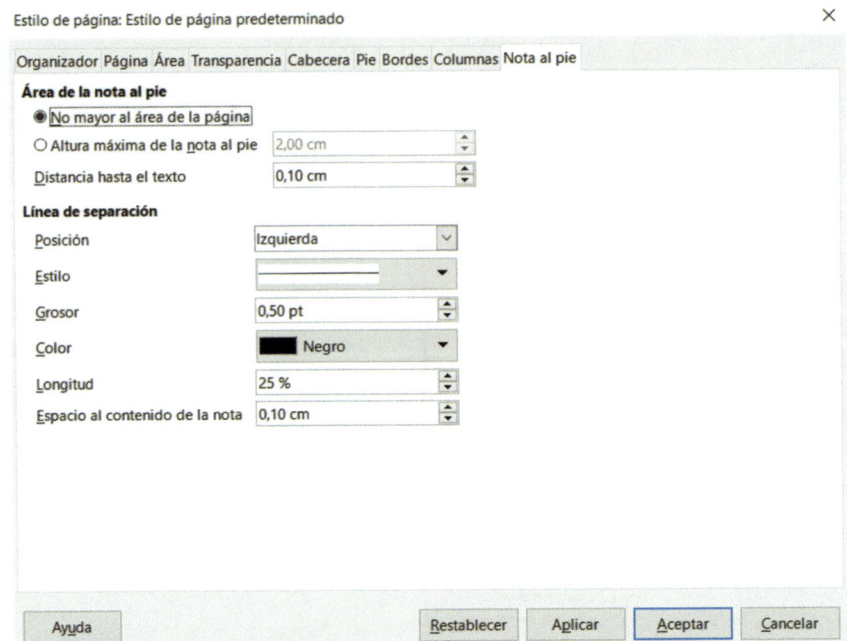

Estilo de página/Nota al pie

→ **No mayor al área de la nota al pie:**

Si la casilla se encuentra activada se ajustará automáticamente la altura del área de notas al pie en función del número de notas al pie que insertemos.

→ **Altura máxima de la nota al pie:**

Si activamos esta casilla, podremos indicar la altura máxima para el área de notas al pie.

→ **Distancia hasta el texto:**

Podremos definir el espacio entre el margen inferior de la página y la primera línea de la nota al pie.

→ **Posición:**

Podremos seleccionar la alineación horizontal de la línea.

Posición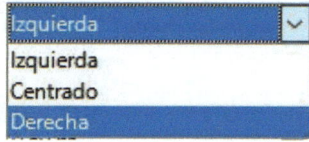

Izquierda, Centrado, Derecha

→ **Estilo:**

En esta lista desplegable podremos seleccionar el tipo de línea separadora, si la deseamos.

Estilo

Desplegable Estilo

→ **Grosor:**

Indicaremos el grosor de la línea de separación.

→ **Color:**

Seleccionaremos el color de **línea de separación.**

Color   

Desplegable Color

→ **Longitud:**

Indicaremos la longitud de la línea de separación como un porcentaje de la anchura de la página.

→ **Espacio al contenido de la nota:**

Indicaremos el espacio que se debe dejar entre el margen inferior de la página y el primer renglón del texto en el área de notas al pie.

Resumen

 Podemos modificar los márgenes de las páginas de nuestro documento, así como su orientación (vertical u horizontal).

 Si deseamos trabajar con columnas periodísticas, se puede definir el número de estas por página y su tamaño e incluirlas en una parte del documento.

 Visualizar el documento nos ayudará a ver cómo queda antes de imprimirlo.

 El navegador nos permite acceder a partes del documento de una forma rápida.

 Las notas al pie y al final nos permiten insertar aclaraciones o comentarios a un elemento del documento.

UNIDAD
DIDÁCTICA
6

Creación de tablas como medio para mostrar el contenido de la información, en todo el documento o en parte de él.

Objetivos

⊡ Aprender a crear tablas y trabajar con ellas.

⊡ Aprender a modificar y eliminar tablas, celdas y columnas.

Contenido

Introducción

Una tabla se compone de filas y columnas. Podremos poner tantas filas y columnas como deseemos y darles el aspecto que más nos interese. Así como introducir texto, números o fórmulas.

1. Inserción o creación de tablas en un documento

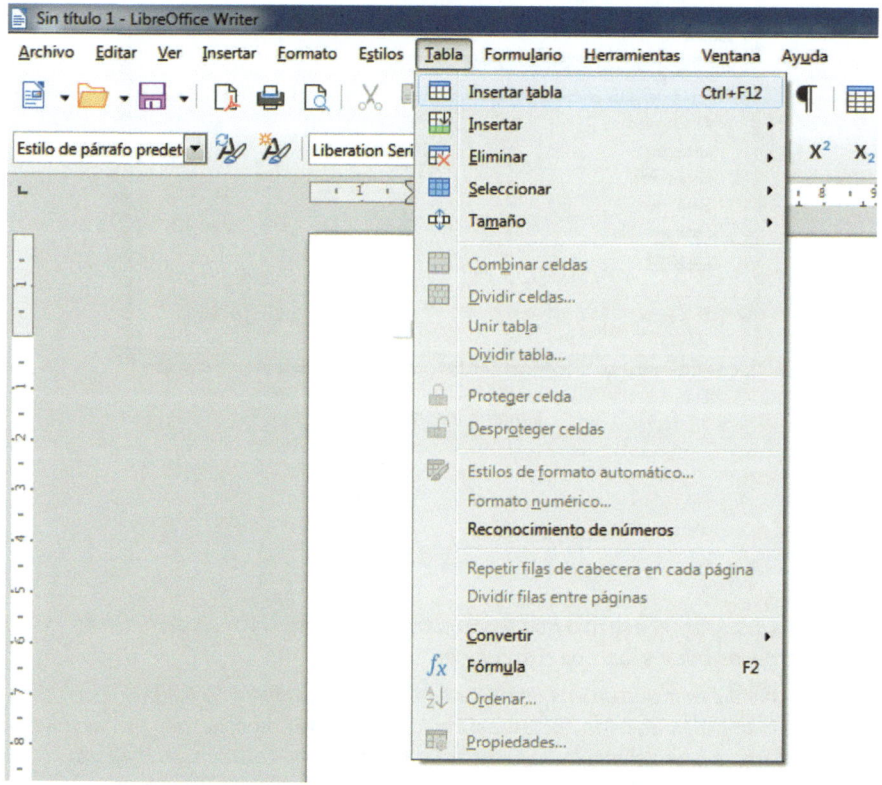

Tabla/Tablas/Insertar tabla

Se abrirá una ventana donde podremos elegir el número de filas y columnas, así como su nombre (para poder localizarla en el documento o hacer referencia a ella más tarde) y el estilo que queremos que tenga:

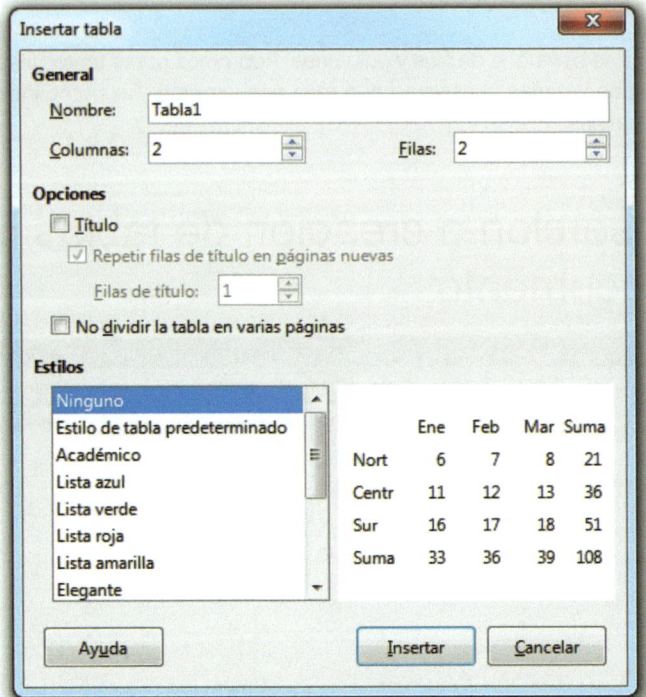

Ventana Insertar tabla

Podemos modificar el aspecto de nuestra tabla modificando la posición del texto, color y tipo de los bordes, así como el color de fondo.

Es interesante saber que en una celda de tabla podemos mostrar la suma u otras operaciones aritméticas de otras celdas, así como la suma de una columna, etc., sin tener que modificar a mano el resultado si variamos alguno de sus elementos. Para ello, introduciremos en la celda donde queremos que muestre el resultado el signo igual y la operación que vamos a realizar.

2. Edición y movimiento de una tabla

Una vez insertada la tabla, podemos comenzar a introducir el contenido de las celdas. Cuando el texto no cabe en la anchura de una celda, esta se hace más alta de forma automática para que pueda seguir introduciendo texto, generalmente sin modificarse la anchura de la columna.

El texto y los números que se escriban dentro de una celda pueden formatearse como texto normal. Por ejemplo, se les puede asignar formato de letra y párrafo (alineación dentro de la tabla, interlineado, etc.). Además, se pueden seleccionar varias celdas, filas o columnas, incluso la tabla completa, para dar el mismo formato a las celdas seleccionadas.

Se pueden copiar y mover las filas, las columnas o las celdas seleccionadas igual que si se tratara de texto normal. También se pueden copiar y/o mover celdas a otras tablas del mismo o de otros documentos.

Para modificar el contenido de una tabla, nos situaremos con el ratón o los cursores encima de la celda a modificar y comenzaremos a escribir y a darle el formato que deseemos.

Una vez dentro de la tabla nos moveremos de una celda a otra pulsando la techa **tabulador**.

También podemos desplazarnos con los cursores arriba, abajo, izquierda y derecha o con el puntero del ratón, haciendo clic en el lugar donde queramos escribir o modificar el contenido.

3. Selección de celdas filas, columnas y tablas y modificación del tamaño de filas y columnas

Al igual que podemos seleccionar una parte del texto como bloque, también podemos hacer lo mismo con nuestra tabla.

Para modificar las filas y columnas:

- Situamos el puntero del ratón sobre la línea de separación entre filas o columnas. Veremos que el puntero cambia de forma (flecha horizontal señalando izquierda y derecha).

■ Pulsamos el botón izquierdo del ratón y arrastramos manteniéndolo pulsado. Veremos cómo cambia el tamaño de la fila o columna.

Si situamos el ratón en la primera línea de la tabla (el puntero del ratón cambiará de forma a una flecha negra hacia abajo) y pulsamos el botón derecho, aparecerá un menú donde podemos modificar el tamaño de la tabla.

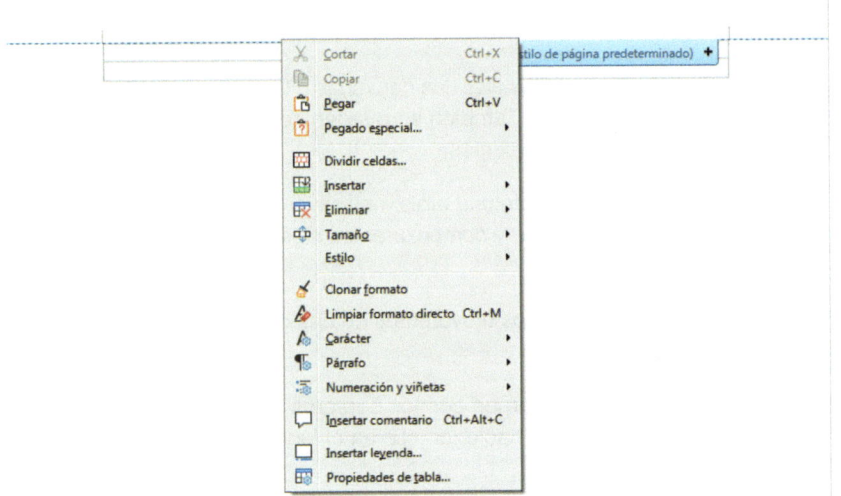

Modificar tabla

4. Modificando los márgenes de las celdas

Dentro de una celda podemos establecer márgenes para mejorar su aspecto.

Esto lo podremos hacer de dos maneras:

✱ Directamente con el ratón, pinchando y arrastrando desde la regla superior horizontal.

✱ Desde la barra de menús: *Formato/Párrafo/Sangría y espaciado.*

5. Aplicando formatos a una tabla (bordes, sombreado y autoformato)

Para modificar el aspecto o formato de nuestra tabla:

→ Clic con el botón derecho del ratón sobre la tabla.

→ Seleccionamos la opción *Propiedades de la tabla*.

→ Aparece la siguiente ventana:

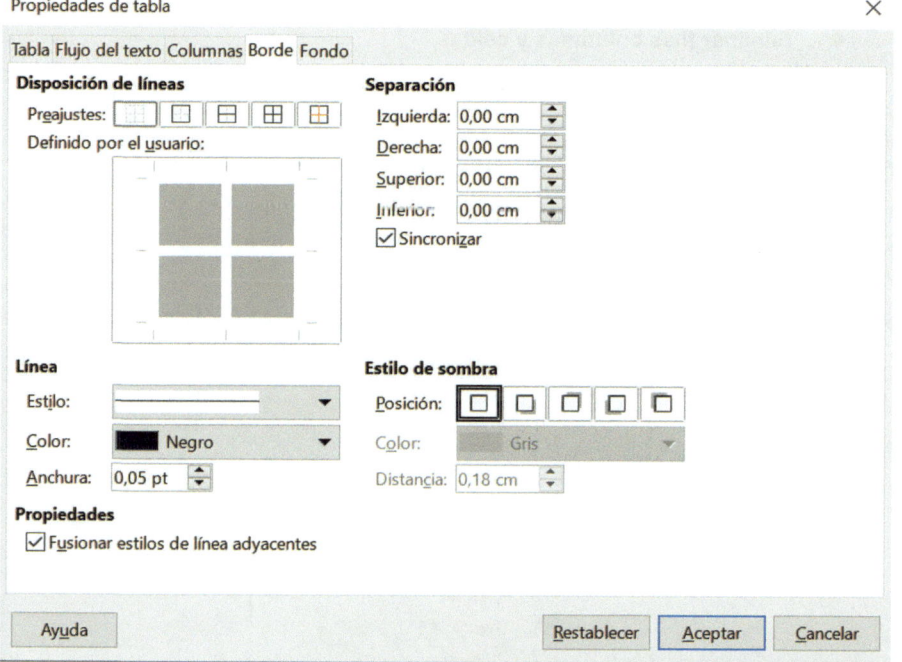

Ventana Propiedades de tabla

En la ventana Propiedades de la tabla, tenemos diferentes pestañas donde podemos modificar, añadir o eliminar los bordes de nuestra tabla. Cambiar el color del fondo de las celdas, etc.

Además de los que trae definidos por defecto, Writer nos permite crear un estilo de tabla personalizado y guardarlo.

6. Cambiando la estructura de una tabla (insertar, eliminar, combinar y dividir celdas, filas y columnas)

Las operaciones que podemos realizar para modificar la estructura de una tabla son:

◆ **Insertar filas, columnas y celdas.**

◆ **Combinar celdas.**

◆ **Dividir celdas.**

◆ **Eliminar filas columnas y celdas.**

Para modificar el número de columnas añadiendo una delante de la primera:

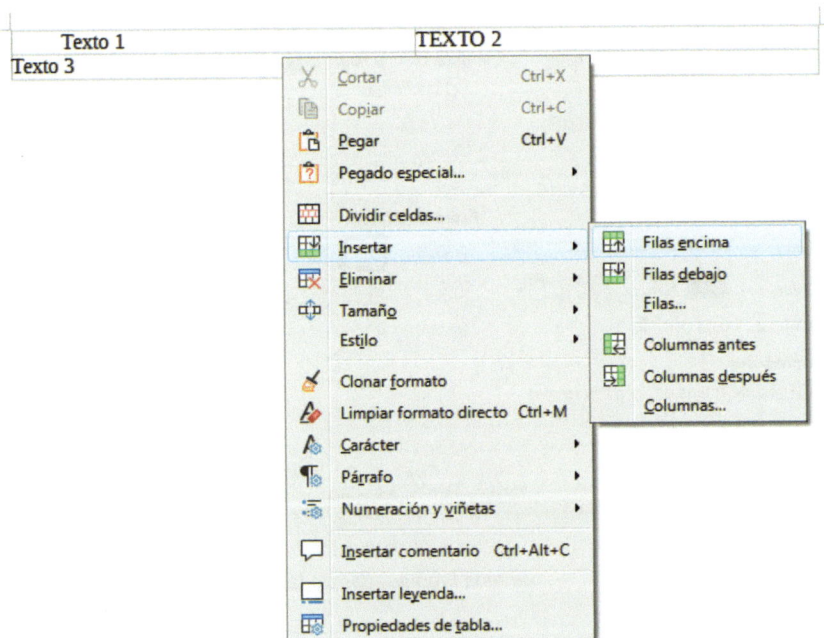

Insertar/Filas encima

Este menú contextual también nos servirá eliminar filas y columnas.

Para combinar celdas, previamente debemos seleccionar aquella que queremos combinar. Después pulsamos el botón derecho para acceder al menú contextual.

Para dividir una celda en dos columnas:

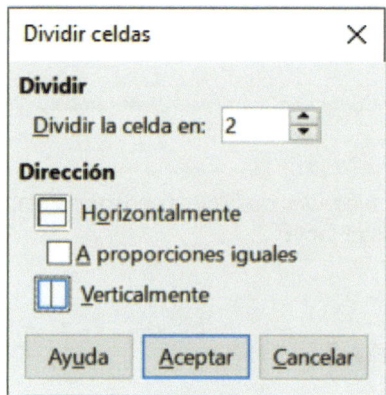

Cuadro de diálogo Dividir celdas

7. Otras opciones interesantes de tablas

7.1. Alineación vertical del texto en una celda

El contenido de una celda puede alinearse tanto vertical como horizontalmente dentro de la celda. La alineación horizontal es idéntica a la de los párrafos en una página, y solo hay que pulsar los botones de alineación horizontal para aplicarla sobre las celdas. La alineación vertical es especialmente útil cuando se ha modificado la altura de las filas, o cuando los márgenes superior e inferior de las celdas no son iguales, ya que, por defecto, el texto de la celda quedará en la parte superior de la misma.

Para cambiar la alineación vertical del texto de las celdas:

- Seleccionamos las celdas que vamos a modificar.

- En la barra de herramientas de tabla pulsamos el botón correspondiente a la alineación que deseamos aplicar.

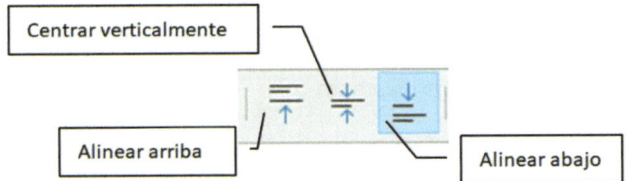

Botones de Cerrar verticalmente, Alinear arriba y Alinear abajo

Desde la ventana *Propiedades de la tabla* podemos cambiar la alineación del texto dentro de la celda de nuestra tabla.

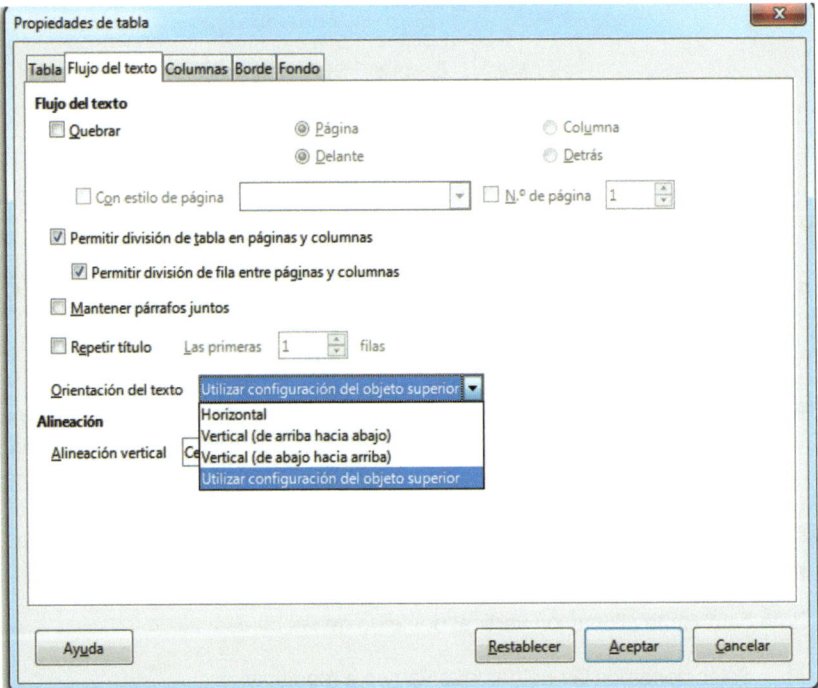

Propiedades de tabla/Flujo del texto

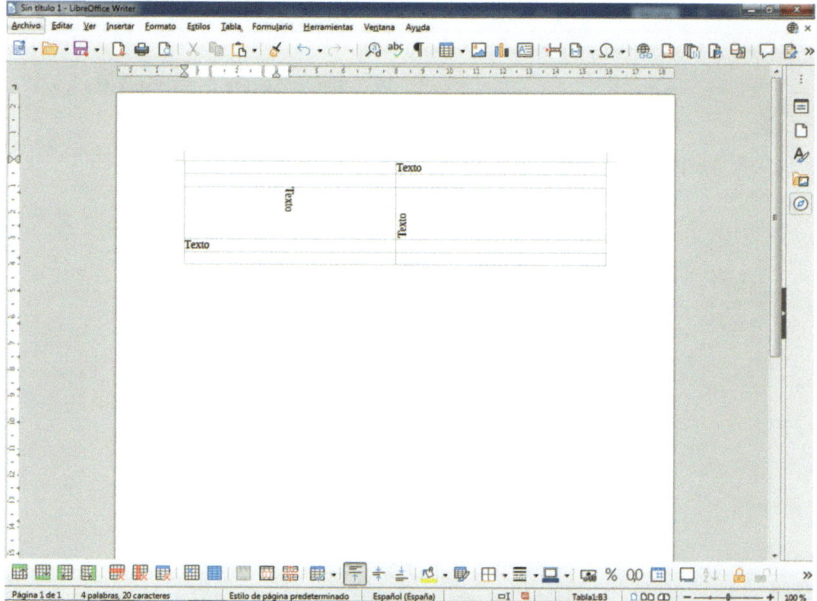

Resultado

7.2. Convertir texto en tabla y tabla en texto

Para convertir un texto en tabla:

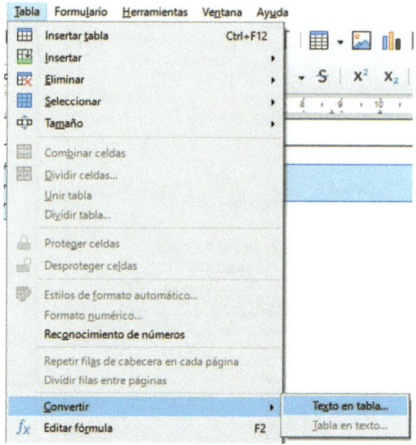

Tabla/Convertir/Texto en tabla

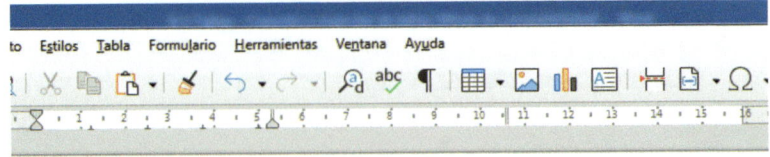

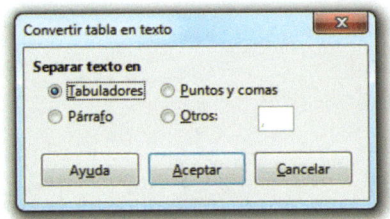

Cuadro de diálogo Convertir tabla en texto

Para convertir una tabla en texto:

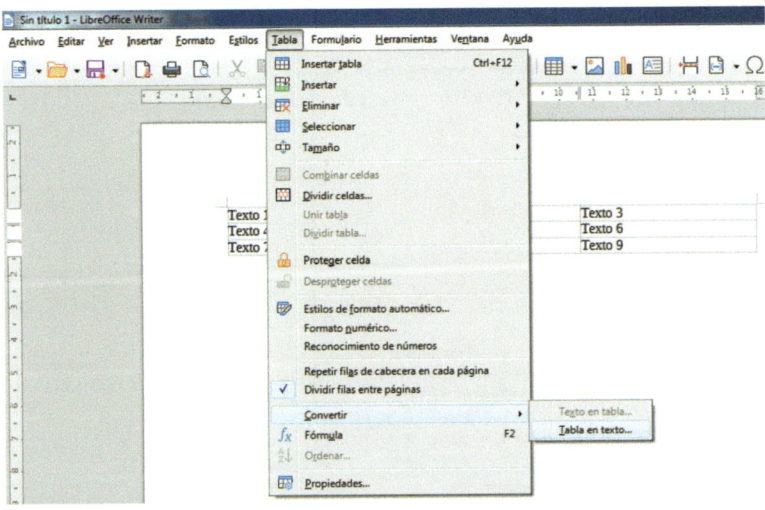

Tabla/Convertir/Tabla en texto

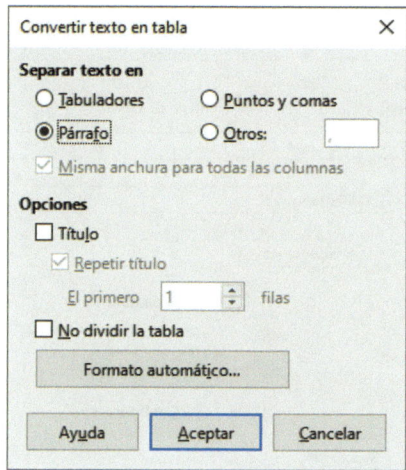

Cuadro de diálogo Convertir texto en tabla

7.3. Ordenar una tabla

Podemos ordenar una tabla según el contenido de sus celdas. Para hacerlo:

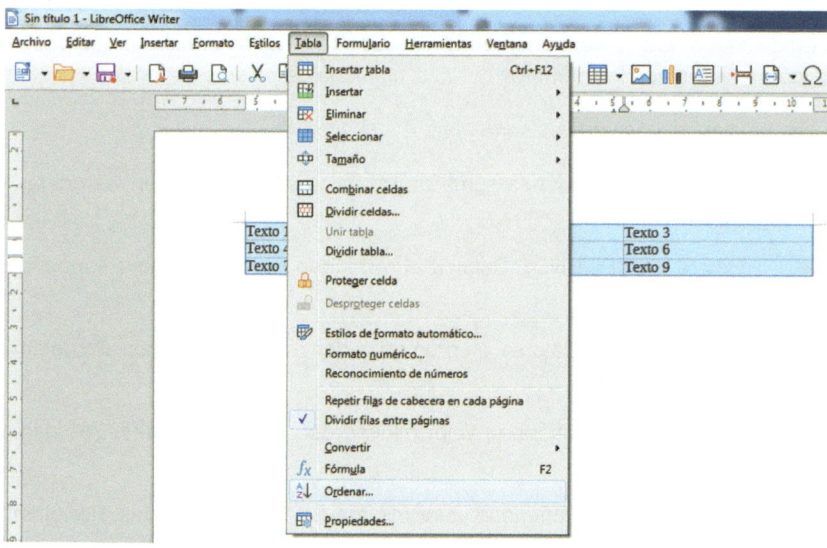

Menú/Ordenar

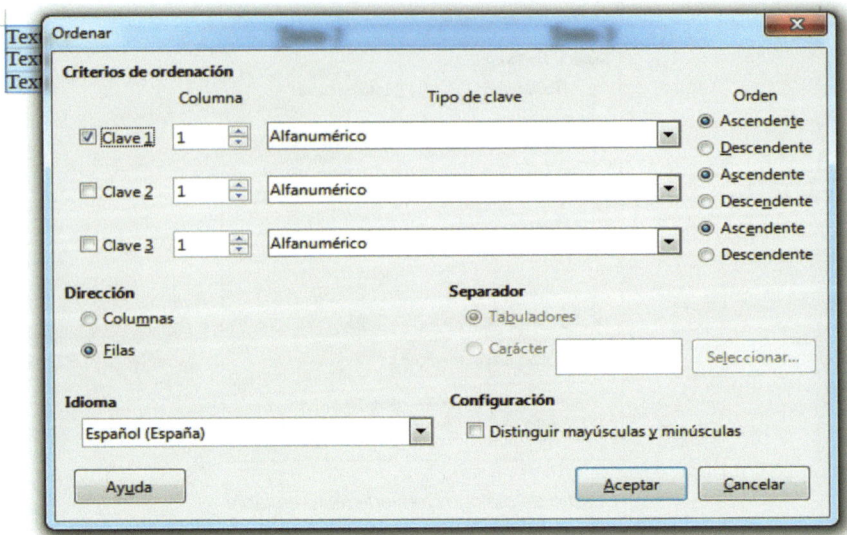

Cuadro de diálogo Ordenar

7.4. Introducción de fórmulas

En una tabla no solamente podemos introducir texto o números, sino que podemos hacer operaciones con los números como si una hoja de cálculo se tratara.

Las funciones más usuales son:

- SUMA (SUM). Realiza la suma de los valores contenidos en las celdas se-leccionadas.

- REDONDEO (ROUND). Calcula el redondeo hasta el número especificado de decimales.

- MEDIA (MEAN). Calcula el promedio del rango de celdas. Por ejemplo, MEAN<A15:A18>.

- MÍNIMO (MIN). Obtiene el valor mínimo del rango de celdas. Por ejemplo, MIN<A15:A18>.

- MÁXIMO (MAX). Obtiene el valor mínimo del rango de celdas. Por ejemplo, MIN<A15:A18>.

Podemos pulsar F2 en la celda en la que deseamos insertar la fórmula y se activará la barra de fórmulas para seleccionar la función.

7.5.   Alineación decimal en celdas

Si el contenido de la celda son números decimales podemos alinearlos por la coma. Para ello:

- Menú *Formato/Párrafo*.

- Crear una tabulación dentro de la celda del tipo alineación por punto decimal.

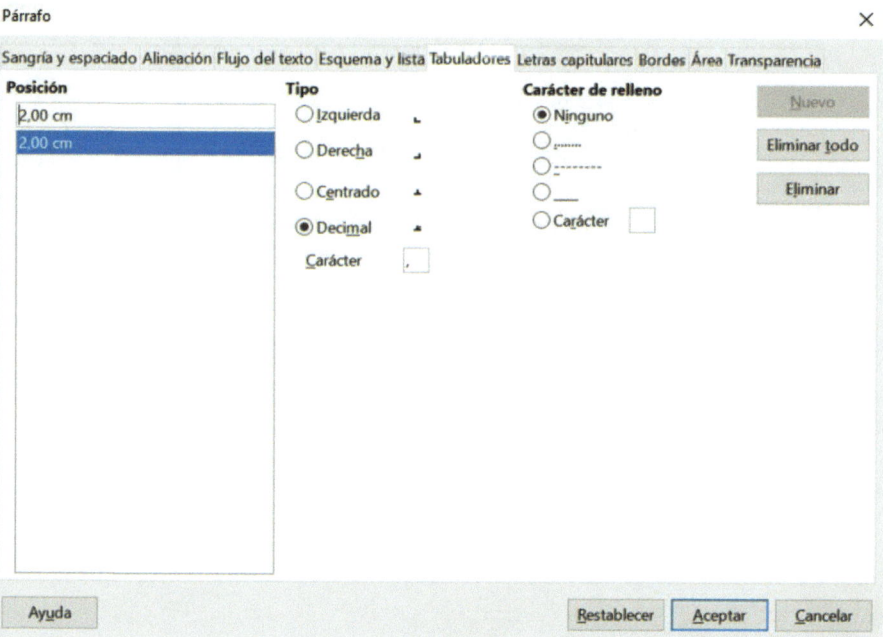

Cuadro de diálogo Párrafo

Debemos repetir este proceso para en cada una de las celdas en las que queramos tener este tipo de alineación.

Para situarnos dentro de la celda en la posición del tabulador, no podemos utilizar la tecla Tabulador porque se desplaza a la celda siguiente, debemos pulsar Ctrl + Tabulador para desplazar, dentro de la celda, el punto de inserción a la posición del tabulador.

7.6. Filas de encabezado

Para crear filas de encabezado para nuestra tabla, al crearla, marcaremos la opción *Título* y la fila en la que se encuentra (por defecto será la número 1):

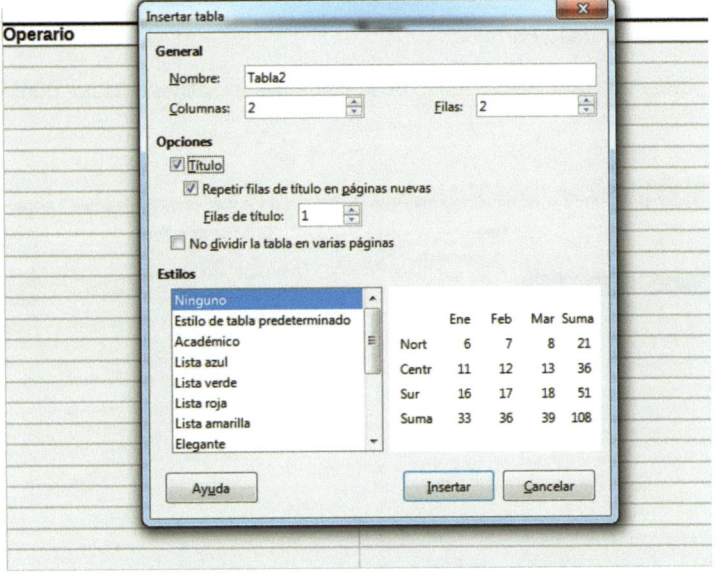

Cuadro de diálogo Insertar tabla

Si nuestra tabla ocupa más de una página, y queremos que se repita esta fila del título en todas ellas, marcaremos la opción Repetir filas de título en páginas nuevas.

7.7. Tamaño de la tabla

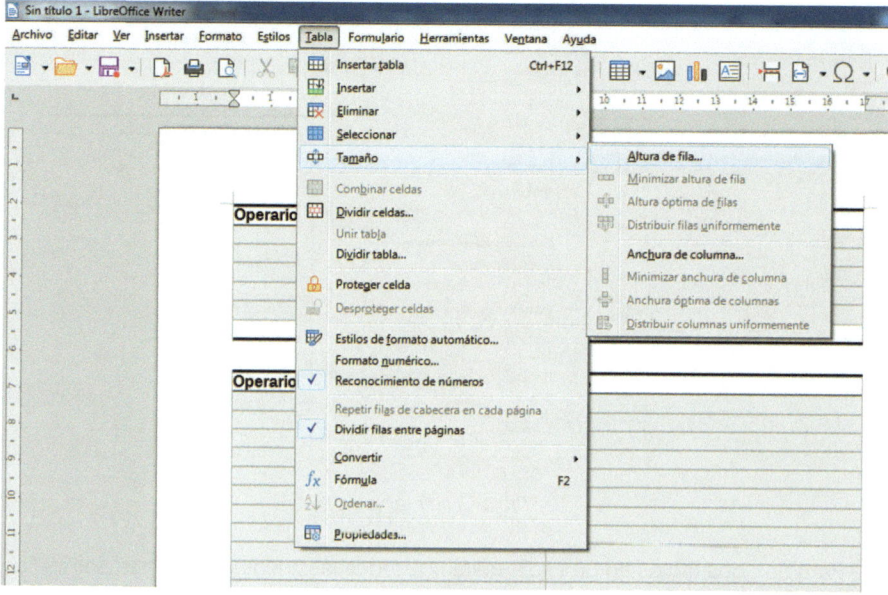

Tabla/Tamaño/Altura de fila

7.8. Dividir y unir tablas

Para dividir una tabla en dos tablas separadas:

- Seleccionaremos una de las filas por encima de la cual queremos dividir la tabla.

- Menú *Tabla/Dividir tabla*.

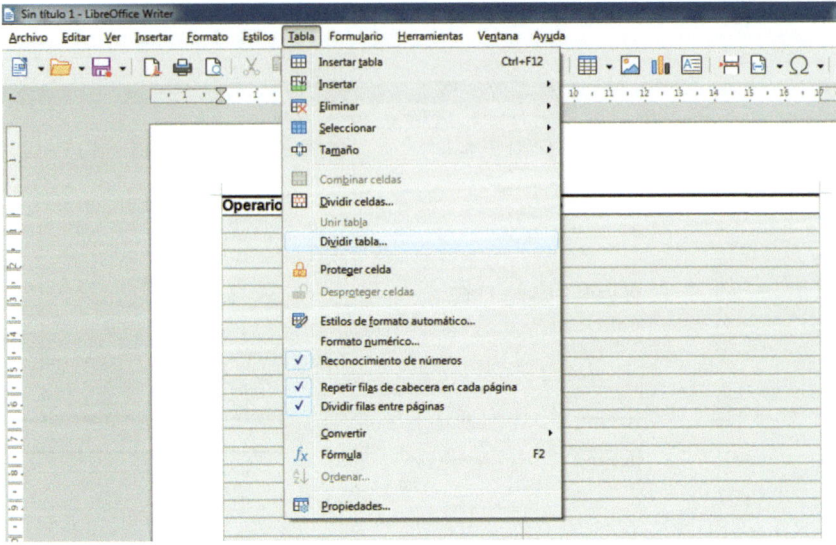

Tabla/Dividir tabla

Para unir dos tablas en una sola quitamos todas las líneas que existan entre ellas y cuando estén juntas, clic en una de ellas y menú *Tabla/Unir tabla*.

7.9. Anidar tablas

Las **tablas anidadas** *son aquellas en las que dentro de una celda de una tabla hay otra tabla.*

Esta función es útil en el caso de que se utilice Writer para crear página web, ya que las tablas constituyen una estructura necesaria para organizar los elementos de las páginas web.

Para crear tablas anidadas:

* Creamos la tabla que contendrá a las demás.

* Insertamos la tabla en la celda de la primera tabla donde deseamos anidar la tabla.

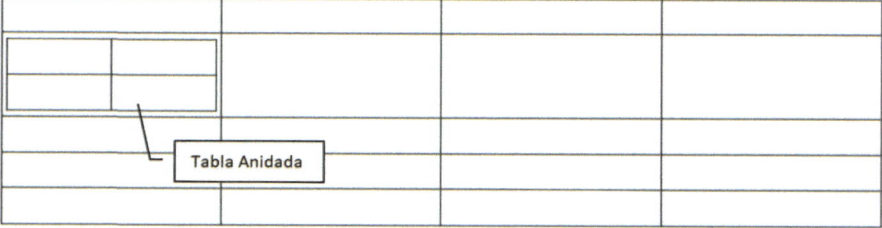

Ejemplo de tabla anidada

Si la tabla que deseamos anidar dentro de otra ya está escrita, debemos seleccionarla, cortarla y pegarla dentro de la tabla que la va a contener.

Resumen

■ Las tablas se componen de filas y columnas.

■ Se crean desde el menú *Tabla*.

■ Una vez creada la tabla podemos cambiar su aspecto, así como borrar o añadir filas y columnas.

■ En las celdas de una tabla podemos introducir texto, números o fórmulas para hacer operaciones con otras celdas.

UNIDAD
DIDÁCTICA
7

Corrección de textos con las herramientas de ortografía y gramática, utilizando las diferentes posibilidades que ofrece la aplicación.

Objetivos

- ▣ Aprender a corregir textos.
- ▣ Aprender a utilizar la opción de sinónimos.
- ▣ Aprender a utilizar las opciones de idioma.

Contenido

Introducción

En esta unidad vamos a ver las diferentes herramientas de las que dispone Writer para la corrección ortográfica y gramática de nuestro documento.

Del mismo modo, explicaremos la herramienta que nos sugiere sinónimos.

Writer tiene instalados varios idiomas por defecto. Aprenderemos cómo identificar el idioma con el que estamos trabajando y a instalar otros con sus correspondientes diccionarios.

1. Selección del idioma

En Writer podemos elegir el idioma con el que vamos a trabajar a fin de utilizar la opción de corrector de textos.

Seleccionaremos el idioma a través de la opción menú *Herramientas/Idioma*:

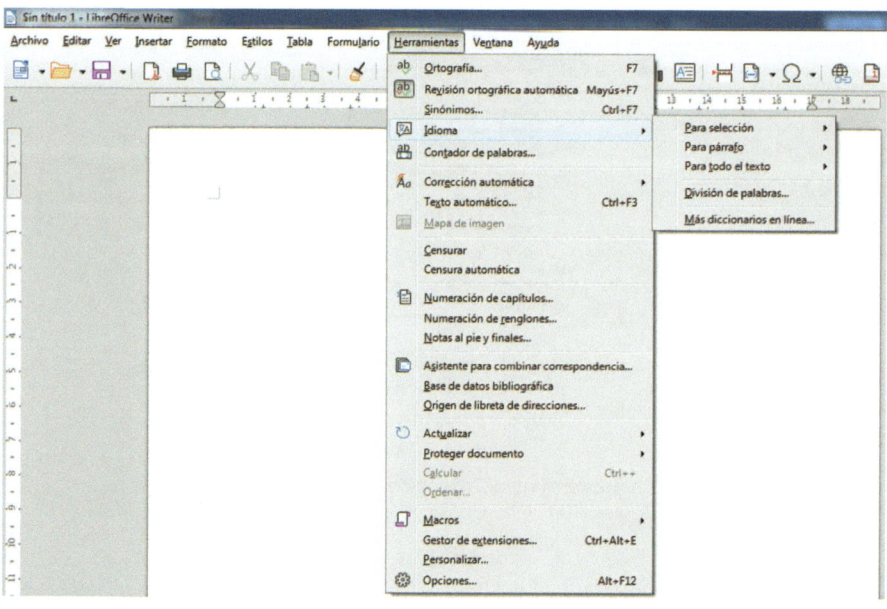

Herramientas/Idioma

El idioma elegido se mostrará en la parte inferior central de la pantalla:

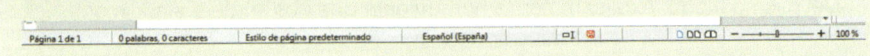

Parte inferior de la pantalla

2. Corrección mientras se escribe

Herramientas/Corrección automática:

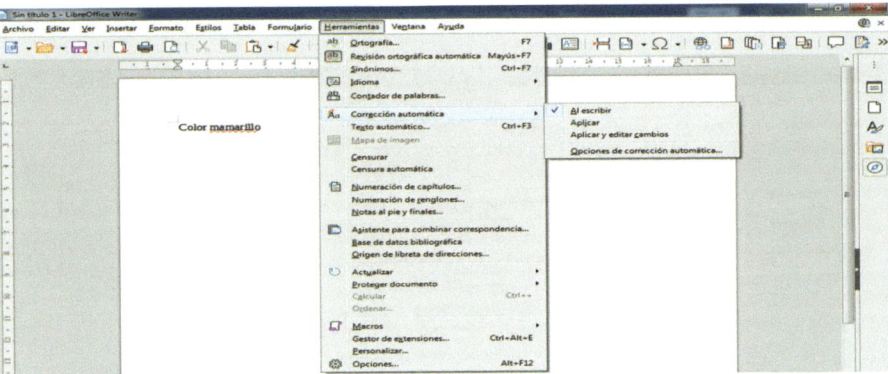

Herramientas/Corrección automática

Una vez activada esta opción veremos que el texto que contenga alguna falta de ortografía aparecerá con un subrayado en color rojo.

3. Corrección una vez se ha escrito, con menú contextual

Todo aquello que pueda estar mal escrito (o no se encuentre en el diccionario) se mostrará subrayado en color rojo.

Una vez que hayamos escrito el texto y el corrector nos marque un error, podemos corregirlo usando el menú contextual:

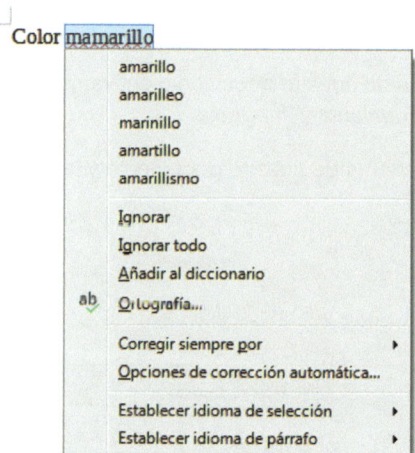

Corrección ortográfica

- **Ignorar:**

  Omite la palabra y continua con la revisión ortográfica.

  Se utilizará cuando la palabra este bien escrita (por ejemplo, un anglicismo), pero en el diccionario que estamos utilizando no disponemos de esa palabra y no nos interesa añadirla al diccionario.

- **Ignorar todo:**

  Omite todas las apariciones de la palabra y continúa con la revisión ortográfica.

■ **Añadir al diccionario:**

Añade la palabra al diccionario de usuario.

Desde el momento en que se añada no la reconocerá como incorrecta.

■ **Ortografía:**

Nos permite activar el cuadro de diálogo *Ortografía*.

4. Corrección gramatical desde menú *Herramientas*

Para corregir la gramática de nuestro documento activamos la opción *Comprobar gramática* desde el menú *Herramientas/Ortografía*.

Se mostrarán todos los errores de nuestro documento y las sugerencias para corregirlos.

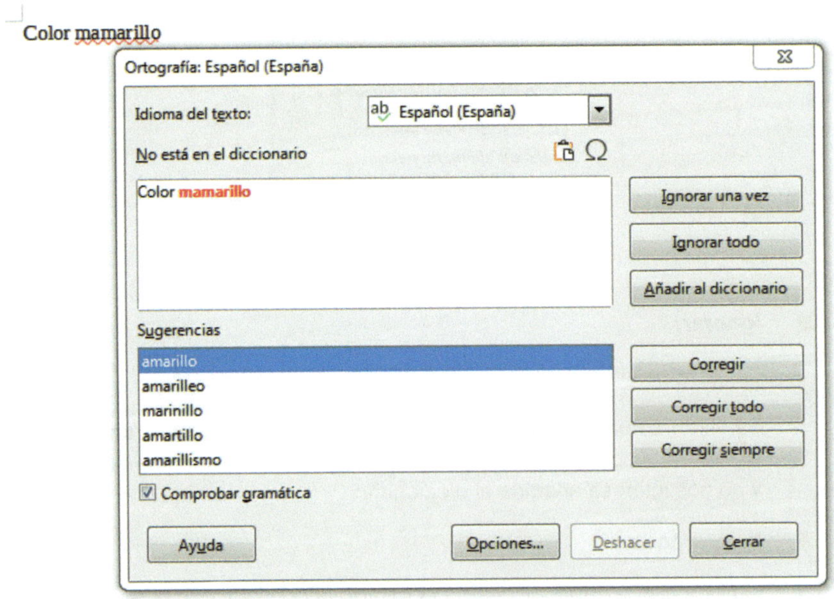

Color mamarillo

Cuadro de diálogo Ortografía

ADAMS

Corrección de textos con las herramientas de ortografía y gramática...

La verificación comenzará en el lugar donde se encuentre el punto de inserción y hacia la parte inferior del documento. Cuando llegue al final nos mostrará un cuadro de diálogo para que confirmemos si deseamos continuar desde el inicio del documento.

*Podemos activar la corrección ortográfica con el botón **Revisar ortografía*** *de la barra de herramientas estándar o pulsar la tecla de función F7.*

5. Opciones de ortografía y gramática

En Writer podemos especificar determinados aspectos de la corrección ortográfica y gramatical a través de las opciones de ortografía y gramática.

Desde el menú *Herramientas/Opciones/Revisión de oraciones*, podemos configurar qué y cómo deseamos que se haga la revisión ortográfica.

Se puede acceder a estas opciones de varias formas distintas:

* A través del menú *Herramientas/Corrección automática/Opciones de corrección automática.*

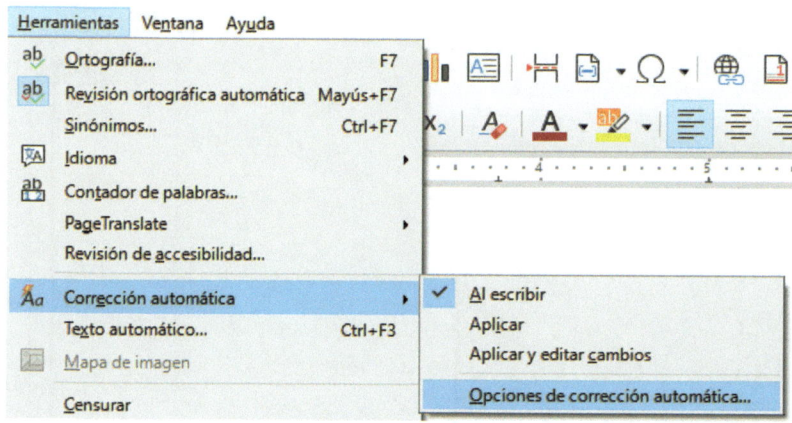

Herramientas/Corrección automática/Opciones de corrección automática

* A través del menú de contexto, seleccionando *Opciones de corrección automática.*

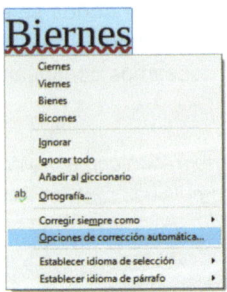

Menú de contexto/Opciones de corrección automática

De cualquiera de las dos formas se nos mostrará el cuadro de diálogo *Corrección automática*, que dispone de varias pestañas que nos permitirán aplicar las configuraciones que más nos interesen.

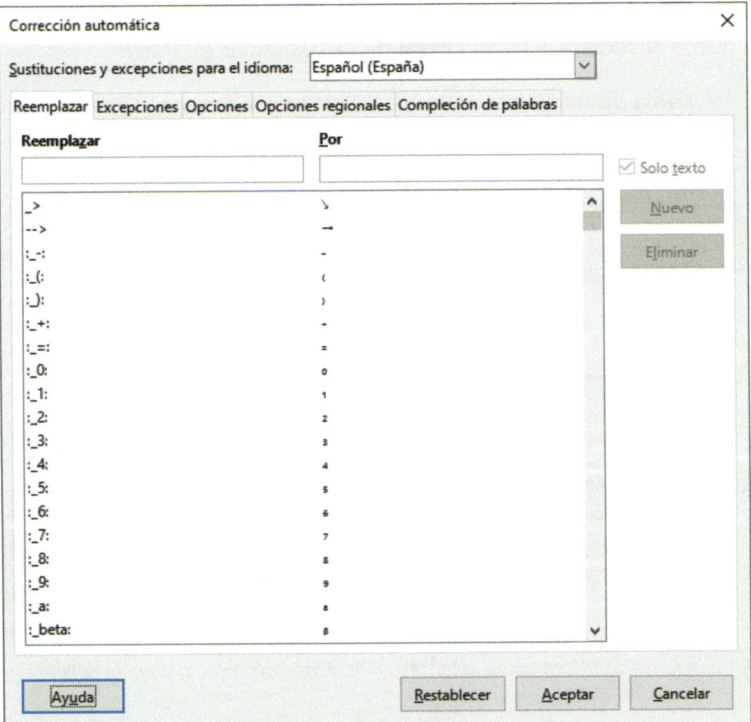

Ventana Corrección automática

6. Uso del diccionario personalizado

6.1. Crear un diccionario

Si deseamos crear un diccionario además de los que vienen por defecto con Writer, podemos añadirlo usando la opción menú *Herramientas/Más diccionarios en línea*.

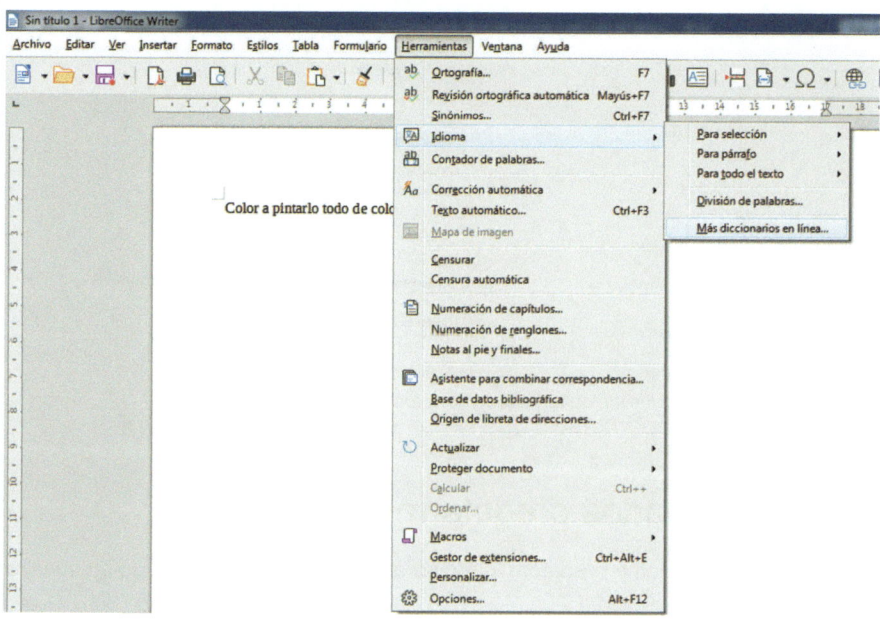

Herramientas/Idioma/Más diccionarios en línea

Esto nos llevará a la página de LibreOffice donde podemos añadir el nuevo diccionario.

6.2. Activar o desactivar diccionarios personalizados

Podemos activar o desactivar la corrección ortográfica en nuestro documento.

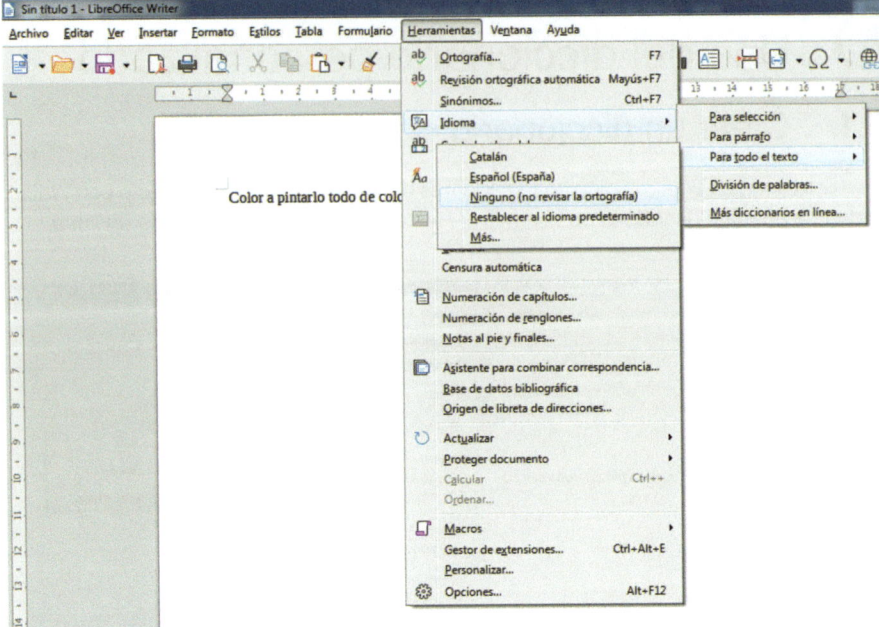

Herramientas/Idioma/Para todo el texto/Ninguno

6.3. Diccionarios predeterminados

Por defecto, el idioma predeterminado será el que tengamos instalado en nuestro sistema operativo.

Podemos añadir diccionarios a Writer en menú *Herramientas/Idioma/Más diccionarios en línea.*

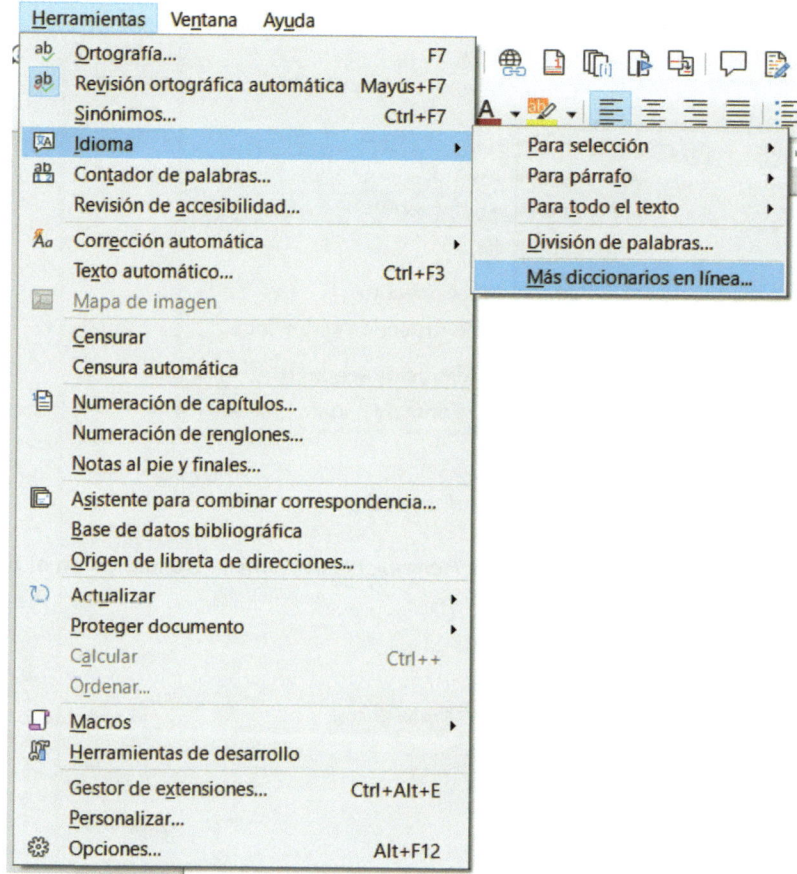

Herramientas/Idioma/Más diccionarios

6.4. Agregar o eliminar palabras de un diccionario

Puede darse el caso que el diccionario marque una palabra como error pero que esté bien escrita. Esto se debe a que no está en el diccionario.

Podemos añadirla de dos maneras:

◆ **Haciendo clic sobre el botón derecho y seleccionado la opción** *Añadir al diccionario.*

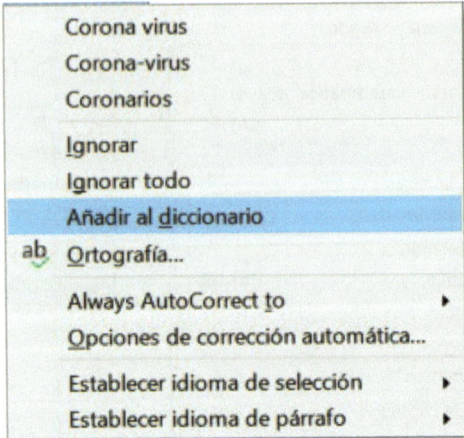

Añadir al diccionario

◆ **Desde la barra de menús** *Herramientas/Ortografía* **y clicando en el botón** *Añadir al diccionario*:

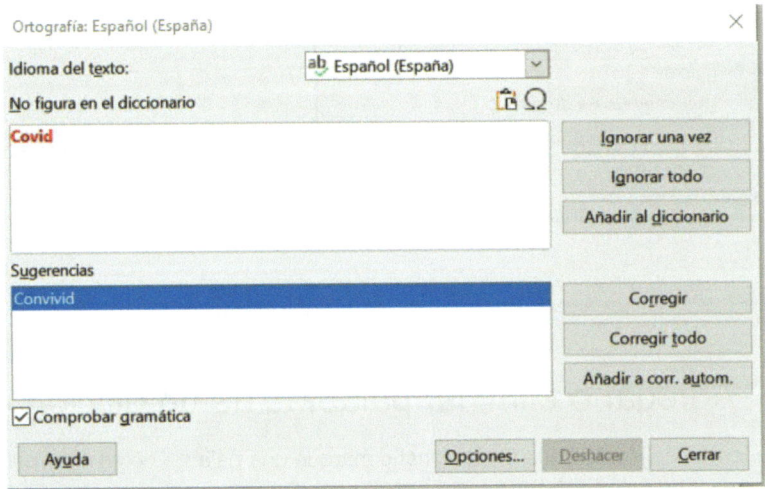

Cuadro de diálogo Ortografía

ADAMS

Corrección de textos con las herramientas de ortografía y gramática...

6.5. Eliminación de un diccionario

Desde la opción menú *Herramientas/Gestor de extensiones* podemos añadir o quitar un diccionario:

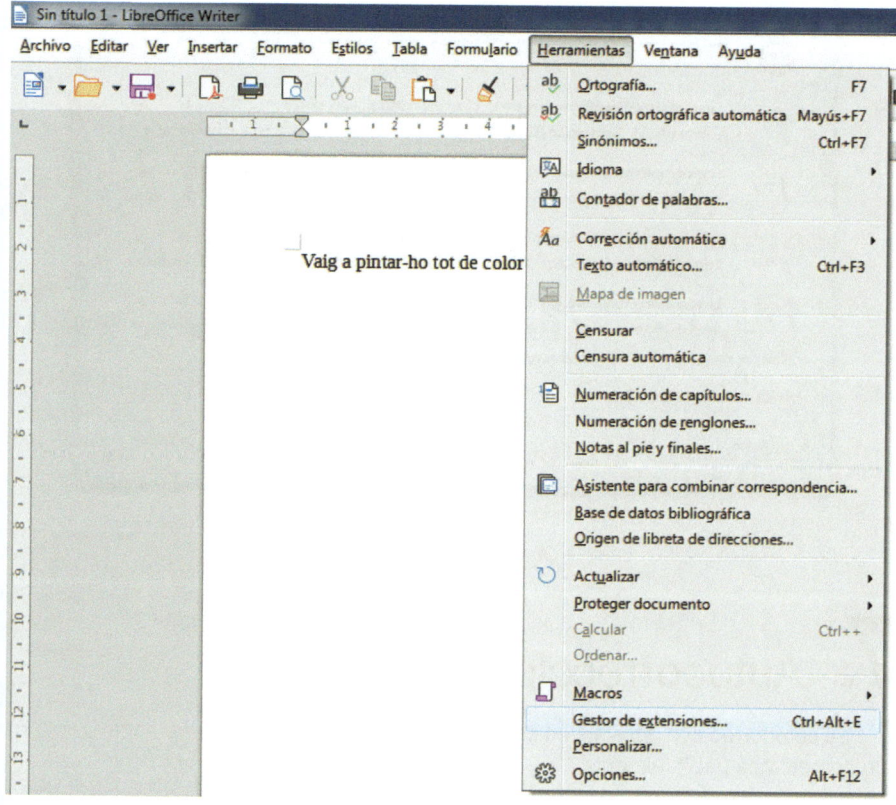

Herramientas/Gestor de extensiones

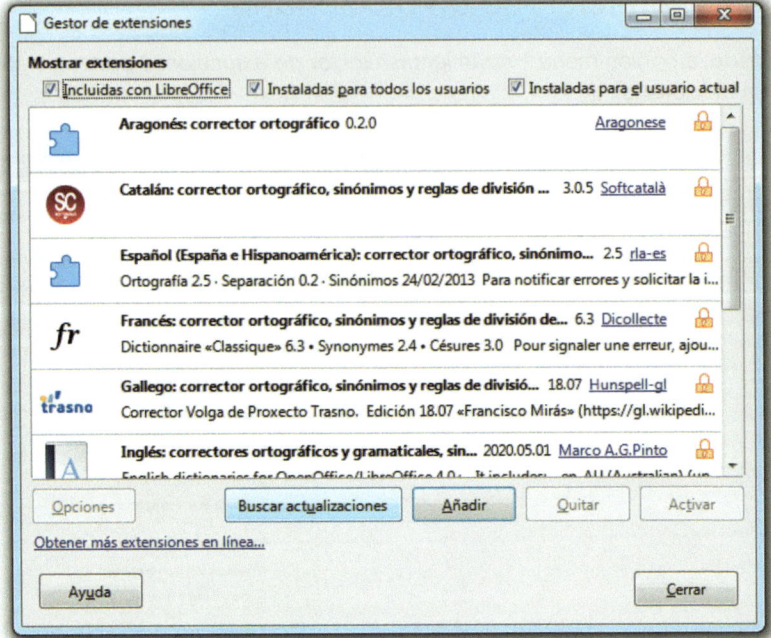

Gestor de extensiones

7. Autocorrección

La autocorrección consiste en corregir de forma automática los errores de escritura que cometemos habitualmente.

Para configurar esta opción:

- *Herramientas/Corrección automática/Opciones de corrección automática.*

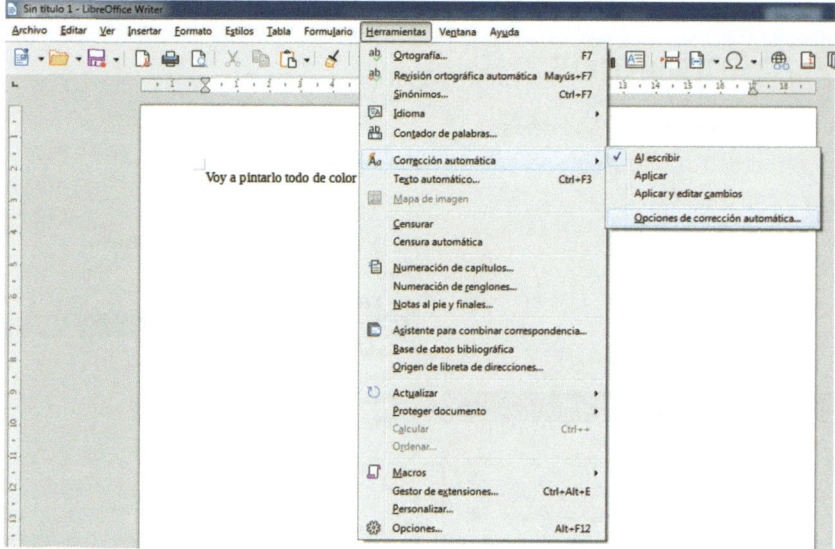

Herramientas/Corrección automática/Opciones de corrección automática

■ Se mostrará la siguiente ventana donde tenemos diferentes opciones para configurar la autocorrección:

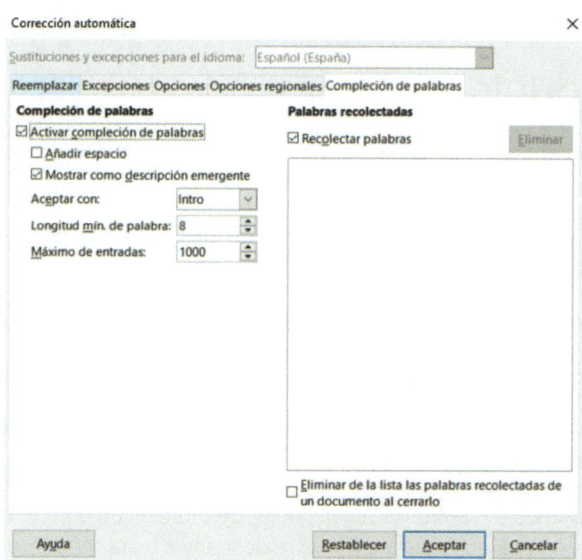

Corrección automática/Compleción de palabras

8. Sinónimos

Menú *Herramientas/Sinónimos*:

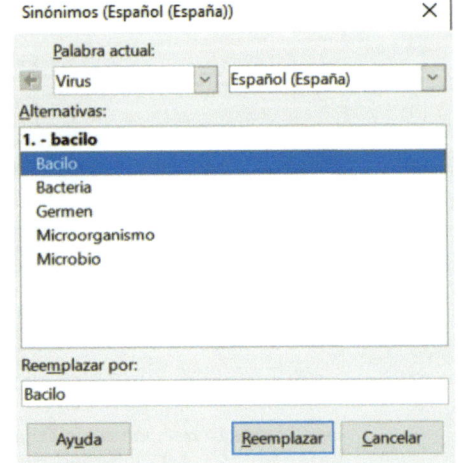

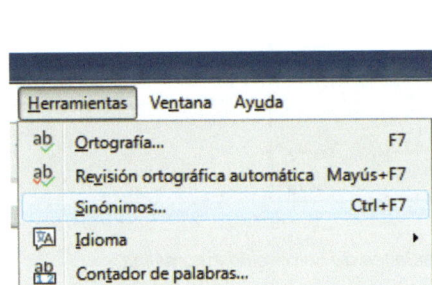

Herramientas/Sinónimos

Cuadro de diálogo Sinónimos

9. Traductor

A veces nos podemos encontrar con la necesidad de realizar la traducción de un texto.

LibreOffice, por defecto, no tiene instalado ningún traductor, por lo que, si necesitamos utilizar esta herramienta, deberemos de instalar una extensión.

Podemos encontrar diversas extensiones en el Centro de extensiones de LibreOffice

Pasos para descargar la extensión e instalarla en Writer:

Lo primero que debemos hacer es descargar la extensión e instalarla en Writer, para ello seguiremos los siguientes pasos:

* Accedemos a Centro de extensiones de LibreOffice y en el cuadro de búsqueda escribimos la extensión que deseamos instalar.

* Una vez localizada la extensión, la descargamos.

* A continuación, vamos a instalar la extensión dentro de Writer. Para ello, accedemos al menú de *Herramientas/Gestor de extensiones*.

* En el cuadro de diálogo del gestor de extensiones, pulsamos en el botón *Añadir*.

* Localizamos el fichero que hemos descargado en nuestro equipo y le abrimos para aceptar el *Acuerdo de licencia* y que se empiece a instalar la extensión.

Una vez instalada, para realizar una traducción:

→ Seleccionamos el texto a traducir.

Texto en español

Texto seleccionado

→ Pulsamos el botón *PageTranslate* en la barra de herramientas estándar.

PageTranslate

→ El texto se muestra traducido.

Text in Spanish

Texto traducido

Si deseamos efectuar la traducción en otro idioma solo tenemos ir a Herramientas/ PageTranslate y seleccionar el idioma que deseemos.

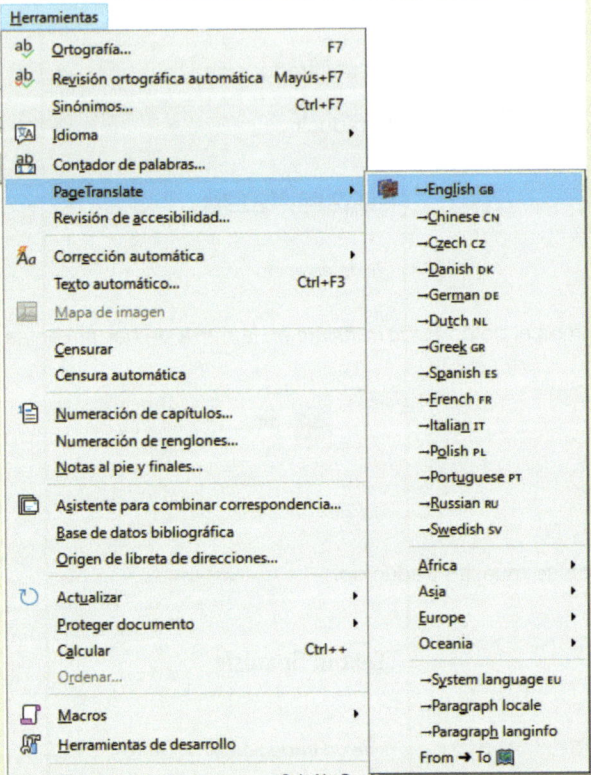

Herramientas/PageTranslate

10. Buscar y reemplazar texto

Cualquiera de estas dos opciones las podemos encontrar dentro del menú *Editar:*

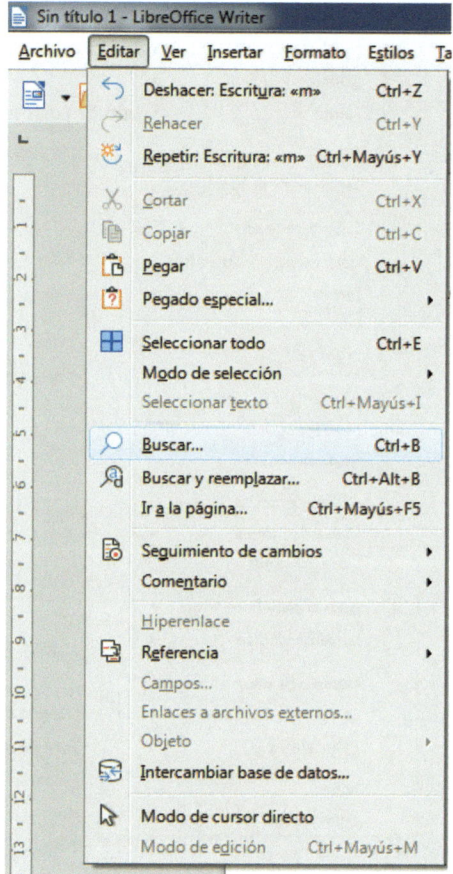

Editar/Buscar

11. Fechas y horas

Para incorporar la fecha y la hora en nuestro documento iremos a menú *Insertar/ Campo/Fecha y hora:*

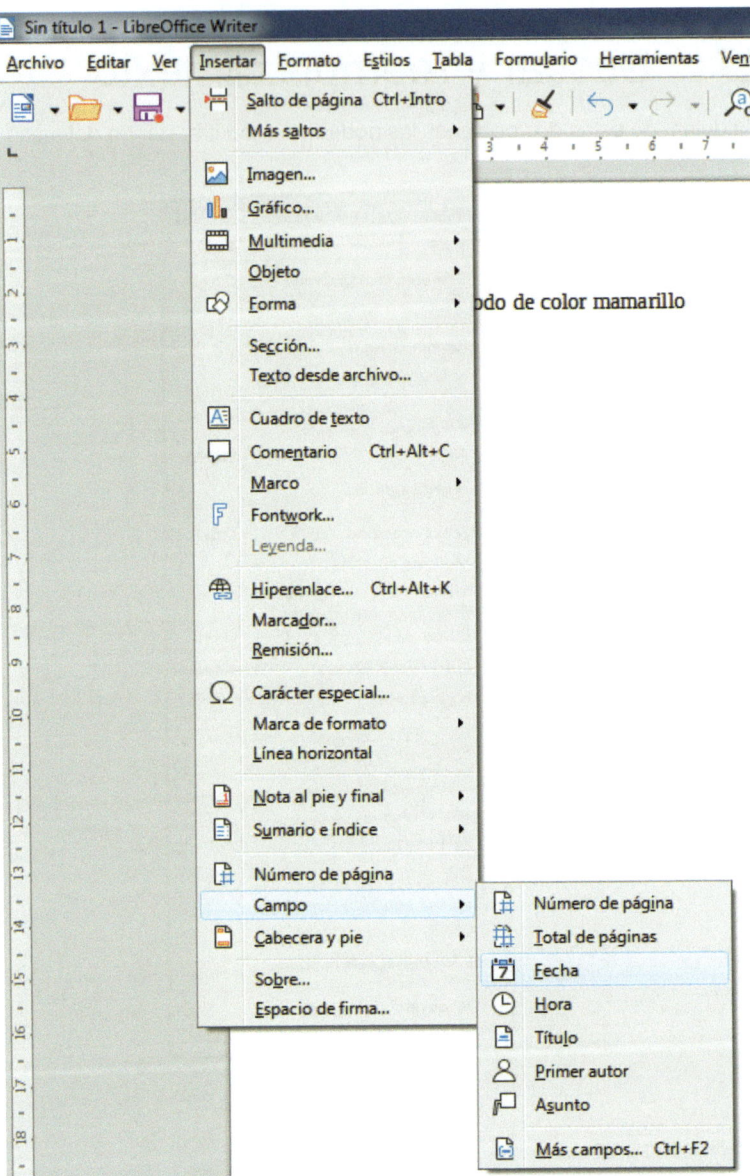

Insertar/Campo/Fecha

ADAMS

Corrección de textos con las herramientas de ortografía y gramática...

12. División de palabras con guiones

Activamos esta opción para las palabras que no caben completas al final de una línea. Para ello, vamos a menú *Herramientas/Idioma/División de palabras:*

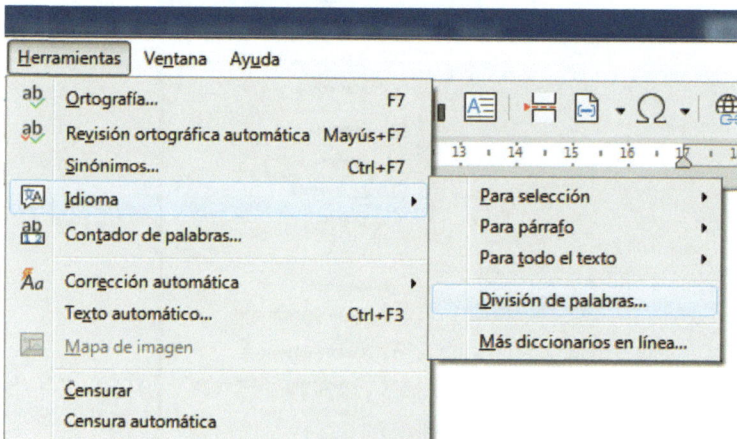

Herramientas/Idioma/División de palabras

13. Secciones

Para crear una sección usaremos la opción menú *Insertar/Sección*:

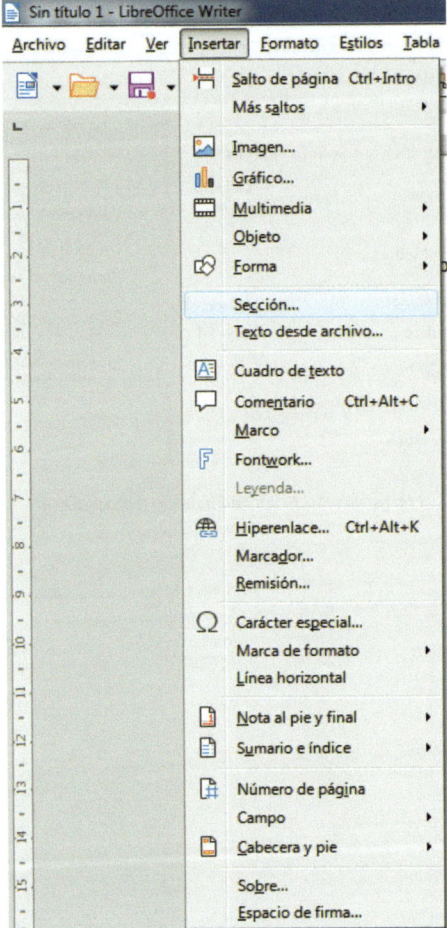

Insertar/Sección

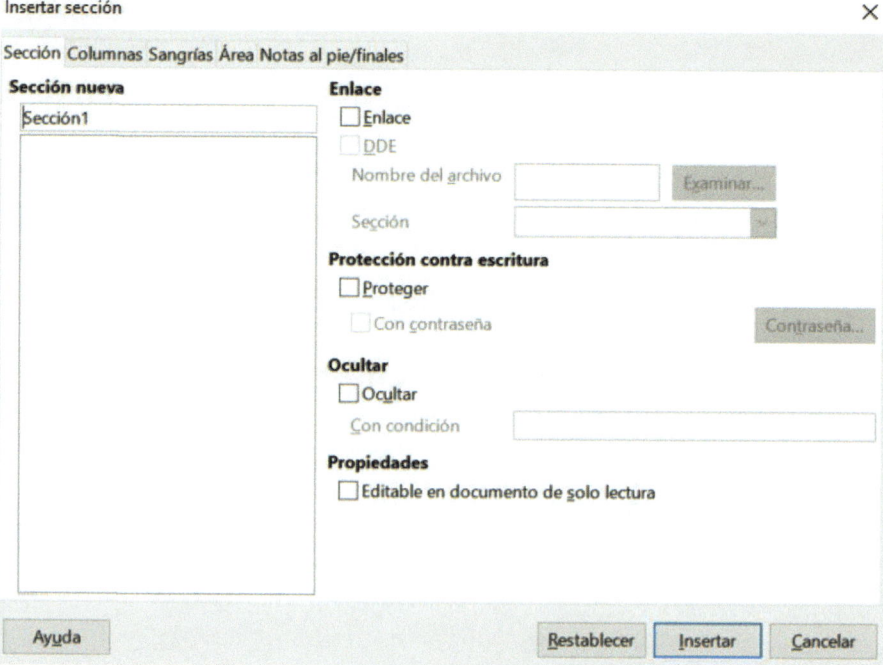

Cuadro de diálogo Insertar sección

Resumen

- Para corregir un documento desde *Herramientas/Ortografía*.

- Los errores ortográficos se mostrarán subrayados en color rojo.

- Dentro de menú herramientas, también tenemos disponible la opción de sinónimos.

- Podemos añadir otros idiomas a través del menú *Herramientas/Idioma*.

UNIDAD **8**

DIDÁCTICA

Impresión de documentos creados en distintos formatos de papel, y soportes como sobres y etiquetas.

Objetivos

- ☑ Aprender cómo imprimir un documento.
- ☑ Aprender a hacer una visualización previa del documento antes de imprimirlo.
- ☑ Aprender a configurar la impresora.

Contenido

Introducción

1. Impresión

2. Configuración de la impresora

Resumen

Introducción

Antes de imprimir un documento podremos hacer una visualización previa del mismo para hacernos una idea de cómo quedará una vez impreso.

Podemos imprimir un documento completo o solo unas páginas de este. Podemos imprimir solo el texto que seleccionemos o solo las páginas pares o impares. Podemos imprimir a doble página, en blanco y negro, en color…

1. Impresión

Para imprimir un documento con Writer vamos a menú *Archivo/Imprimir*, pulsando la combinación de letras Ctrl + P o el botón Imprimir de la barra de herramientas estándar:

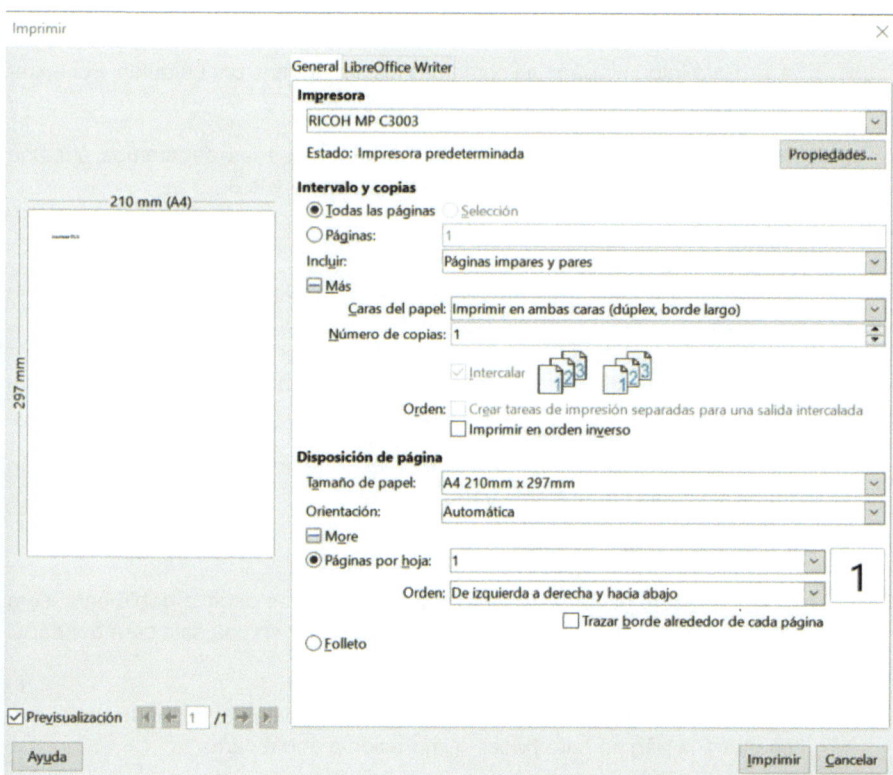

Cuadro de diálogo Imprimir/Pestaña General

■ **Impresora:**

Disponemos de una lista desplegable en la que podemos seleccionar la impresora en la que deseamos imprimir.

■ **Todas las páginas:**

Si seleccionamos esta opción se imprimen todas las páginas del documento.

■ **Selección:**

■ Esta opción la utilizaremos cuando el texto que deseamos imprimir no se pueda establecer con las páginas. Por ejemplo, si deseamos imprimir parte del texto de una página. Para que se active esta opción, previamente, tendremos que haber seleccionado el texto.

■ **Páginas:**

Para imprimir una sola página insertamos el número de la página.

◆ Para imprimir páginas contiguas las separamos por un guion. Por ejemplo 4-8 imprime las páginas 4,5, 6, 7 y 8.

◆ Para imprimir página que no son contiguas las separamos por una coma. Por ejemplo 4,8, imprime la página 4 y la 8.

■ **Incluir:**

Se suele utilizar cuando vamos a imprimir a doble cara y la impresora no dispone de esta opción. De este modo, primero imprimimos las páginas pares, por ejemplo, y, a continuación, esas mismas páginas las volvemos a colocar en la impresora de la forma adecuada seleccionando la opción *Páginas impares*.

La opción por defecto es *Página impares y pares*, por lo que se imprimirán todas las hojas por una sola cara.

■ **Caras del papel:**

Si la impresora es capaz de imprimir en dúplex, es decir, a doble cara, será posible elegir entre las posibilidades de imprimir en una sola cara del papel o en ambas.

En el caso de imprimir a doble cara tendremos elegir el que lado por el que se girará la página para hacer la impresión a doble cara.

Si tenemos la página en orientación vertical seleccionaremos la opción de borde largo. Si la orientación es horizontal seleccionaremos la opción borde corto.

■ **Número de copias:**

Indicaremos el número de veces que deseamos imprimir el documento. Al indicar 2 copias o más se activan las opciones de:

♦ *Intercalar*. Si se imprimen varias copias de un documento de varias páginas, podemos elegir si se imprimirá cada copia completa.

♦ *Orden*:

• *Crear tareas de impresión para una salida intercalada*. Si está activada, crea copias intercaladas sin depender de la impresora.

• *Imprimir en orden inverso*. Si está activada, comienza a imprimir desde la última hoja a la primera.

■ **Tamaño de papel:**

Seleccionaremos el tamaño de papel en el que vamos a realizar la impresión.

■ **Orientación:**

Nos permite definir si la orientación del papel es vertical u horizontal. Si seleccionamos automática, se aplicará la orientación que tengamos definida en la configuración del estilo de página.

■ **Páginas por hoja:**

Indicaremos el número de páginas que deseamos imprimir en cada hoja. Podremos seleccionar entre 1 y 16 página por hoja, aunque en la opción personalizado tenemos la posibilidad de definir otra configuración.

■ **Orden:**

Seleccionaremos el orden en el que se realizará la impresión.

■ **Trazar borde alrededor de cada página:**

Nos permite imprimir un borde alrededor de cada página.

■ **Folleto:**

Podemos seleccionar esta opción para imprimir el documento en modo prospecto o folleto.

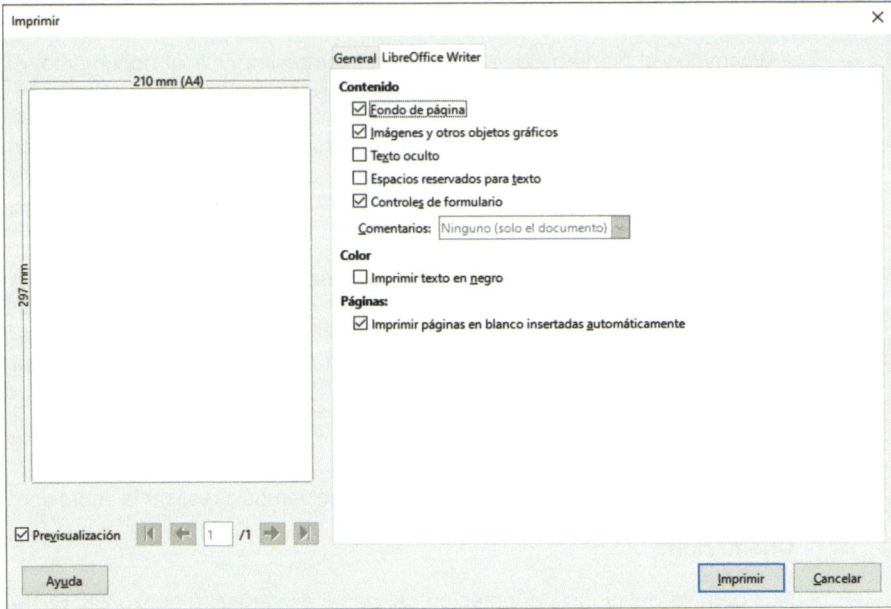

Cuadro de diálogo Imprimir/pestaña LibreOffice Writer

■ **Fondo de página:**

Especificaremos si vamos a imprimir colores y objetos insertados en el fondo de la página.

■ **Imágenes y otros objetos gráficos:**

Si activamos la casilla se imprimirán las imágenes, los dibujos y cualquier otro objeto gráfico que hayamos insertado en el documento.

■ **Texto oculto:**

Si hemos definido algún texto como oculto (*Formato/Carácter/Efectos tipográficos*), activaremos esta casilla para que se imprima. Si tenemos la casilla desactivada, el texto oculto no se imprime.

■ **Espacios reservados para texto:**

Si deseamos imprimir los campos sustitutivos de texto tendremos que activar esta casilla. Si lo dejamos desactivado, esos espacios reservados para texto se imprimirán en blanco.

Controles de formulario:

Si en el documento de Writer hemos creado un formulario, se imprimen los campos del formulario si activamos esta casilla.

Comentarios:

Si hemos insertado comentarios en el documento, al desplegar la lista nos permite selecciona en qué lugar del documento se imprimirán los comentarios.

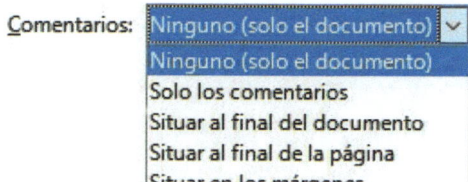

Desplegable Comentarios

Imprimir texto en negro:

Para imprimir en blanco y negro en lugar de color.

Imprimir página en blanco insertadas automáticamente:

En algunos procesos Writer inserta páginas en blanco, por ejemplo, en los documentos combinados de la combinación de correspondencia.

Podemos modificar algunas opciones de manera permanente, en Herramientas/ Opciones/LibreOffice/Imprimir.

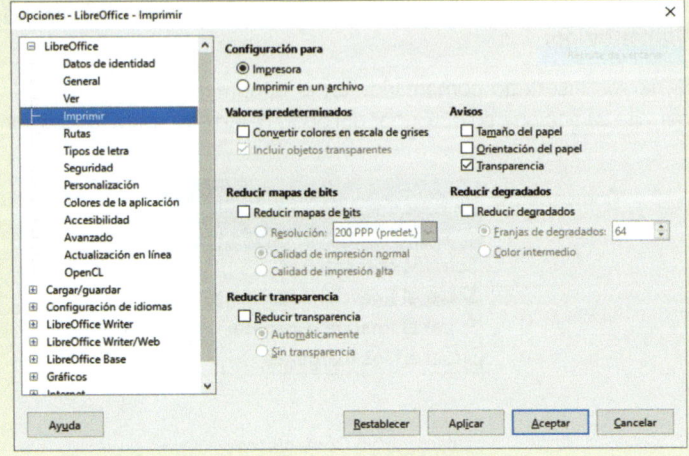

Opciones - LibreOffice - Imprimir

Para visualizar el documento antes de imprimir podemos hacerlo desde Archivo/ Previsualización de impresión.

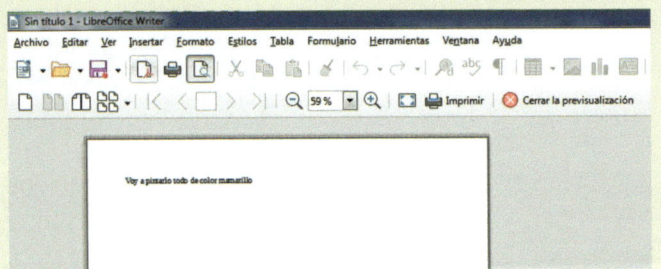

Previsualización del documento

También se puede generar un archivo PDF con Writer desde menú Archivo/Exportar a/ Exportar a PDF.

2. Configuración de la impresora

Todas las opciones de impresión dependen fundamentalmente de la impresora que se haya seleccionado para imprimir.

La instalación de una impresora se hace siempre desde el sistema operativo que tenga instalado el equipo.

En el menú *Archivo*, encontraremos la opción *Configurar impresora:*

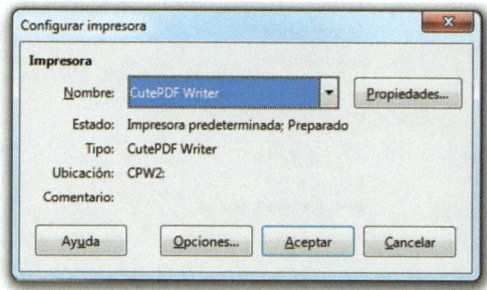

Cuadro de diálogo Configurar impresora

✳ **Botón *Propiedades*:**

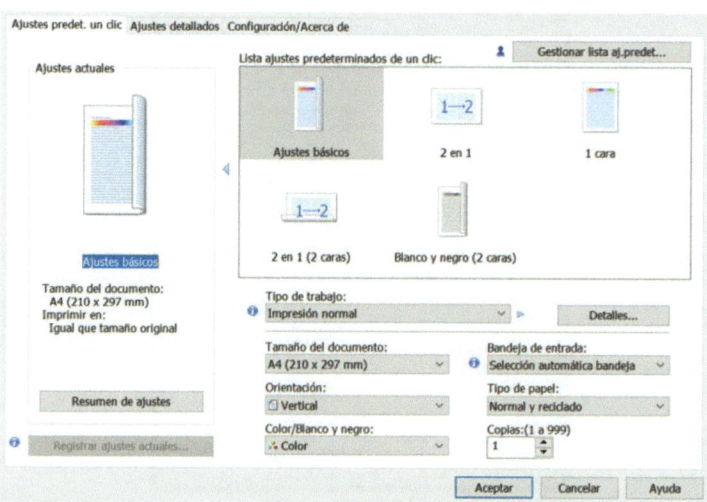

Pestaña Ajustes predet. un clic

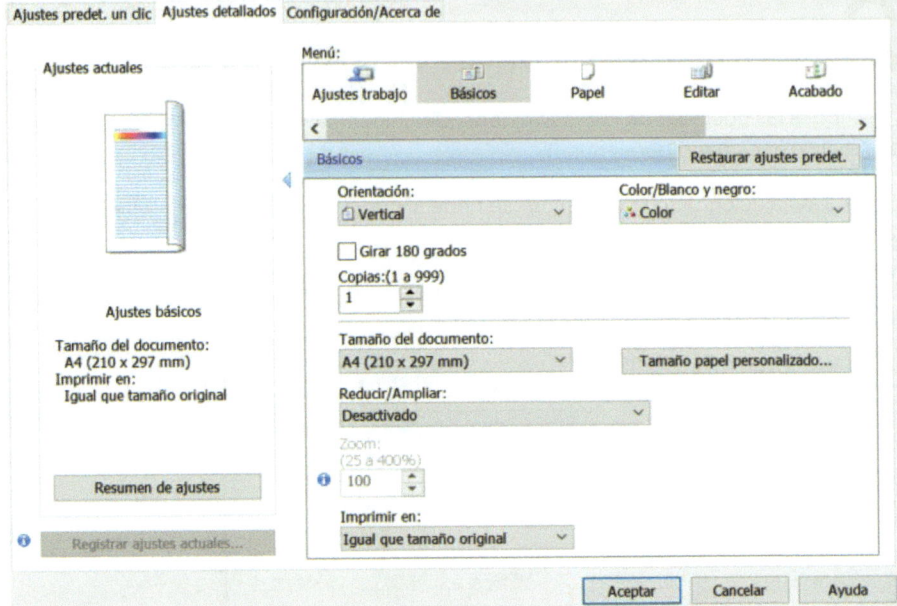

Ajustes detallados

✳ **Botón *Opciones:***

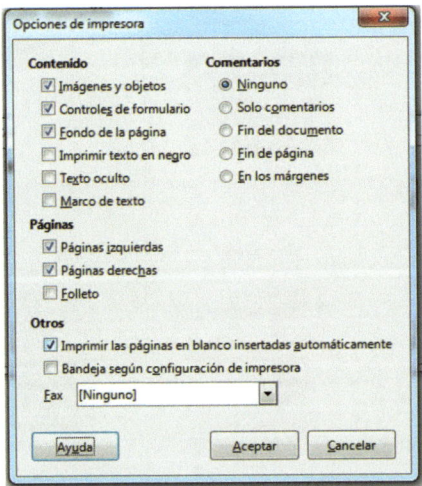

Cuadro de diálogo Opciones de impresión

Resumen

■ Para imprimir un documento, lo haremos desde el menú *Imprimir* o el botón *Imprimir* de la barra de herramientas estándar. También podemos hacerlo con la combinación de teclas Ctrl + P.

■ Si deseamos ver cómo queda nuestro documento sin necesidad de imprimirlo en papel, usaremos la opción *Previsualización de impresión* del menú Archivo.

■ Al imprimir un documento podemos elegir la impresora, así como si queremos imprimir todo el documento o solamente unas páginas, número de copias, el tipo de papel, su orientación, etc.

UNIDAD DIDÁCTICA 9

Creación de sobres y etiquetas individuales y sobres, etiquetas y documentos modelo para creación y envío masivo.

Objetivos

- ▣ Crear cartas y documentos modelo para envío masivo.
- ▣ Crear sobres y etiquetas a partir de la información de la que dispongamos en una base de datos.

Contenido

Introducción

Resumen

Introducción

En esta unidad veremos cómo crear una carta para que, a partir de ella, podamos hacer un envío masivo de correspondencia.

Utilizaremos una base de datos para rellenar la información de los sobres y etiquetas que creemos para el envío masivo.

1. Combinación de correspondencia

La combinación de correspondencia es la unión de dos documentos especiales (una base de datos y un documento modelo) para generar tantos documentos personalizados como datos tenga la base de datos.

La combinación requiere que existan al menos dos archivos:

■ El primero es el llamado **archivo de datos u origen de datos**.

■ El segundo es el llamado **documento inicial, documento principal o documento modelo** (o también, **carta** o **etiqueta modelo**). Este documento se rellena en los lugares indicados con los datos procedentes de la base de datos.

Los pasos generales de la combinación de correspondencia son tres, aunque los dos primeros se pueden intercambiar:

1. Creación del documento modelo.

2. Creación de la base de datos.

3. Combinación de los dos documentos anteriores.

Para crear un documento, como puede ser una carta de presentación o un mailing, en el que el texto será siempre el mismo y solo cambiarán el nombre del destinatario y sus datos, podemos hacerlo con la opción menú *Herramientas/Asistente para combinar correspondencia.*

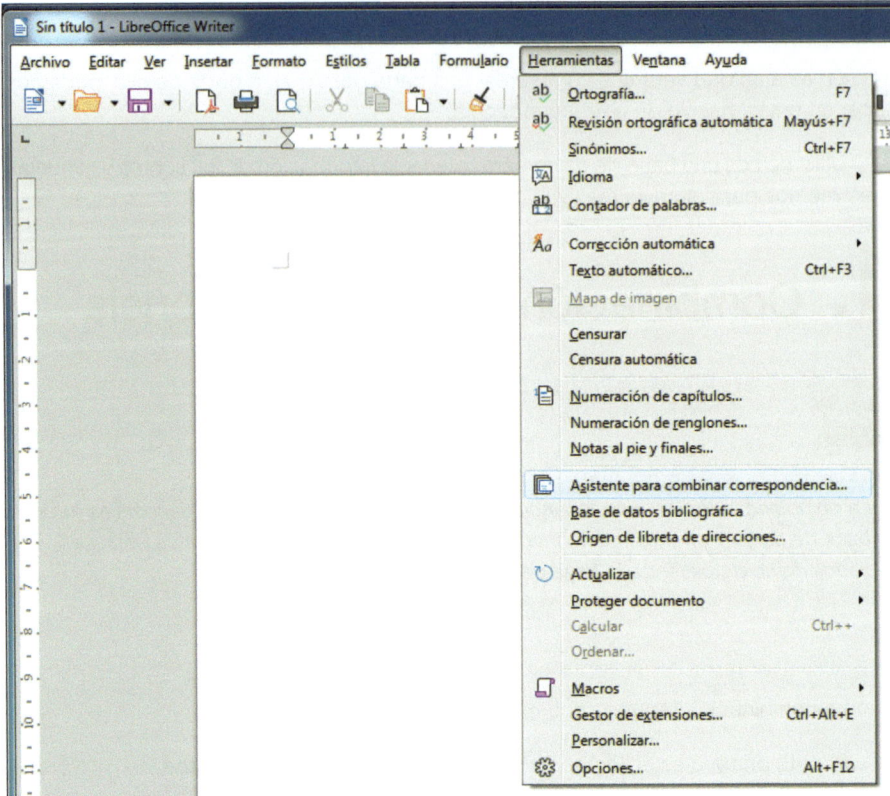

Herramientas/Asistente para combinar correspondencia

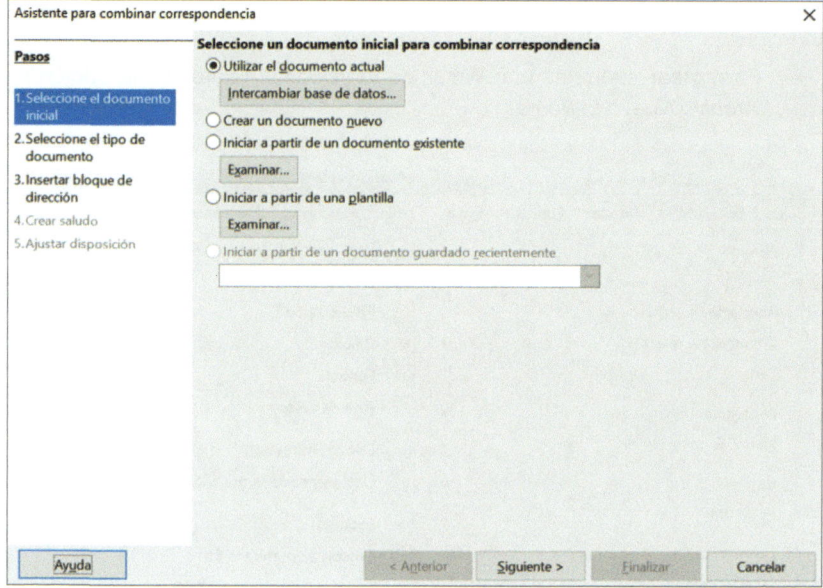

Asistente para combinar correspondencia

2. Creación del documento modelo para envío masivo: cartas, sobres, etiquetas o mensajes de correo electrónico

2.1. Creación de cartas modelo

Para combinar correspondencia necesitamos:

* Por un lado, el **documento base** (podemos crearlo o usar una plantilla) sobre en el que tenemos el texto.

* Por otro lado, una lista con los **datos de los diferentes destinatarios** (una tabla o una base de datos).

Para montar las cartas:

> **Herramientas/Asistente para combinar correspondencia.**

2.2. Creación de etiquetas

→ Para crear etiquetas con Writer de LibreOffice, usaremos la opción menú *Archivo/Nuevo/Etiquetas*:

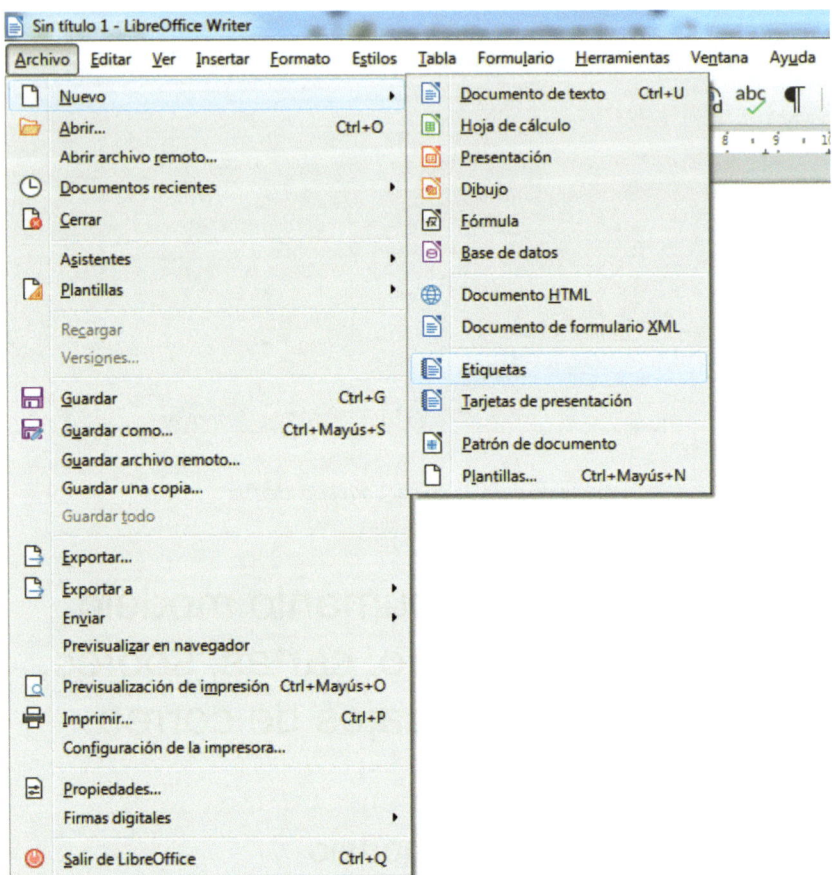

Archivo/Nuevo/Etiqueta

→   En la ventana que aparece escribimos el texto de nuestra etiqueta.

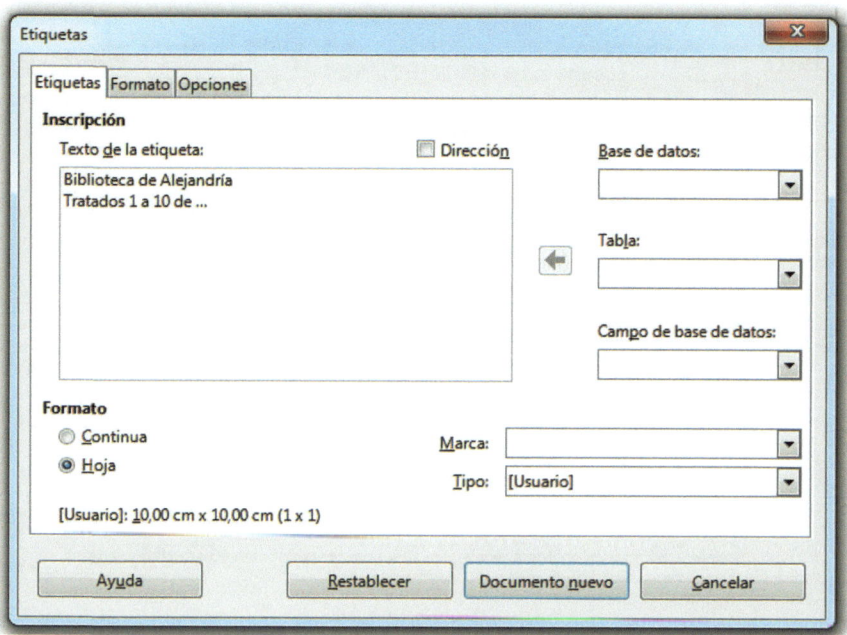

Cuadro de diálogo Etiquetas

→   En la pestaña *Formato* definimos las medidas.

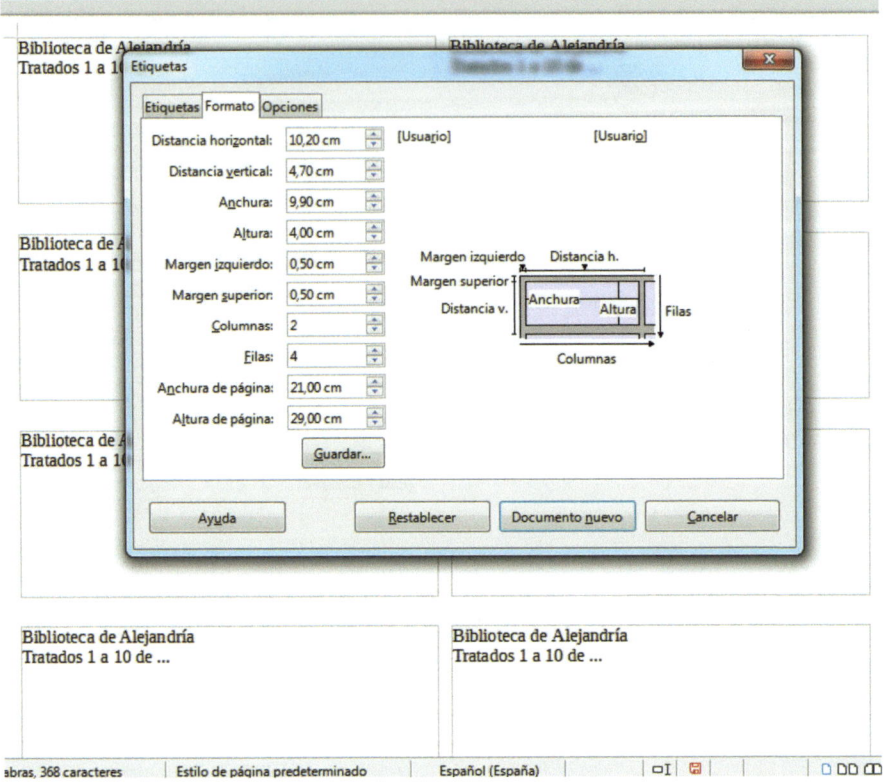

Etiquetas/Formato

También tenemos la posibilidad de crear etiquetas a partir de los datos que tenga-mos en una tabla o base de datos:

● *Archivo/Nueva/Etiqueta.*

● En el cuadro de diálogo, en la opción *Base de datos*, marcamos **Bibliography**:

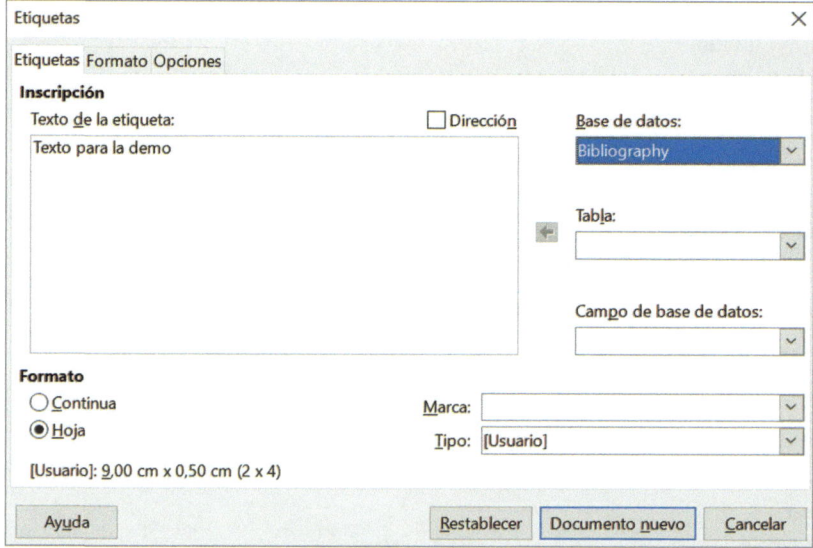

Cuadro de diálogo Etiquetas/Base de datos/ Bibliography

- En *Tabla* marcamos **biblio**:

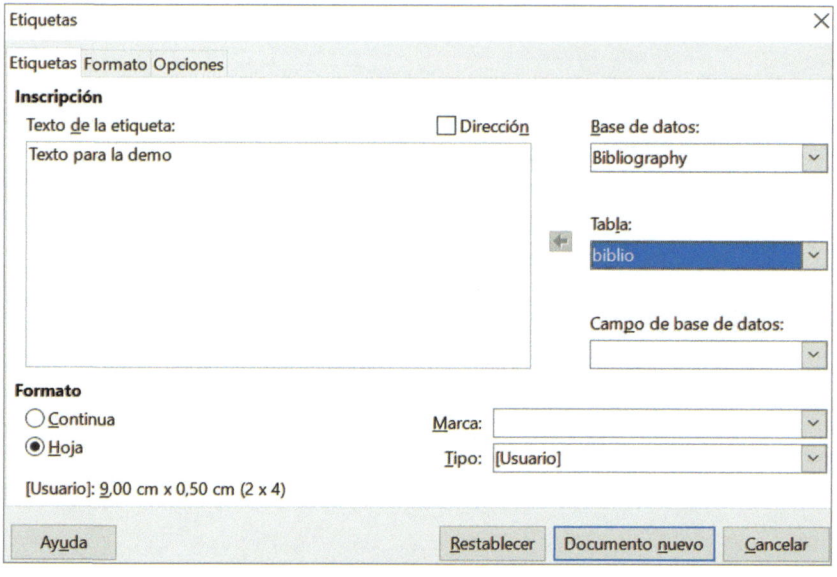

Cuadro de diálogo Etiquetas/Tabla/biblio

● En *Campo de base de datos* seleccionamos **Identifier** y clicamos en la flechita:

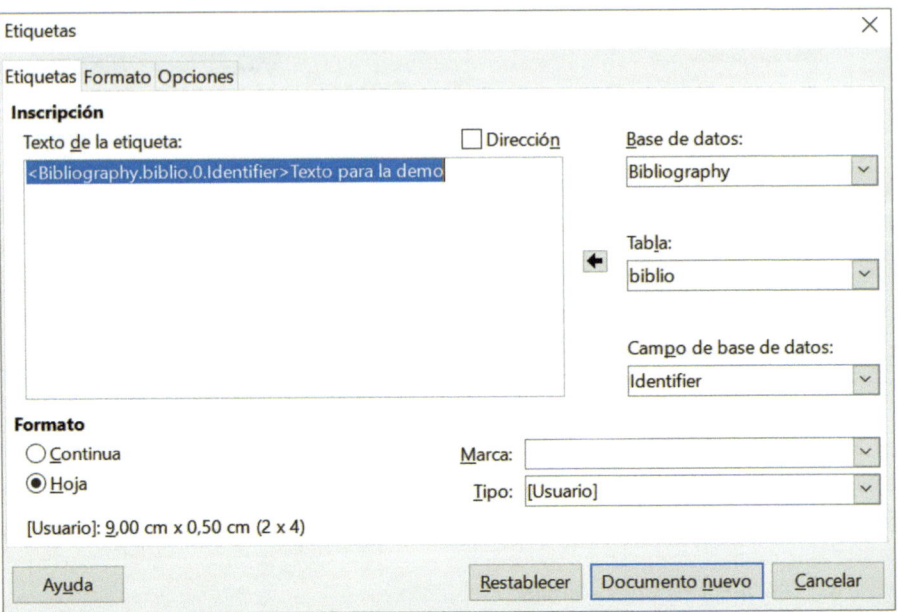

Cuadro de diálogo Etiqueta/Campo de base de datos/Identifier

● Pulsamos Intro dentro del texto de la etiqueta y, en *Campo de base de datos*,
elegimos **Tittle**.

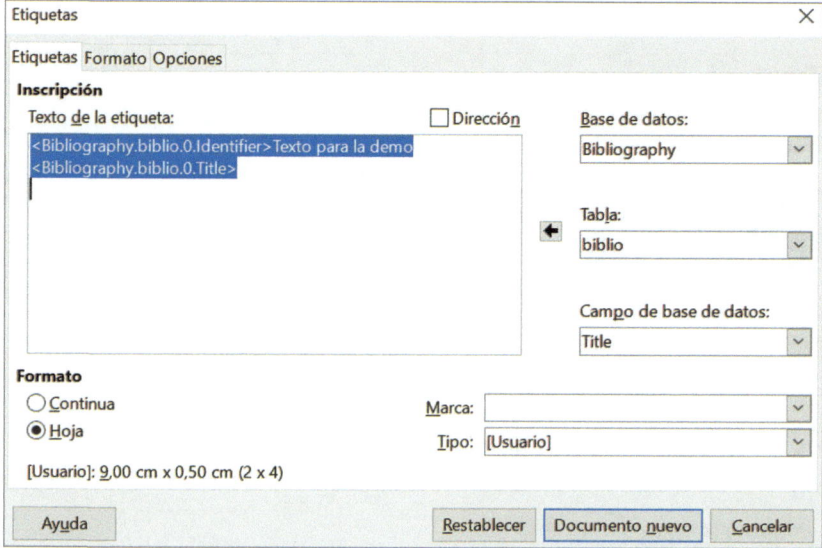

Cuadro de diálogo Etiqueta/Campo de base de datos/Title

● Flechita y, de nuevo, *Intro/Campo de base de datos/Autor*:

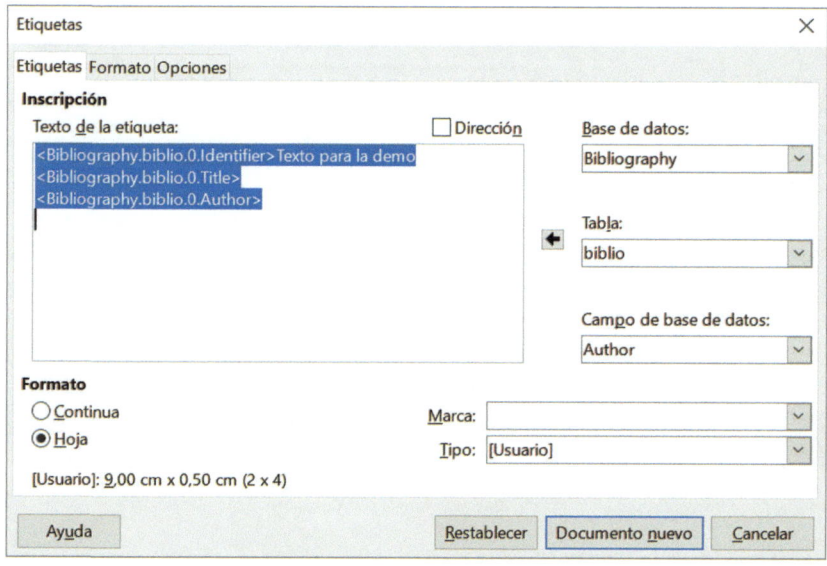

Cuadro de diálogo Etiqueta/Campo de base de datos/Autor

● Mismos pasos para elegir ahora ISBN:

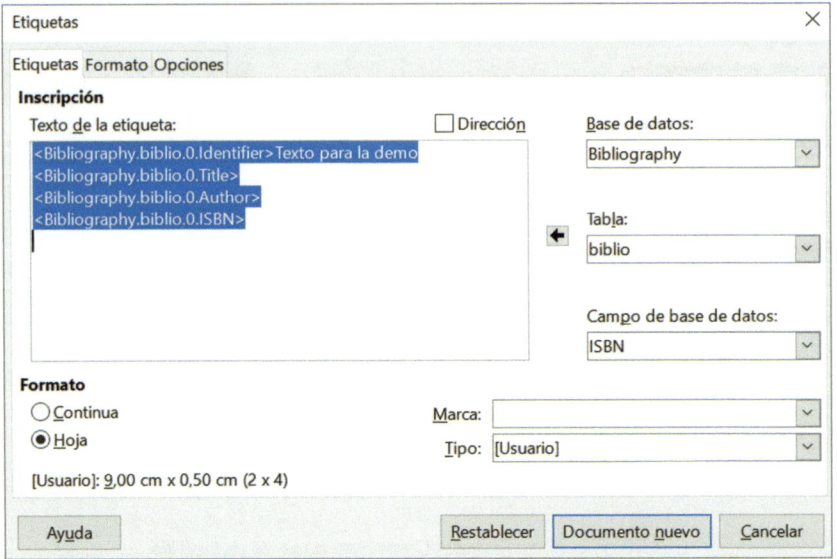

Cuadro de diálogo Etiqueta/Campo de base de datos/ISBN

● Documento nuevo:

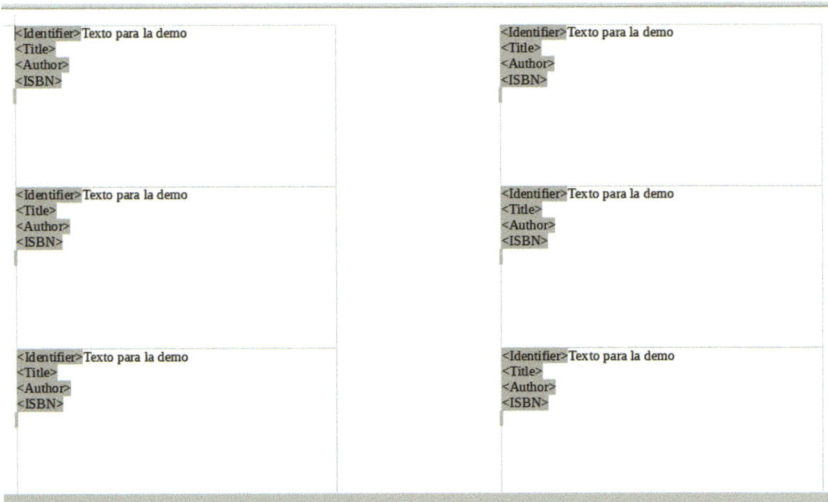

Resultado

2.3. Creación de sobres

◆ **Menú** *Insertar/Sobre***:**

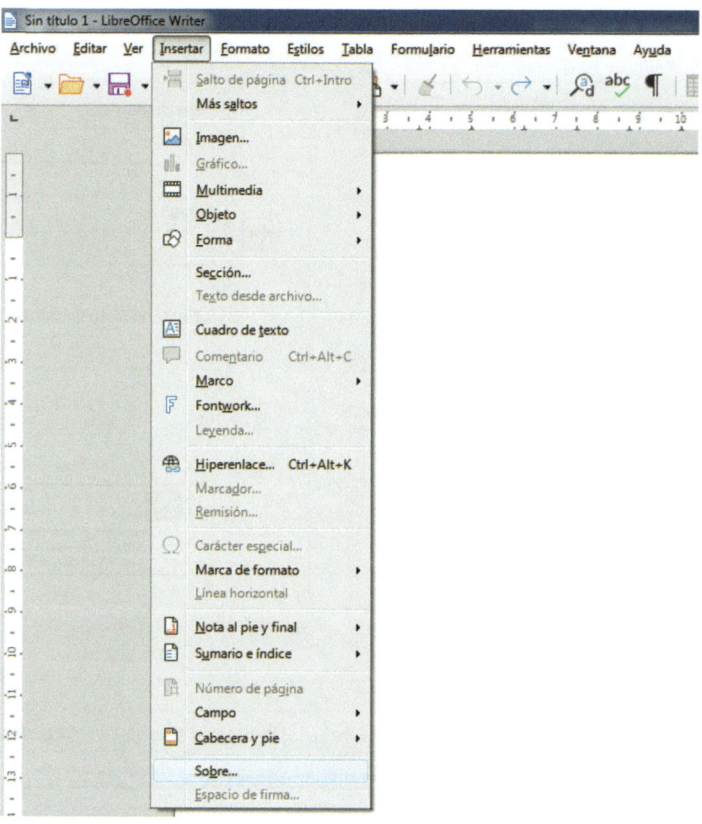

Insertar/Sobre

◆ Se mostrará la siguiente pantalla donde indicaremos el tipo de sobre y el texto con los datos del destinatario.

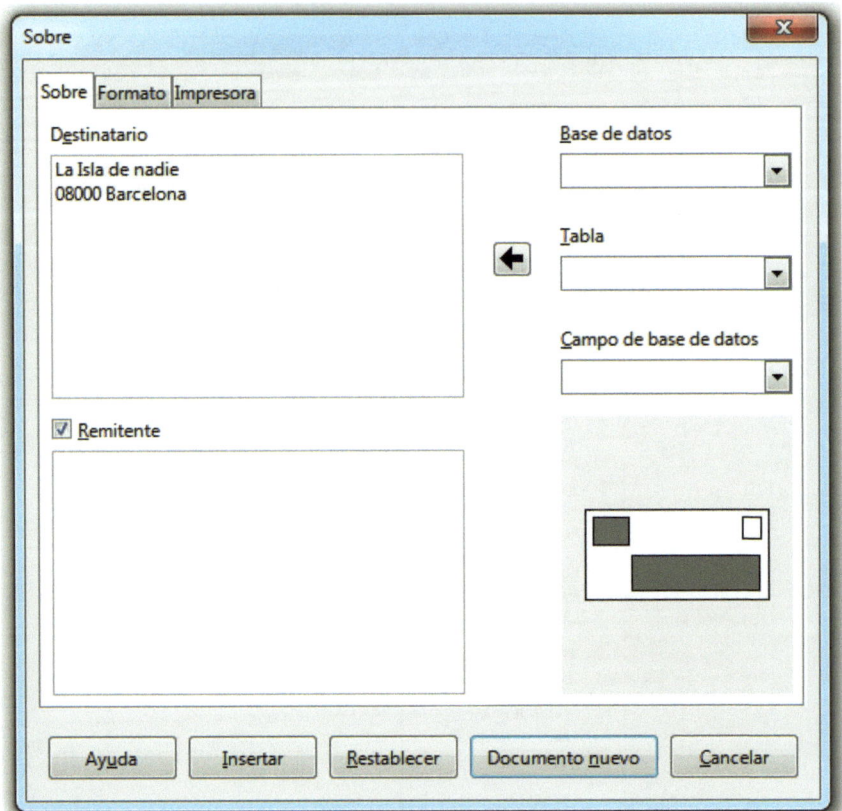

Cuadro de diálogo Sobre

En el caso de que estemos haciendo cartas estándar para nuestros clientes o proveedores, en lugar de escribir uno a uno los nombres y direcciones, Writer nos da la opción de vincular los datos desde una base de datos o tabla.

3. Selección de destinatarios mediante creación o utilización de archivos de datos

3.1. Creación del fichero de datos

Para realizar una combinación de correspondencia, necesitamos un fichero que contenga los datos que van a variar en nuestro documento.

Este fichero de datos en Writer puede ser:

- Un fichero de base de datos.

- Un fichero de hoja de cálculo.

- Un archivo texto.

- Un fichero Base.

- Cualquier base de datos accesible por ODBC (tecnología estándar de conectividad entre base de datos).

No es necesario conocer estas aplicaciones para crear nuestro fichero de datos, ya que el propio asistente de la combinación de correspondencia nos permite crear el fichero de datos en el paso 3 del asistente.

Crear un fichero de datos con el asistente:

✴ *Herramientas/Asistente para combinar correspondencia.* Pulsamos el botón *Siguiente.*

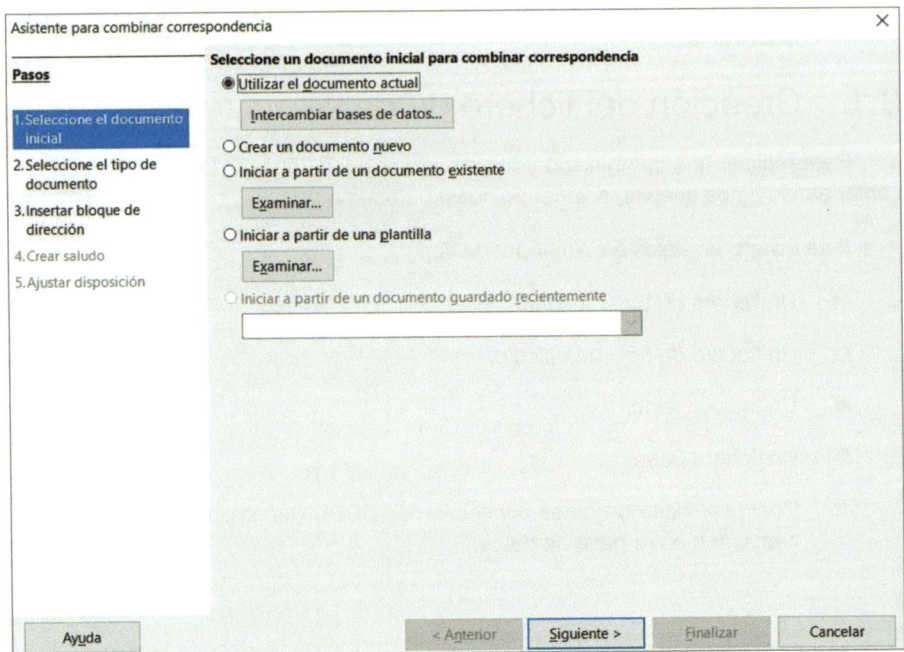

Asistente para combinar correspondencia/Paso 1

✳ Dejamos seleccionada la opción *Carta* y pulsamos en *Siguiente*.

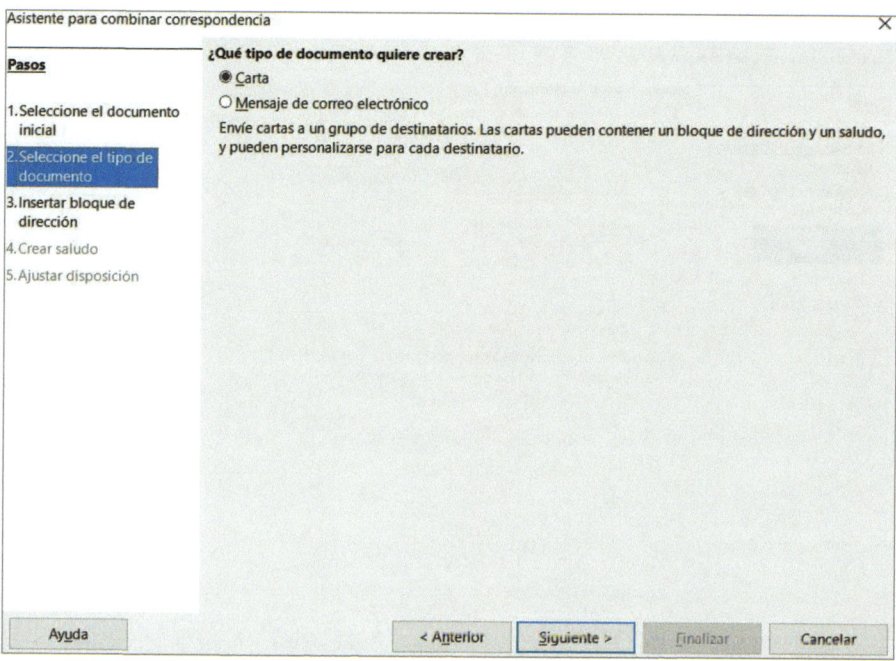

Asistente para combinar correspondencia/Paso 2

✱ Es el momento de crear el fichero de datos. Primero buscamos el archivo con la lista de direcciones pulsando en el botón *Seleccionar lista de direcciones*.

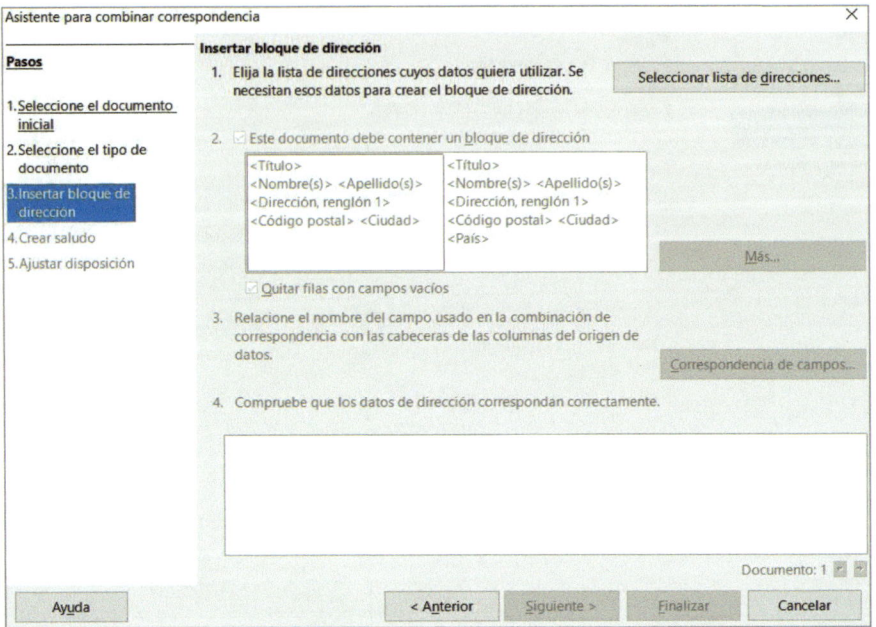

Asistente para combinar correspondencia/Paso 3

ADAMS

Creación de sobres y etiquetas individuales y sobres, etiquetas y documentos modelo...

＊ Una vez elegida la lista de direcciones podremos eliminar o modificar los campos que aparecen en el punto 2. Para ello pulsaremos en el botón *Más*.

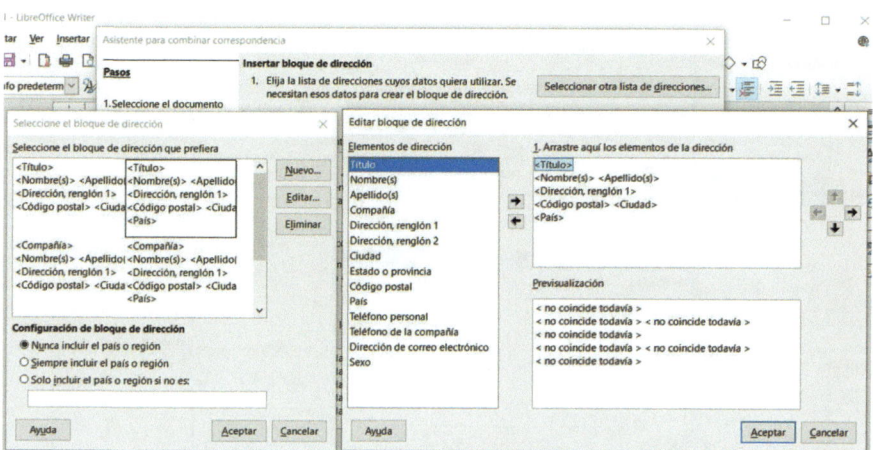

Editar bloque de dirección

3.2. Selección de destinatarios

Es probable que, una vez creado el fichero de datos, solo necesitemos crear una combinación de correspondencia para ciertos registros que cumplan unas determinadas condiciones, por ejemplo, solo los clientes de Madrid.

Para ello, necesitamos aplicarle un filtro al fichero que contiene los datos.

El filtro lo podemos aplicar utilizando el *Asistente para la combinación de correspondencia:*

→ En el asistente avanzamos hasta el tercer paso. Ahí pulsamos el botón de *Seleccionar otra lista de direcciones.*

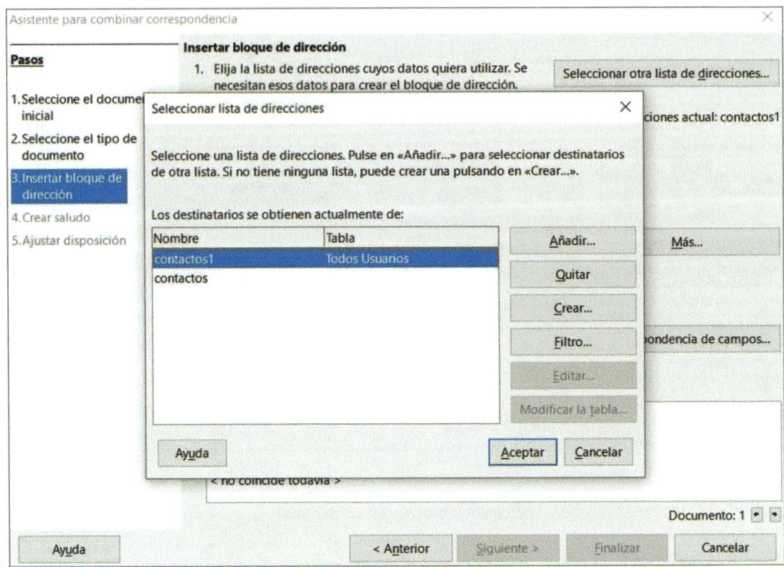

Seleccionar lista de direcciones

→ Clicamos en el botón *Filtro*, nos aparecerá un cuadro de diálogo donde indicamos la condición que tienen que cumplir los registros que deseamos incluir en la combinación de correspondencia.

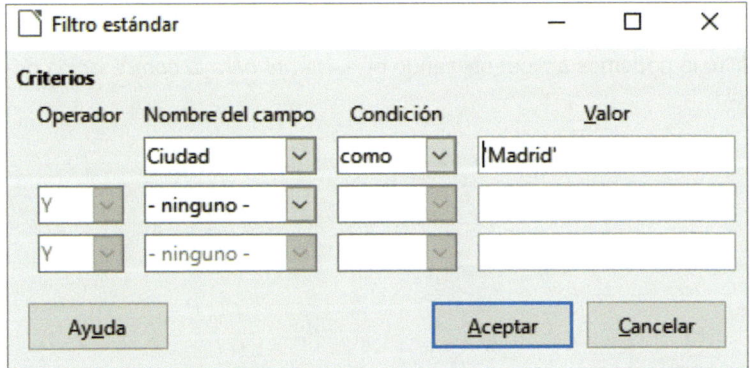

Cuadro de diálogo Filtro estándar

*A veces necesitamos que los registros cumplan dos o más condiciones, para ello te-
nemos que unirlas con la "Y" o con la "O".*

*Las condiciones unidas por la "Y" significa que los registros tienen que cumplir todas
las condiciones.*

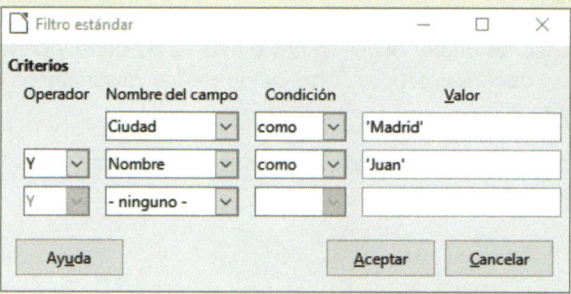

Ciudad como Madrid Y Nombre como Juan

*Si este mismo ejemplo lo unimos por la "O" sería suficiente que cumpliera una de
ellas, es decir, que sea de la ciudad de "Madrid" o que se llame "Juan".*

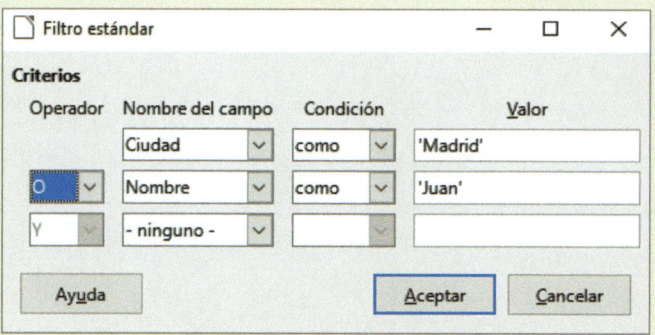

Ciudad como Madrid O Nombre como Juan

Resumen

■ Para crear un sobre, utilizaremos la opción menú *Insertar/Sobre*. En el cuadro de diálogo que aparece definiremos su tamaño, el contenido, su posición, etc.

■ Para crear una etiqueta, lo haremos desde el menú *Archivo/Nuevo/Etiquetas*. Se nos pedirá el contenido, tamaño y número de etiquetas por página a imprimir.

■ En el caso de querer hacer un envío masivo de correspondencia, debemos tener un documento base y los datos de los destinatarios en otro archivo (base de datos).

■ Usaremos la opción combinar correspondencia para crear los documentos personalizados.

Unidad Didáctica 10

Inserción de imágenes y autoformas en el texto para mejorar el aspecto del mismo.

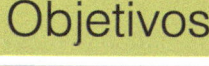

Objetivos

- ▣ Añadir objetos a nuestro documento.
- ▣ Modificar la posición y tamaño de los objetos que insertemos en nuestro documento.

Contenido

Introducción

En los documentos de Writer se pueden insertar múltiples elementos gráficos, desde imágenes o fotos hasta dibujos creados por el propio usuario.

Los elementos gráficos que podemos encontrar en Writer son:

- **Objetos**. Cualquier elemento de tipo gráfico, por ejemplo, una imagen, un gráfico de datos, una ecuación, una elipse, un rectángulo, una recta, un cuadro de texto, un diagrama o un rótulo Fontwork. También se denominan objetos a los elementos de sonido, vídeo o animaciones, aunque estos se emplean con poca frecuencia en los documentos de Writer.

- **Autoformas**. Son formas elementales prediseñadas en Writer: un rectángulo, una elipse, una flecha o una recta.

- **Dibujos**. Suele ser un conjunto de dos o más objetos dibujados. Por ejemplo, un dibujo que conste de una línea curva y un cuadro de texto, o un cuadro de texto, una línea y una elipse.

- **Imágenes**. Son dibujos más o menos sofisticados que se han creado en una aplicación externa o provienen de algún dispositivo de captura de imágenes.

- **Cuadros de textos**. Son como objetos de dibujo, pero que contienen texto normal.

- **Rótulos Fontwork**. Son objetos que contienen textos con efectos artísticos, por ejemplo, texto en círculo o con un relleno de diseño para la letra.

- **Diagramas**. Son dibujos prediseñados, más o menos complejos, en los que el usuario puede cambiar el formato en determinados lugares.

- **Gráficos de datos**. Representación gráfica de una serie de datos numéricos. Por ejemplo, un diagrama de líneas, de barras o de tipo circular.

- **Fórmulas**. Son objetos que se componen de símbolos matemáticos y caracteres variados. Se emplean para poder transcribir en Writer ecuaciones matemáticas.

1. Desde archivo

Para insertar una imagen desde un archivo usaremos la opción menú *Insertar/Imagen*.

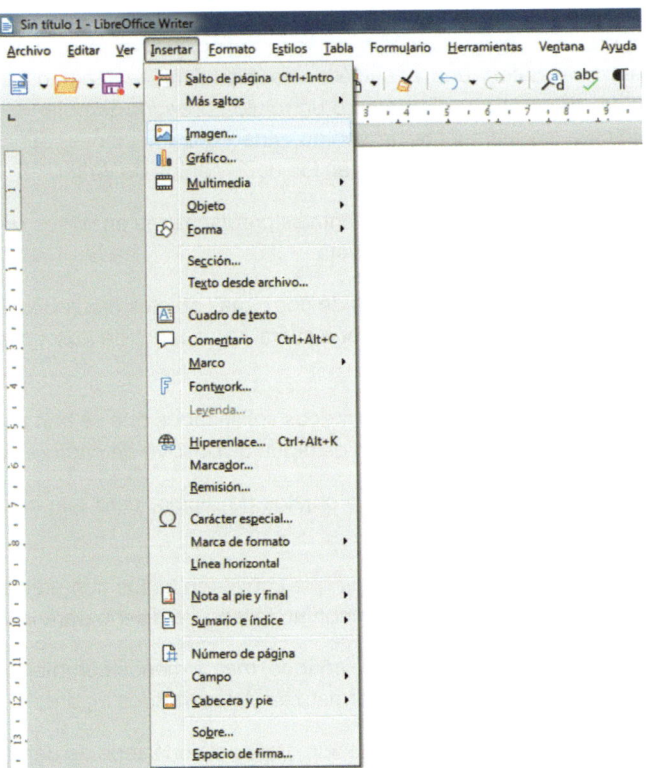

Insertar/Imagen

2. Empleando imágenes prediseñadas

Para insertar una imagen prediseñada:

* ✳ Menú *Insertar/Multimedia/Galería*.

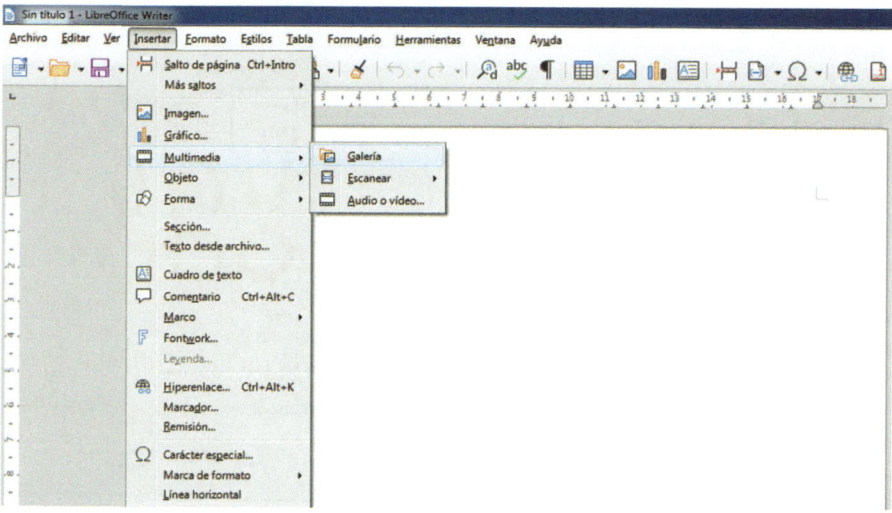

Insertar/Multimedia/Galería

＊ Se abrirá la siguiente ventana en la parte lateral derecha de la pantalla:

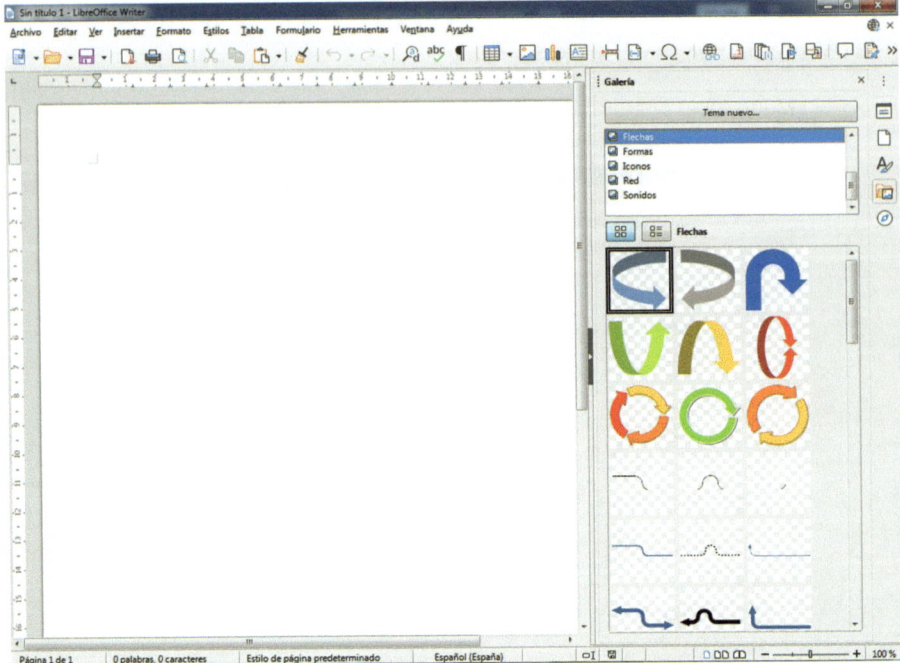

Galería

Una vez localizada la imagen que deseamos insertar, haremos clic con el botón derecho del ratón encima de la imagen y seleccionamos la opción *Insertar*, para añadirla al documento o *Insertar como fondo*, para añadirla como fondo de página.

3. Utilizando el portapapeles

Supongamos que en nuestro documento estamos haciendo referencia a una pantalla que nos ha mostrado un error y deseamos incluirlo. Para ello usaremos el **portapapeles**.

→ Visualizando la pantalla que deseemos incluir, pulsaremos la tecla *Imprimir Pantalla*, se hará una captura de la imagen y se guardará en el portapapeles de forma temporal.

→ Después iremos a nuestro documento y pulsaremos *Pegar* en el lugar donde queremos que aparezca.

4. Ajuste de imágenes con el texto

Podemos alinear o centrar la imagen que hayamos insertado con el resto del texto de diferentes maneras:

- **Utilizando la barra de herramientas de imagen:**

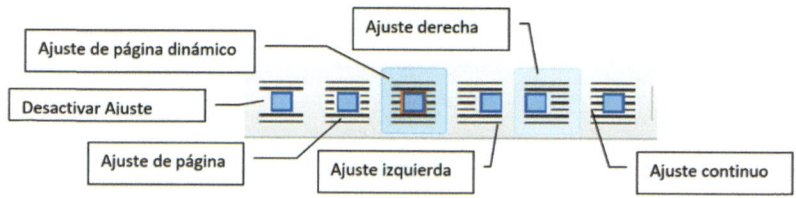

*Desactivar ajuste/Ajuste de página/Ajuste de página dinámico/Ajuste izquierda/
Ajuste derecha/Ajuste continuo*

- **Menú contextual/*Ajuste*:**

Pulsaremos sobre la imagen con el botón derecho del ratón y se mostrará el menú contextual.

Seleccionamos *Ajuste* y se mostrará todas las opciones disponibles:

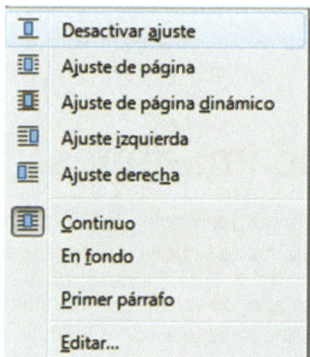

Opciones para ajustar la imagen con el texto

● **Menú contextual/*Propiedades*:**

Pulsaremos sobre la imagen con el botón derecho del ratón y se mostrará el menú contextual.

Seleccionamos *Propiedades* y, en la pestaña *Ajustar*, seleccionaríamos el tipo de ajuste:

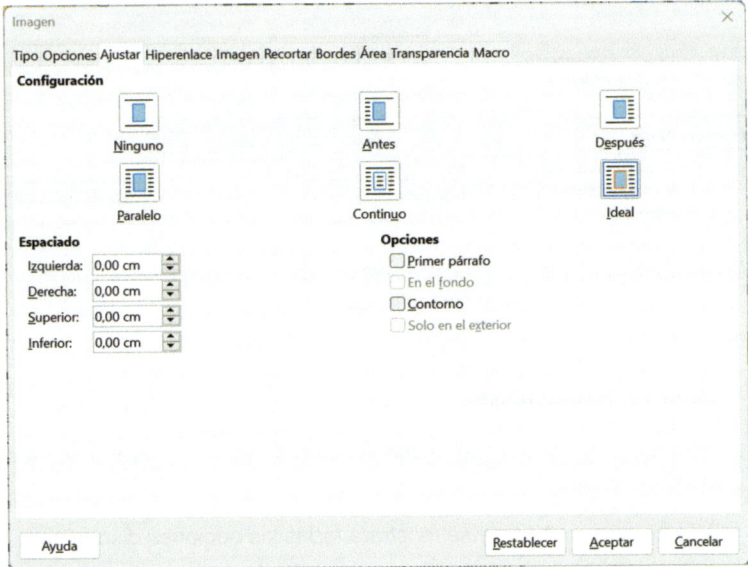

Cuadro de diálogo Imagen, ficha Ajustar

5. Mejoras de imágenes

◆ Podemos mover una imagen haciendo clic sobre ella con el botón izquierdo del ratón y arrastrarla hasta la posición deseada.

◆ Para cambiar el tamaño de la imagen, la seleccionamos, nos aparecerán unos cuadrados blancos alrededor, clicamos en cualquiera de ellos y lo arrastramos manteniendo pulsado el ratón.

◆ También podemos girar las imágenes desde su menú contextual.

◆ Además, podemos cambiar el aspecto de la imagen cambiado su relleno desde *Formato/Cuadro de texto y forma/Área*:

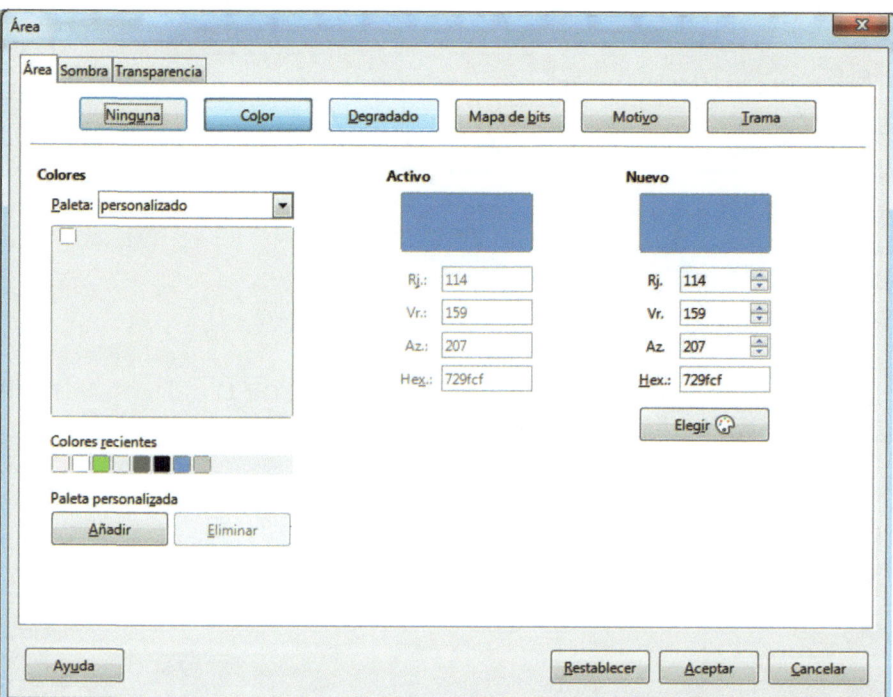

Área

◆ También podemos añadir bordes y sombras a la imagen desde el botón derecho del ratón/*Propiedades*:

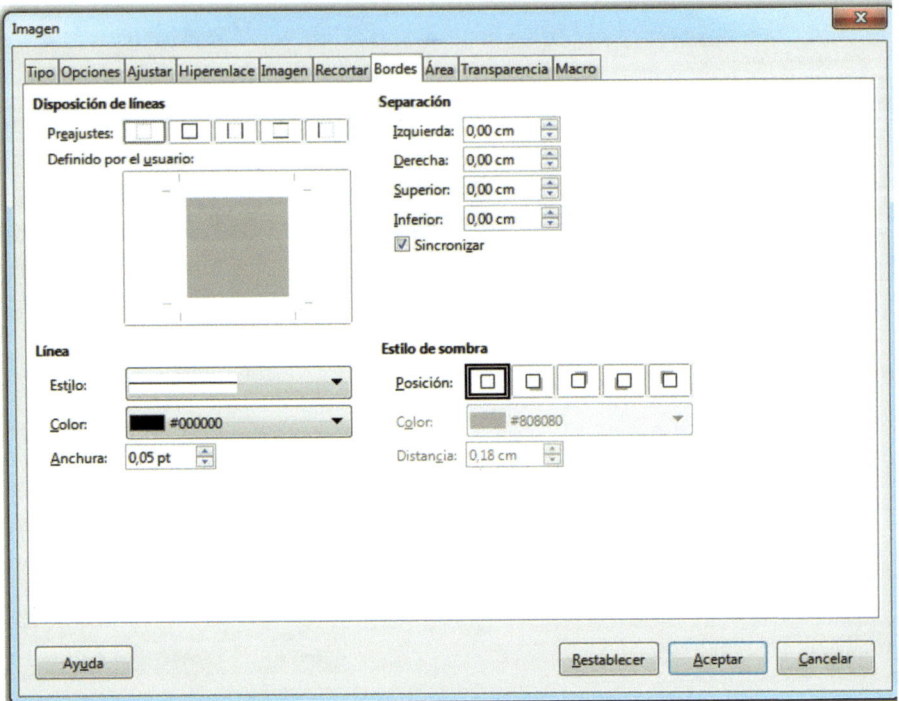

Imagen

◆ Para recortar una imagen también podemos hacerlo desde el menú contextual y, a continuación, utilizar el ratón para hacer el recorte.

◆ Para cambiar una imagen por otra, seleccionaremos desde su menú contextual la opción *Reemplazar*.

6. Autoformas (incorporación y operaciones que se realizan con la autoforma en el documento)

6.1. Insertar formas

En Writer se pueden crear dibujos personalizados mediante el trazado de formas cerradas (elipses, rectángulos, etc.) y líneas abiertas (líneas rectas, quebradas y curvas), también llamadas autoformas.

Para insertar una forma en nuestro documento podemos hacerlo de dos maneras:

- A través de la barra de herramientas de dibujo, que se activa a través de *Ver/ Barra de herramientas.*

Barra de herramientas de dibujo

- A través del menú *Insertar/Forma.*

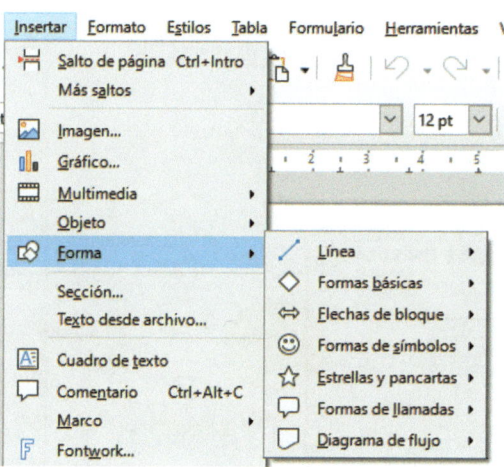

Insertar/Forma

Si queremos que una forma tenga el mismo tamaño en todos los lados, cuando lo arrastremos, mantendremos pulsada la tecla Mayús.

Por ejemplo, si insertamos un rectángulo, podemos obtener un cuadro si, mientras arrastramos, mantenemos la tecla Mayús pulsada.

6.2. Insertar formas

A una forma se le puede aplicar un relleno, incluso degradados y tramas, entre otros.

Para ello tenemos dos opciones:

❋ Desde la barra de herramientas de *Propiedades del objeto de dibujo*.

Propiedades del objeto de dibujo

❋ Desde el menú de contexto, al hacer clic con el botón derecho del ratón encima de la forma.

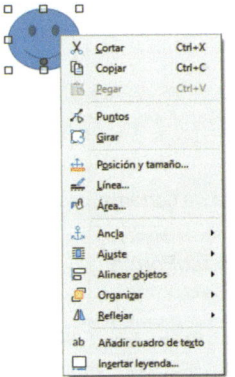

Menú contextual

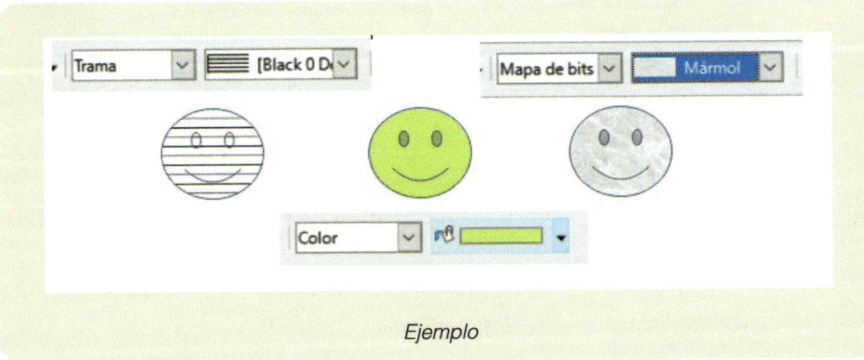

Ejemplo

6.3.   Estilo de línea de una forma

Cuando insertamos una forma, el contorno de la autoforma está formado por una línea con un color determinado, que podemos personalizar a nuestro gusto.

Para cambiar el tipo de línea de una forma:

→ Seleccionar la forma o formas a las que se desea aplicar el relleno.

→ Utilizando los tres controles de la barra de herramientas *Propiedades del objeto de dibujo,* aplicamos formato a la línea de la forma

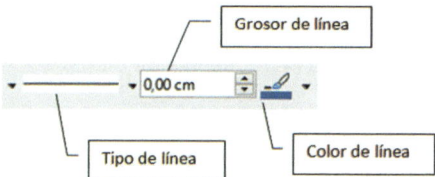

Controles para cambiar el tipo de línea, el grosor y el color

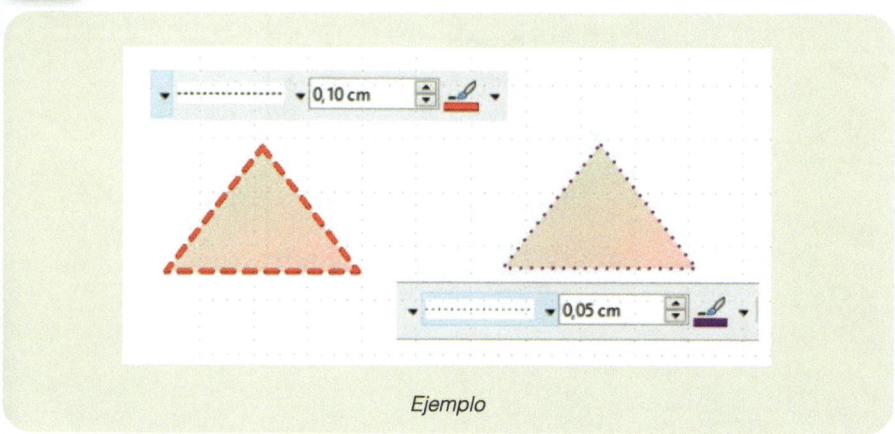

Ejemplo

7. Cuadros de texto, inserción y modificación

7.1. Insertar un cuadro de texto

Writer nos permite insertar texto a través de los cuadros de texto, lo cual nos permite una gran flexibilidad a la hora de situar un texto dentro de un documento.

Para insertar un cuadro texto, podemos hacerlo de dos formas:

- Haciendo clic en el botón *Insertar cuadro texto* [A] la barra de herramientas estándar o de la barra de herramientas de dibujo.

- Seleccionando en el menú *Insertar*, la opción *Cuadro de texto*.

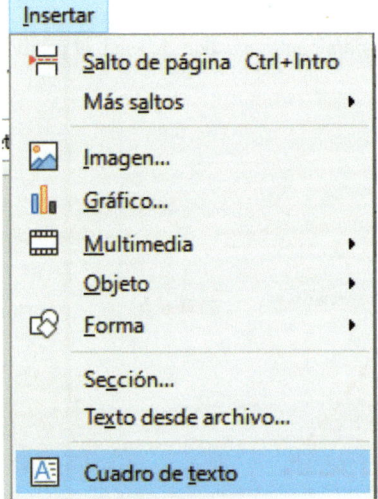

Insertar/Cuadro de texto

7.2. Editar cuadro de texto

Para editar un cuadro de texto, lo primero que debemos hacer es seleccionarlo, haciendo clic sobre el texto insertado dentro del cuadro.

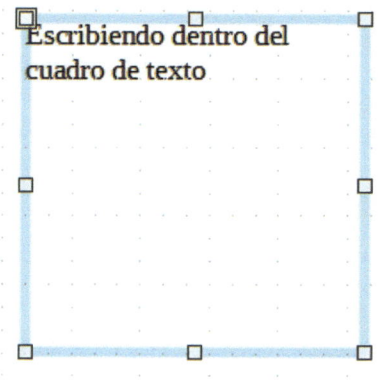

Cuadro de texto

Se muestran ocho marcadores con forma de cuadrado alrededor del cuadro de texto, que nos permiten modificar el tamaño haciendo clic y arrastrando.

Si al arrastrar mantenemos la tecla Mayús pulsada, el cuadro se redimensiona manteniendo sus proporciones.

Podemos modificar el aspecto del cuadro texto, a través de la barra de herramientas Propiedades del objeto de dibujo, que nos permite modificar el color de relleno y la línea del contorno del cuadro texto.

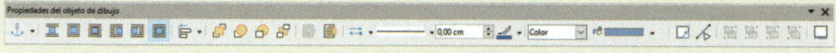

Propiedades del objeto del dibujo

También podremos modificar la forma de los vértices del cuadro texto y redondearlo, a través del marcador que de la parte superior derecha del cuadro texto que tiene un tamaño más grande que el resto de los marcadores.

Si situamos el ratón sobre ese marcador aparece la doble flecha, pero si nos desplazamos un poco más abajo, cambia a una mano.

Marcador para redondear los vértices

Cuando se muestra la mano, hacemos clic y arrastramos el marcador, y el cuadro texto va cambiando las esquinas de rectangular a redondeadas.

Ejemplo de cuadro de texto con las esquinas redondeadas

7.3. Editar texto

Para modificar el texto podemos hacerlo activando el modo de Edición de texto o a través del cuadro de diálogo *Texto*.

Edición de texto:

● Haciendo un doble clic con el botón izquierdo del ratón sobre el cuadro de texto.

● O pulsando F2 si tenemos el cuadro de texto seleccionado.

La barra de herramientas de formato cambia y se muestra la barra de herramientas *Objeto de texto*:

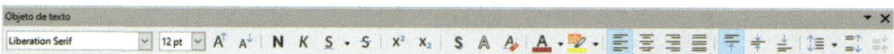

Barra de herramientas Objeto de texto

Cuadro de diálogo *Texto:*

Menú de *Formato/Cuadro de texto y formato, Atributos de texto*:

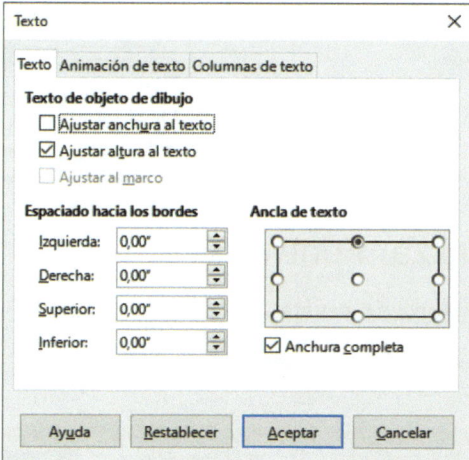

Cuadro de diálogo Texto

8. Inserción de Fontwork

8.1. Insertar Fontwork

Fontwork es una herramienta para crear texto con efectos visuales muy atractivos. Permite crear efectos decorativos.

Para insertar un Fontwork vamos a **menú *Insertar/Fontwork:***

Galería de Fontwork

8.2. Personalizar Fontwork

Al insertar el Fontwork se mostrará:

La barra de herramientas *Propiedades del objeto de dibujo.*

Propiedades del objeto de dibujo

La barra de herramientas *Fontwork*.

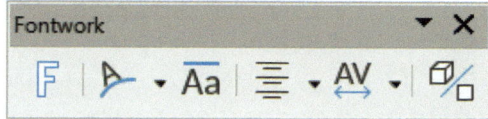

Barra de herramientas Fontwork

9. Insertar gráficos

9.1. Insertar un gráfico

Writer permite crear diversos tipos de gráficos para ayudar a mostrar y organizar los datos de forma comprensible.

Podemos crear un gráfico de dos maneras:

◆ Menú *Insertar/Gráfico.*

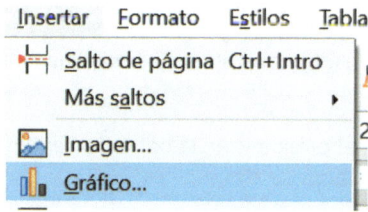

Insertar/Gráfico

◆ Botón **Gráfico** de la barra de herramientas estándar.

Botón gráfico de la barra de herramientas estándar

Aparecerá insertado el gráfico en el documento, con unos valores que podremos modificar y personalizar a nuestro gusto a través de la nueva barra de herramientas que aparecerá activada debajo de la barra de menú:

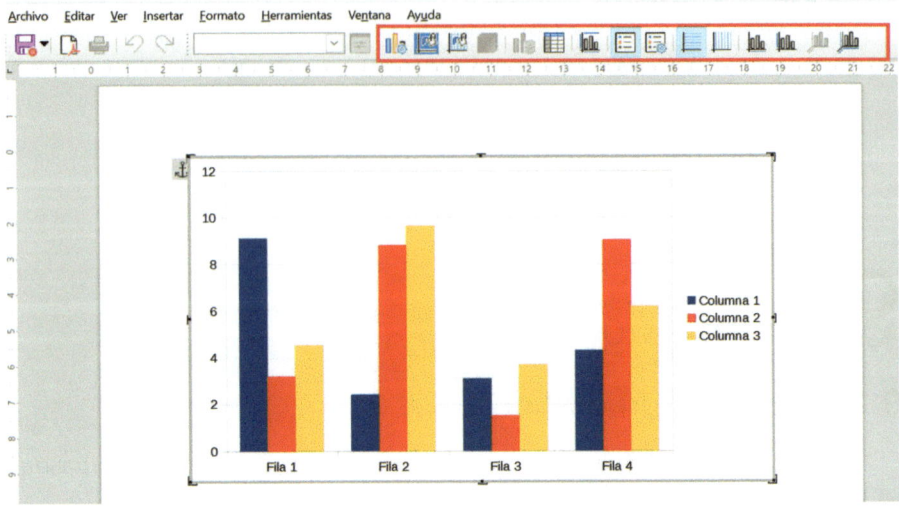

Ejemplo

9.2. Modificar los datos para el gráfico

Para poder visualizar la tabla de datos, tenemos que tener el gráfico seleccionado en modo edición.

- Doble clic sobre el gráfico y, en la barra de herramientas de *Formato*, pulsamos en el botón *Tabla de datos*.

Los datos a representar se escriben en la tabla de datos y cada celda de la tabla de datos se corresponde con una columna en el gráfico.

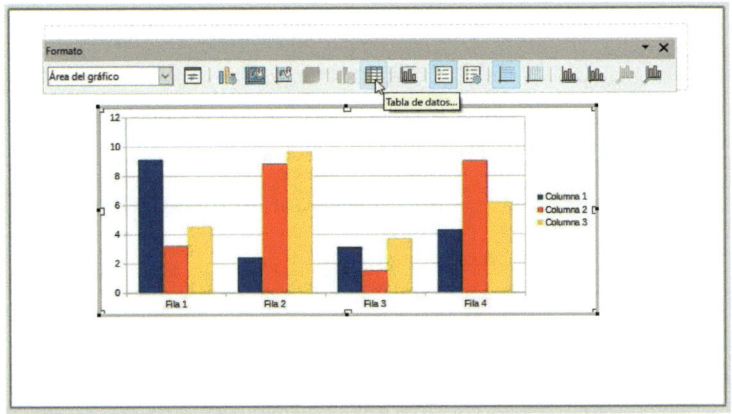

Botón Tabla de datos

■ Botón derecho del ratón encima del gráfico y, en el menú contextual, seleccionamos la opción *Tabla de datos*.

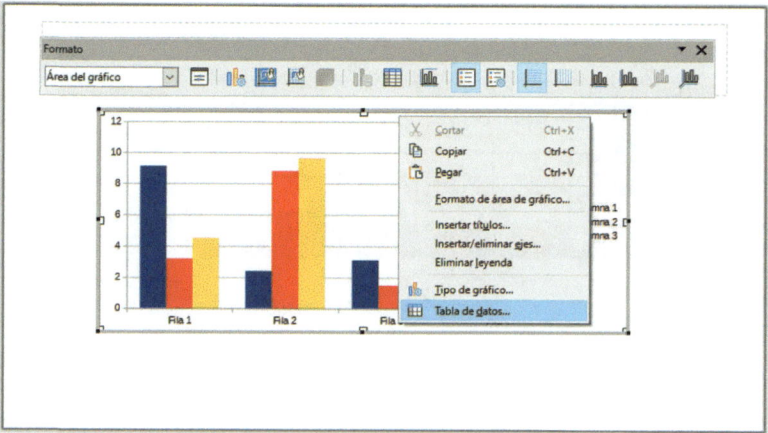

Menú contextual

■ Con cualquiera de las dos maneras se nos mostrará la tabla de datos, que sirve como base para crear el gráfico.

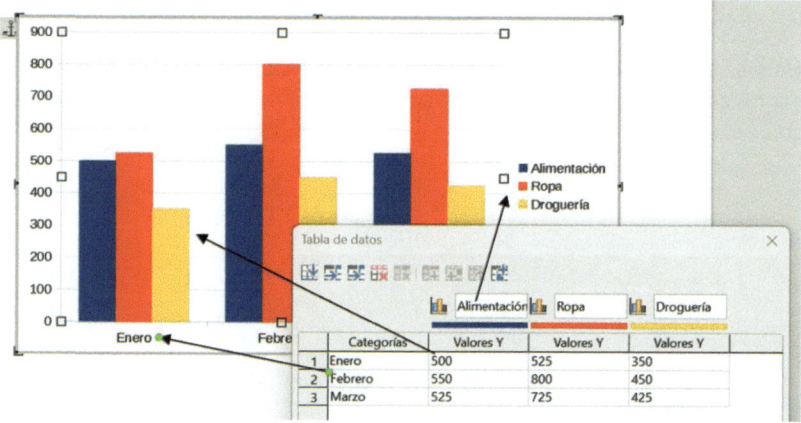

Ejemplo de cómo se muestra la tabla de datos

9.3. Elementos de un gráfico

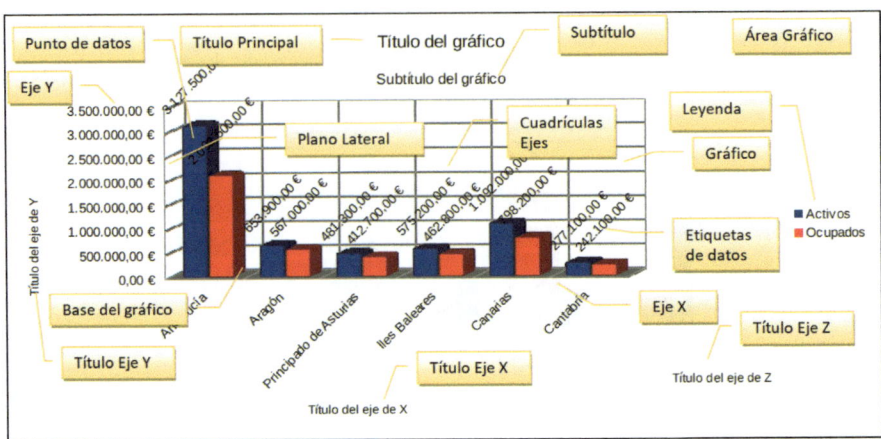

*Elementos de un gráfico: punto de datos, título principal, subtítulo, área gráfico,
eje Y, plano lateral, cuadrículas ejes, gráfico, leyenda, base del gráfico,
Eje X, etiquetas de datos, título eje Y, título eje X y título eje Z*

9.4. Seleccionar un elemento del gráfico

Para seleccionar los elementos podemos usar la lista de elementos de gráfico como sistema de selección. Esta lista se encuentra en la barra de herramientas *Formato de gráficos*.

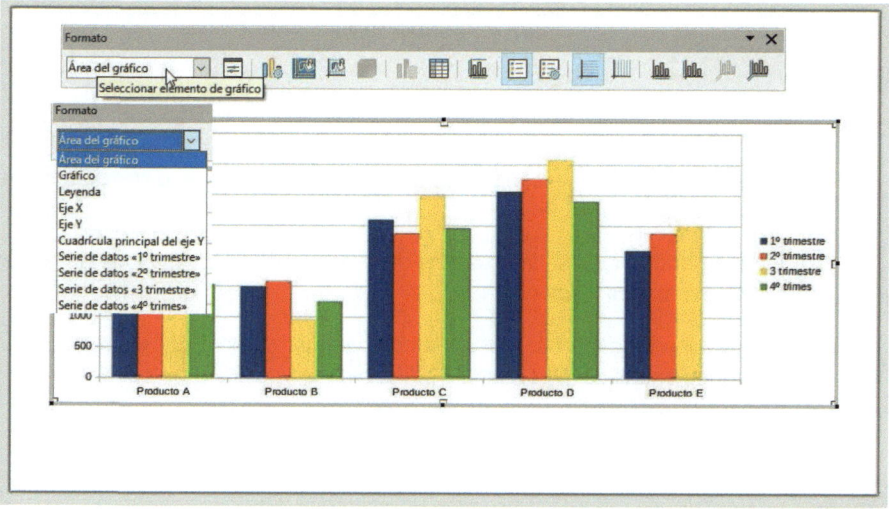

Seleccionar elementos de gráfico

9.5. Modificar gráficos

Barra de Herramientas Formato Gráfico

Resumen

- Para insertar objetos, como imágenes, lo haremos desde el menú *Insertar*.

- Podemos elegir una imagen de la galería que tiene Writer o desde otro archivo.

- También podemos insertar cuadros de texto, autoformas, gráficos de datos e, incluso, audios y vídeos.

- Una vez insertada la imagen podemos cambiar su posición respecto a los márgenes, modificar su tamaño y editar algunas de sus propiedades.

UNIDAD
DIDÁCTICA
11

Creación de estilos que automatizan tareas de formato en párrafos con estilo repetitivo y para la creación de índices y plantillas.

Objetivos

- ☑ Aprender qué son los estilos en Writer.
- ☑ Aprender cómo se usan los estilos, cómo se modifican y cómo se crean nuevos.

Contenido

Introducción

Los estilos en Writer nos son únicamente para modificar de las propiedades del texto y usarlas posteriormente en otras partes del documento. También nos permitirán crear estilos de página, títulos, etc., con lo que podremos usarlos para crear índices y otras marcas que nos permitirán movernos más rápidamente dentro del documento.

1. Estilos estándar

Se puede definir un estilo como un conjunto de formatos de carácter, párrafo, tabla o lista que se pueden almacenar con un nombre para utilizarlos las veces que interese.

Writer nos ofrece la posibilidad de trabajar con varios tipos de estilo:

- **Estilos de párrafo**. Estos estilos pueden incorporar formatos de fuente y de párrafo y afectan a párrafos completos. Un mismo párrafo no puede tener aplicado más de un estilo de párrafo.

- **Estilos de carácter**. Estos estilos solo almacenan formatos de fuente. Afectan al texto seleccionado, así que, en el mismo párrafo puede haber texto con diferentes estilos de carácter.

- **Estilos de marco**. Creados para aplicarlos a objetos gráficos como imágenes, cuadros de texto u objetos de dibujo.

- **Estilos de página**. Para aplicar el formato de la página, incluyendo entre otras propiedades tamaño, márgenes, orientación, encabezados y pies de página.

- **Estilos de lista**. Para aplicar el formato a las listas no ordenadas (viñetas) y las listas ordenadas (numeración).

- **Estilos de tabla**. Para aplicar formato a las tablas, estableciendo formatos para filas y columnas, bordes y contenido.

En caso de darse estilos de párrafo y de fuente a la vez, los de párrafo tienen preferencia sobre los de fuente.

En el menú *Estilos* encontraremos los estilos estándar que nos ofrece Writer.

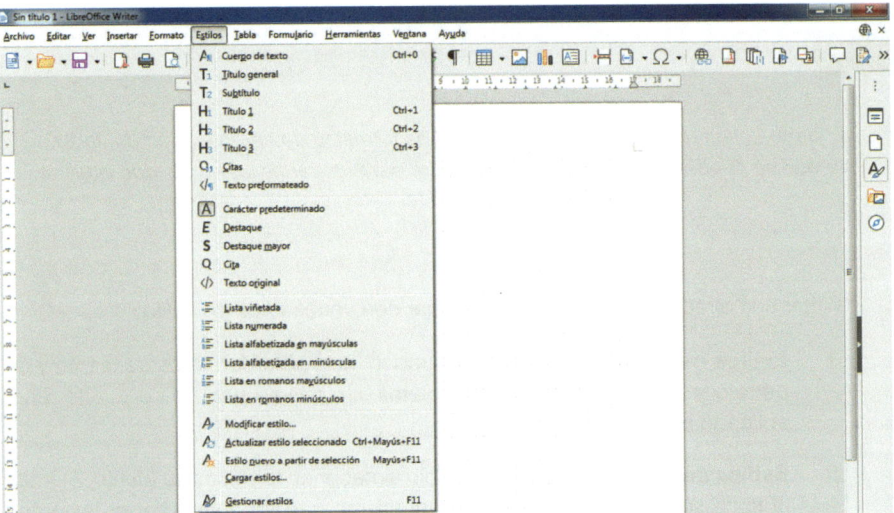

Estilos

También podemos acceder a ellos con el **botón *Estilos* de la barra lateral** o pulsando la tecla de función F11.

2. Creación y aplicación de estilos

2.1. Creación de un estilo nuevo desde la ventana de estilos

Para crear un estilo nuevo desde este panel:

* Seleccionamos el estilo a crear.

* En la lista de estilos, seleccionamos el estilo en el que se va a basar el nuevo.

* Hacemos clic con el botón derecho del ratón y en el en menú de contexto seleccionamos *Nuevo*.

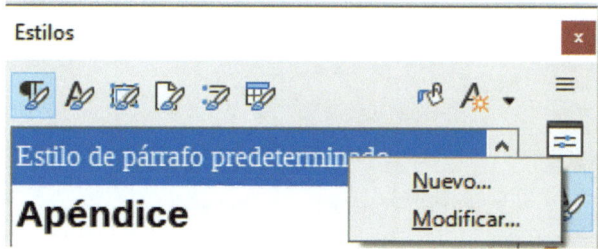

Estilos/Nuevo

* Se muestra el cuadro de diálogo *Estilos de párrafo*.

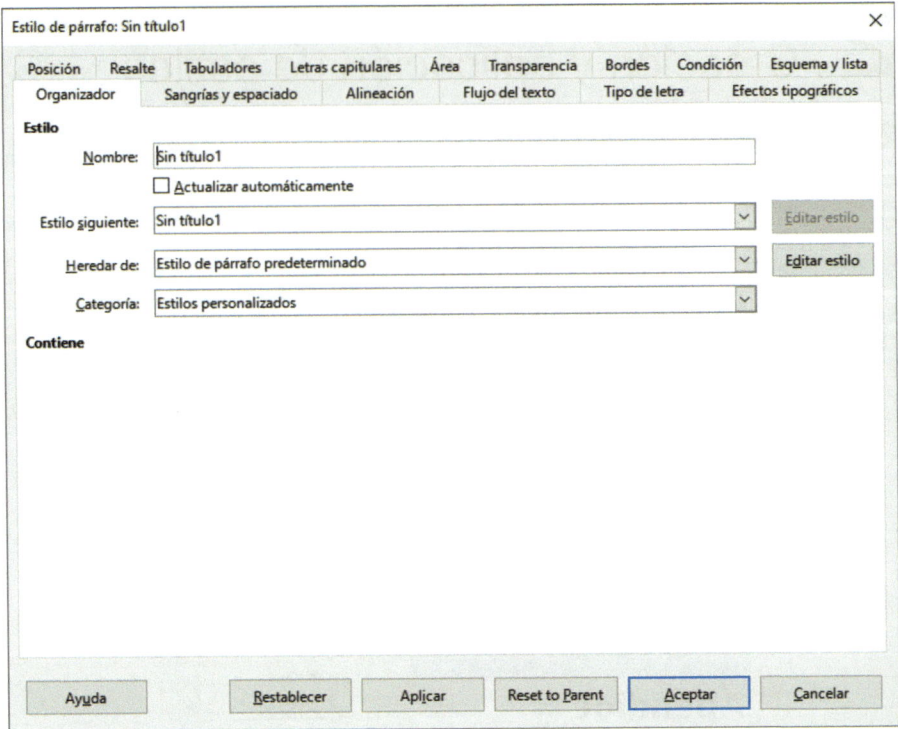

Estilos de párrafo

2.2. Creación de un estilo a partir de una selección

→　Para crear un estilo, primero escribiremos el texto (tabla, página, etc.) y cambiaremos todas las propiedades hasta obtener el resultado deseado.

→　Para crear un estilo, primero escribiremos el texto (tabla, página, etc.) y cambiaremos todas las propiedades hasta obtener el resultado deseado.

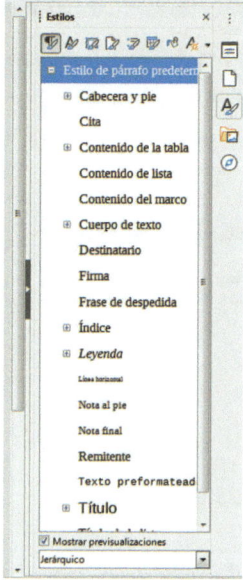

Lista de estilos

→ A continuación, haremos clic sobre el desplegable de *Acciones de estilos* y seleccionaremos la opción *Estilo nuevo a partir de selección*.

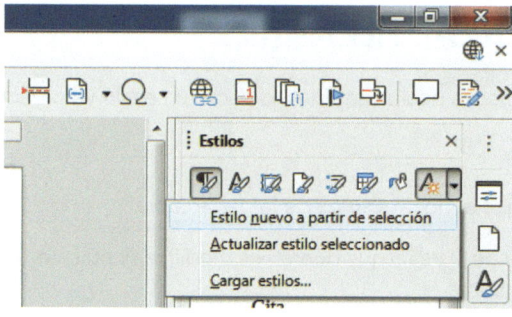

Estilo nuevo a partir de selección

→ En la ventana que aparece escribiremos el nombre del nuevo estilo que acabamos de crear.

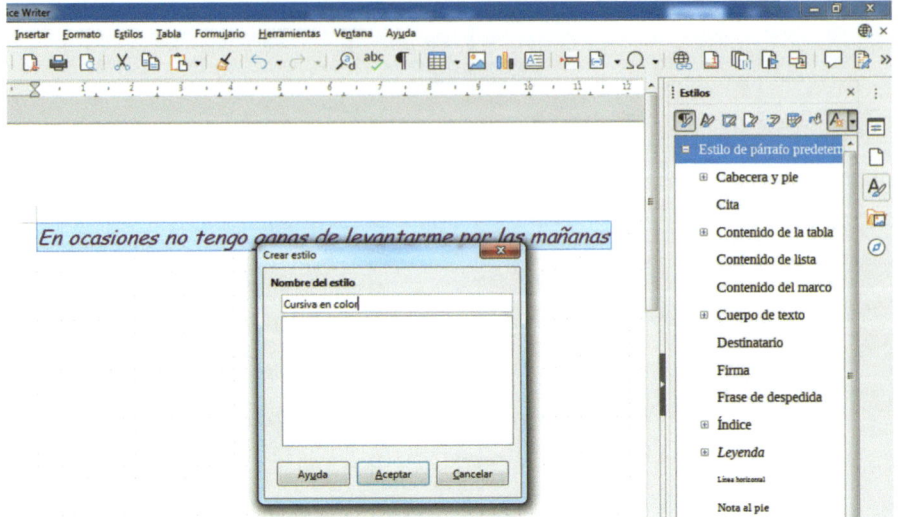

Crear estilo/Nombre del estilo

→ Para aplicar este estilo (o cualquier otro) en otro texto, marcaremos como bloque aquello que queramos modificar y pulsaremos sobre el botón estilos de la barra lateral derecha para hacer doble clic sobre el que queramos de la lista de estilos.

3. Modificar un estilo

También tenemos la posibilidad de modificar un estilo ya creado.

Para ello:

● Pulsaremos el botón **Estilos** de la barra lateral.

● Buscaremos el estilo que queremos modificar y pulsaremos el botón derecho del ratón sobre él.

● Aparecerá el menú contextual con las opciones **Nuevo, Modificar** y **Eliminar**.

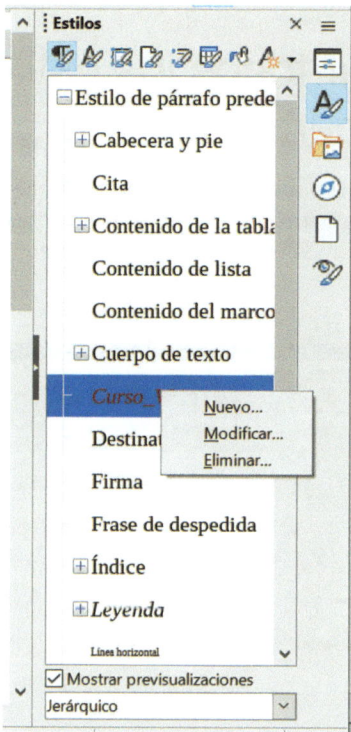

Nuevo/Modificar/Eliminar

Cuando modificamos un estilo, todo el texto, párrafo, lista, etc., que tenga aplicado ese estilo se actualiza automáticamente, es decir, se le aplican los cambios que hemos realizado en el estilo.

Además, el cambio también afectará a todos los estilos que dependan del que estamos modificando.

4. Visualizar todos los estilos aplicados en el documento

Para visualizar los estilos que hayamos usado en nuestro documento, haremos clic en el botón estilos de la barra lateral y, una vez se abra la ventana de Estilos, en la parte inferior de esta, clicaremos en el desplegable y seleccionaremos la opción *Estilos aplicados*.

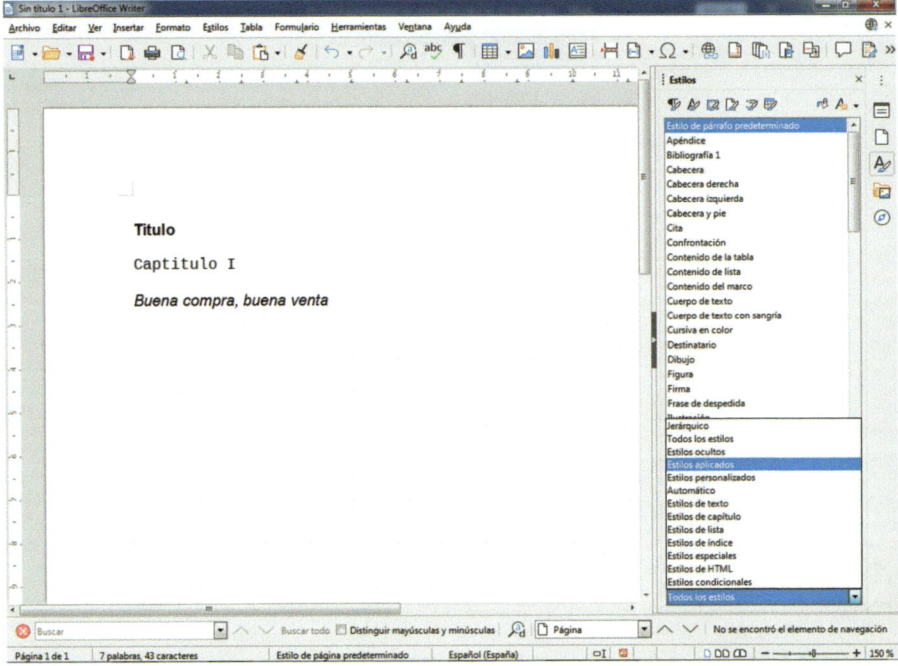

Estilos aplicados.

También podemos hacerlo mediante la opción:

Menú Estilos/Gestionar Estilos/Estilos aplicados

5. Borrar estilos y formatos y eliminar un estilo

En el caso de que tengamos que borrar un estilo, es decir, volver a estilo que te-níamos con anterioridad, lo podemos hacer:

- Seleccionando el texto a cambiar.

- Menú *Formato/Limpiar formato directo.*

La opción **Limpiar formato directo** *no eli-mina el formato aplicado a tra-vés de un estilo.*

Para eliminar el estilo, vamos al panel de estilos, hacemos clic con el botón de-recho en el es-tilo y pulsamos en la opción **Eliminar**.

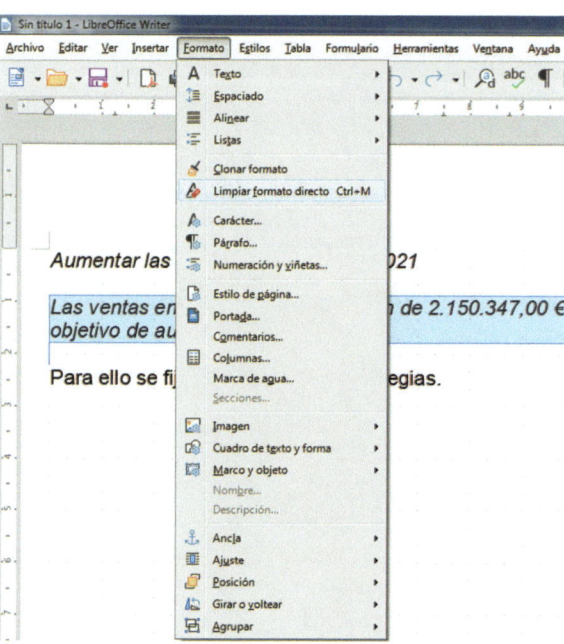

Formato/Limpiar formato directo.

Resumen

- En esta unidad hemos aprendido a utilizar los estilos en Writer.

- Los estilos en Writer nos son únicamente para la modificación de las propiedades del texto y usarlas posteriormente y aplicarlas en otras partes del documento. También nos permitirán crear estilos de página, títulos, etc., con lo que podremos usarlos para crear índices y otras marcas que nos permitirán movernos más rápidamente dentro de del documento.

- Los estilos los podremos crear, modificar y eliminar en el panel *Estilos* situado en la parte derecha de la aplicación.

UNIDAD DIDÁCTICA 12

Utilización de plantillas y asistentes que incorpora la aplicación y creación de plantillas propias basándose en estas o de nueva creación.

Objetivos

- ☑ Aprender cómo trabajar con plantillas, su utilidad, así como la creación de formularios.

- ☑ Aprender cómo usar las plantillas que nos proporciona Writer, cómo modificarlas y cómo crear otras nuevas.

- ☑ Aprender lo que son los asistentes y cómo manejarlos.

Contenido

Introducción

Las plantillas nos permiten tener un documento estándar que podemos variar con pocas modificaciones a fin de facilitarnos el trabajo.

Los asistentes son como pequeños programas que nos ayudan a realizar tareas, solicitándonos mediante preguntas la información necesaria para completarlas.

1. Utilización de plantillas

Una plantilla es un modelo predefinido de documento que simplifica el trabajo.

Archivo/Plantillas/Abrir plantilla

Podemos usar las que vienen preinstaladas, crearlas o descargarlas de la web de LibreOffice.

https://es.libreoffice.org/descubre/plantillas-y-extensiones/

La plantilla predeterminada que utilizar Writer para crear los documentos nuevos (Archivo/Nuevo) no se puede editar, ni cambiar de nombre, ni eliminar. Si queremos modificar una plantilla incorporada, tenemos que abrir un documento que la utilice, realizar las modificaciones que deseemos y guardarlo como una plantilla nueva.

2. Asistentes

LibreOffice nos provee de diferentes herramientas para la creación de cartas, fax, orden del día, conversor de documentos y origen de datos de direcciones. Pero también nos permite crea etiquetas, tarjetas de visitas y combinación de correspondencia.

Vamos a crear una carta con el asistente:

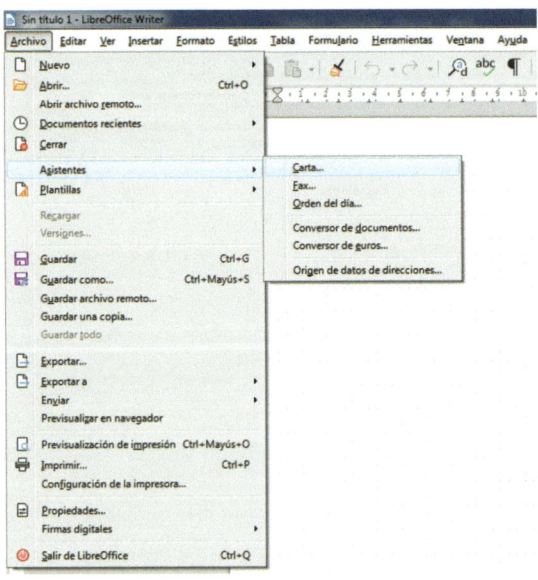

Archivo/Asistente/Carta

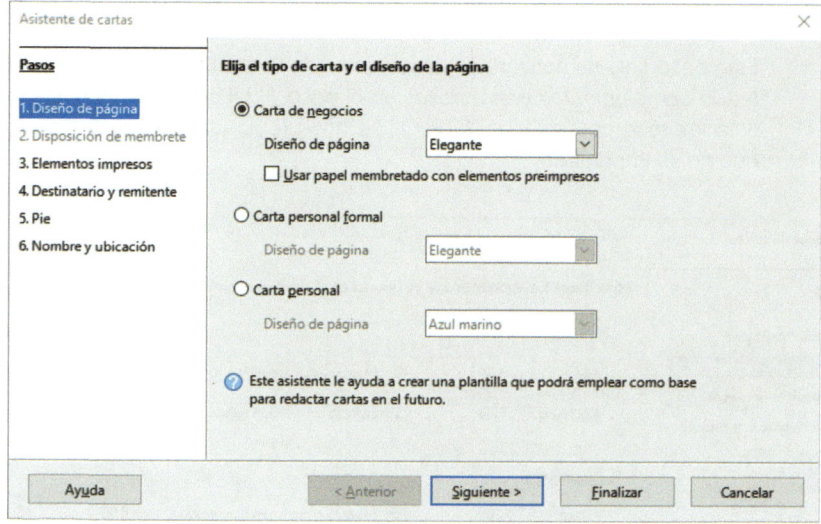

Asistente de cartas

■ **Carta de negocios:**

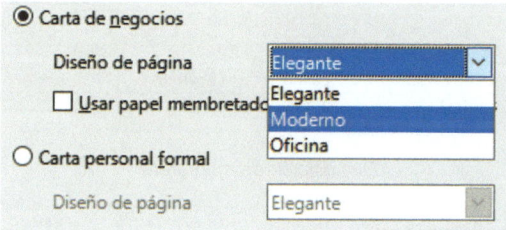

Opciones para la carta de negocios: elegante, moderna y oficina

■ **Carta personal:**

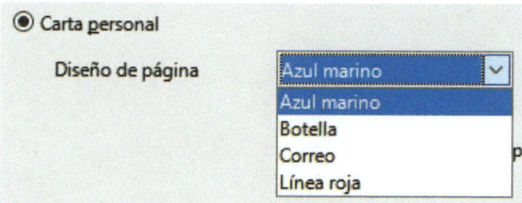

Opciones para la carta de personal: azul marino, botella, correo y línea roja

■ **Disposición del membrete:**

Este paso solo se activará si hemos activado la casilla *Usar papel membreteado con elementos preimpresos* en el paso 1 del asistente. Si el papel ya está impreso con un logo, LibreOffice nos preguntará por esos elementos que no se imprimirán.

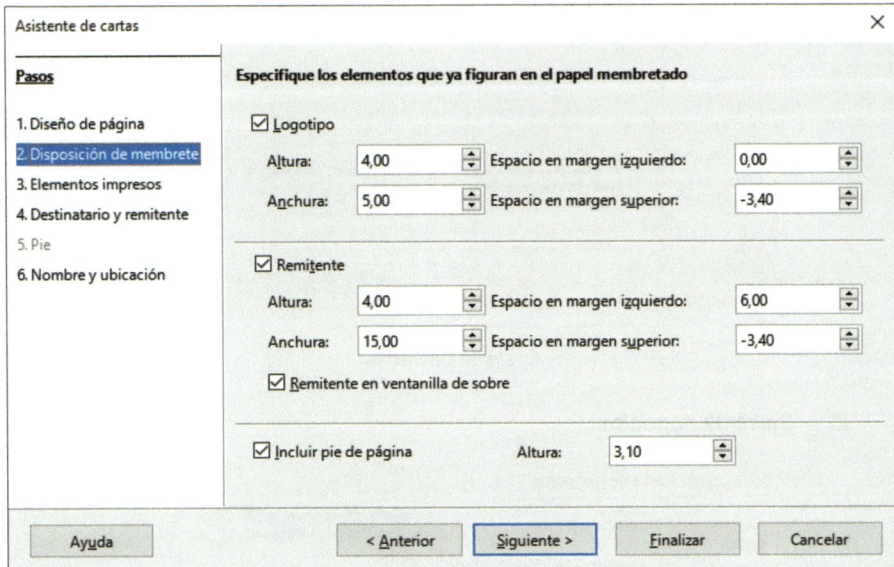

Disposición de membrete

■ **Elementos impresos:**

Podremos definir los elementos que se deberán incluir en la plantilla. Si en el paso 1 hemos dejado desactivada la casilla *Usar papel membreteado con elementos preimpresos* tendremos más casillas activadas que si lo activamos.

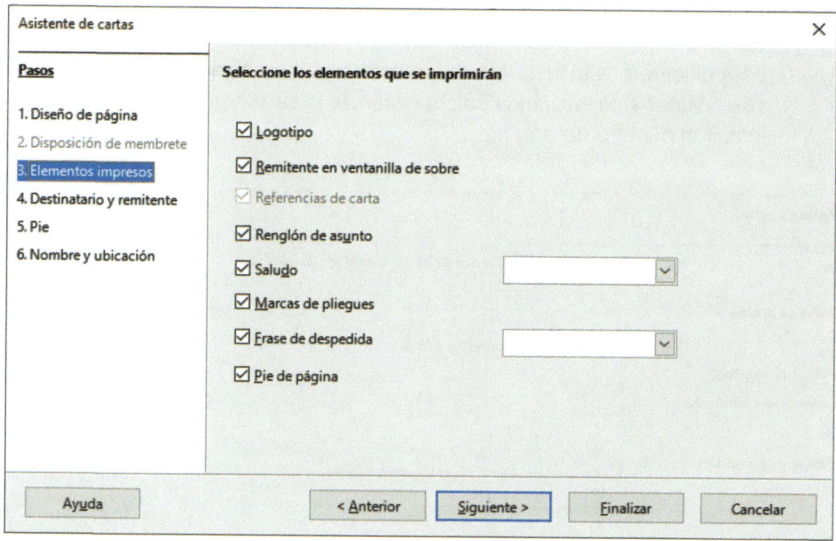

Seleccionar los elementos que se imprimirán

■ **Destinatario y remitente:**

En este paso introduciremos los datos del remitente y destinatarios.

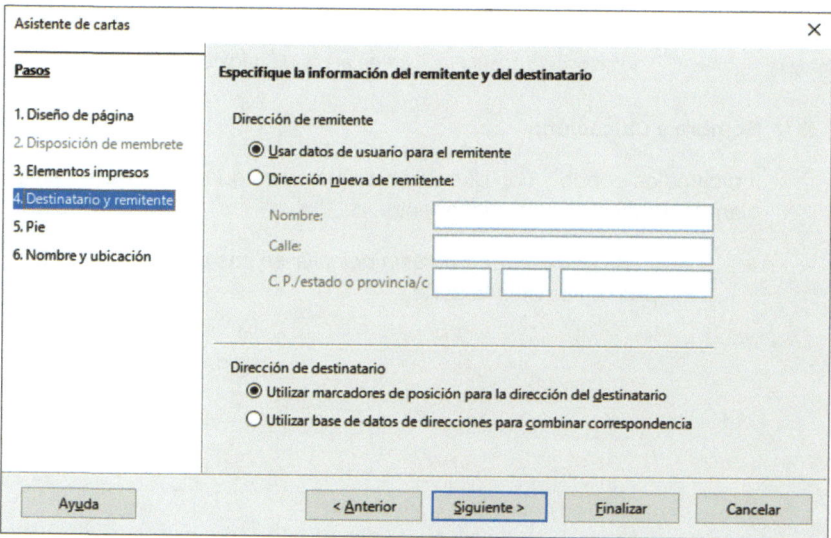

Información del remitente y del destinatario

■ **Pie:**

Especificaremos el texto que queremos incluir en el pie de página, pudiendo seleccionar si lo incluimos solo a partir de la segunda página y si queremos incluir el número de página.

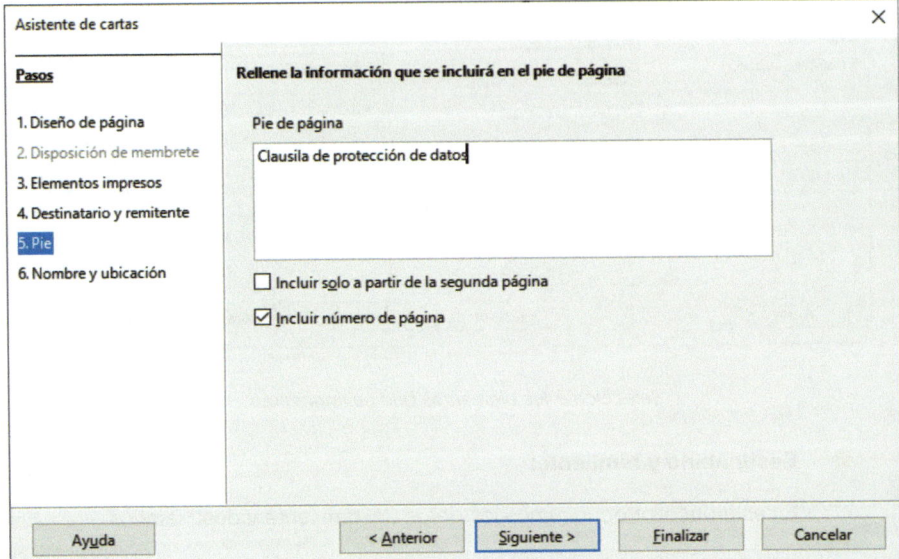

Información que se incluirá en el pie de página

■ **Nombre y ubicación:**

Indicaremos dónde y con qué nombre queremos guardar el documento y la plantilla. Podremos seleccionar entre:

● *Crear una carta a partir de esta plantilla*: se nos guarda y cierra la plantilla, pero no se crea la carta.

● *Hacer modificaciones manuales en esta plantilla para carta:* se guarda la plantilla y queda abierta para modificarla.

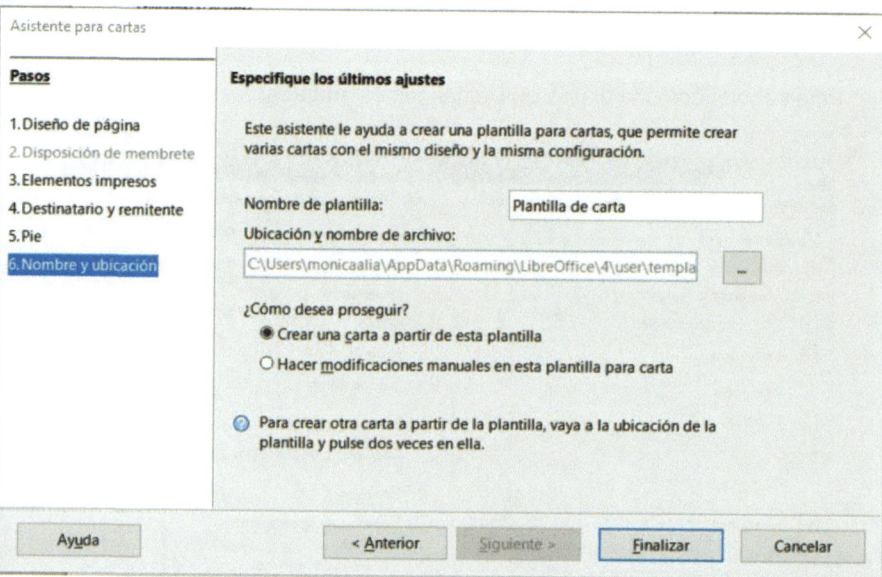

Últimos ajustes

3. Utilización de plantillas y asistentes del menú Archivo/Nuevo

Para trabajar con una platilla que ya tengamos grabada:

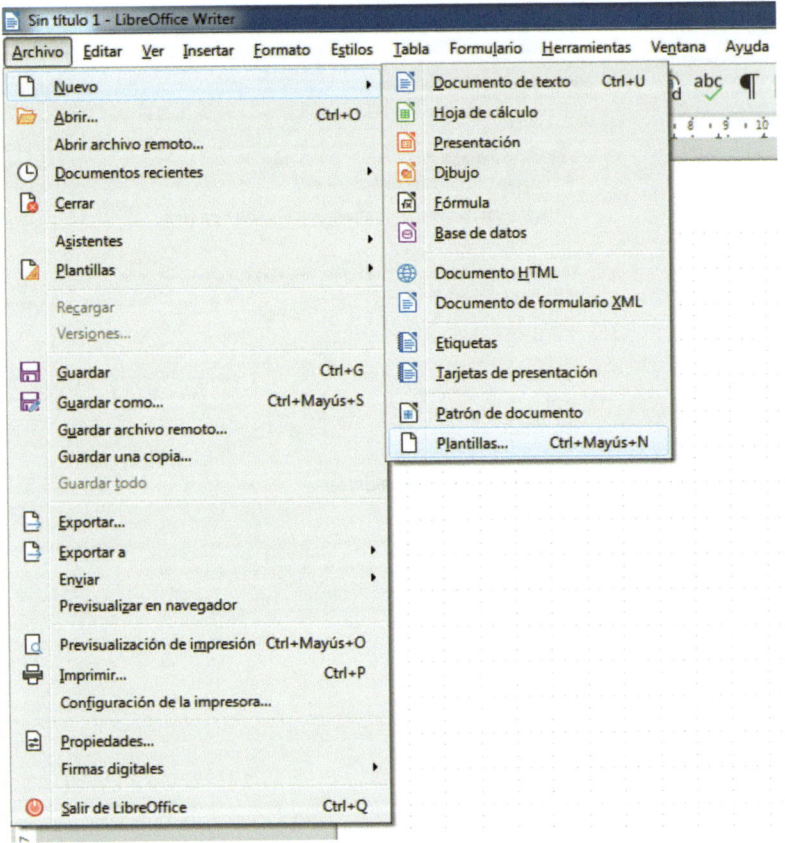

Archivo/Nuevo/Plantillas

En esta ventana se muestran los diferentes tipos de plantillas que nos ofrece Writer:

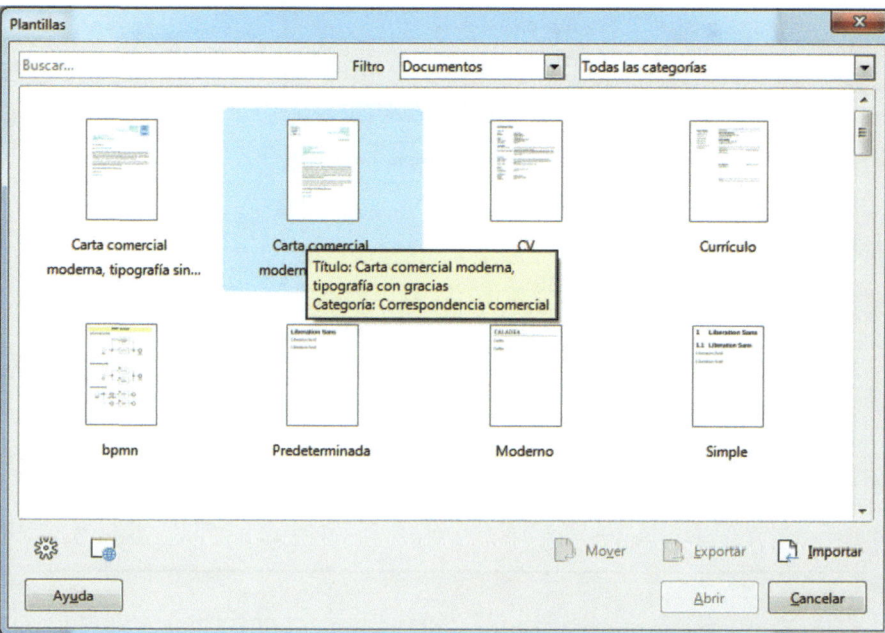

Cuadro de diálogo Plantillas

4. Creación, guardado y modificación de plantillas de documentos

* Con un documento con sus estilos ya definidos, vamos a *Archivo/Plantillas/ Guardar como plantilla*.

* En el cuadro de diálogo que nos aparece escribiremos el nombre para la nueva plantilla y seleccionamos la categoría.

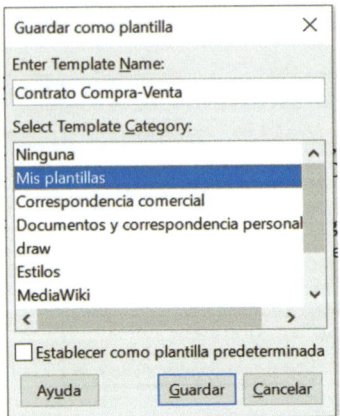

Guardar como plantilla

Para modificar una plantilla:

→   *Archivo/Plantillas/Gestionar plantillas.*

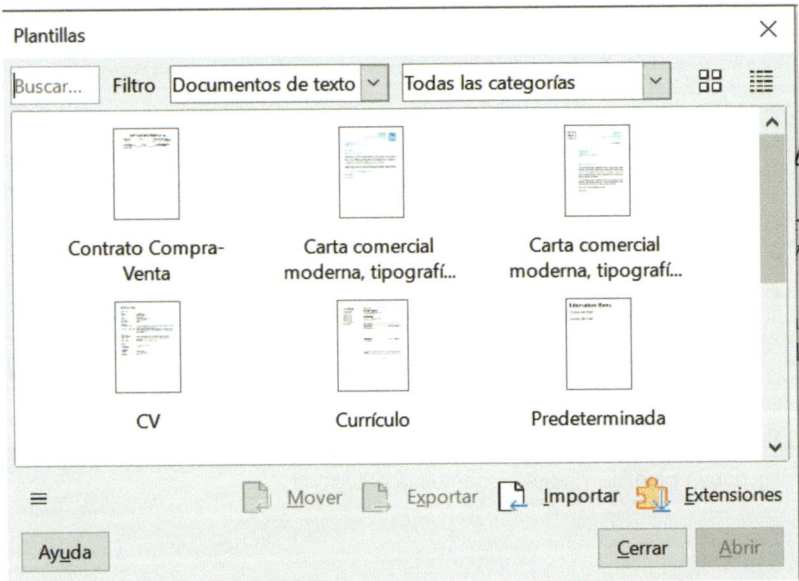

Plantillas

→   Hacemos clic con el botón derecho en la plantilla y pulsamos en *Editar*.

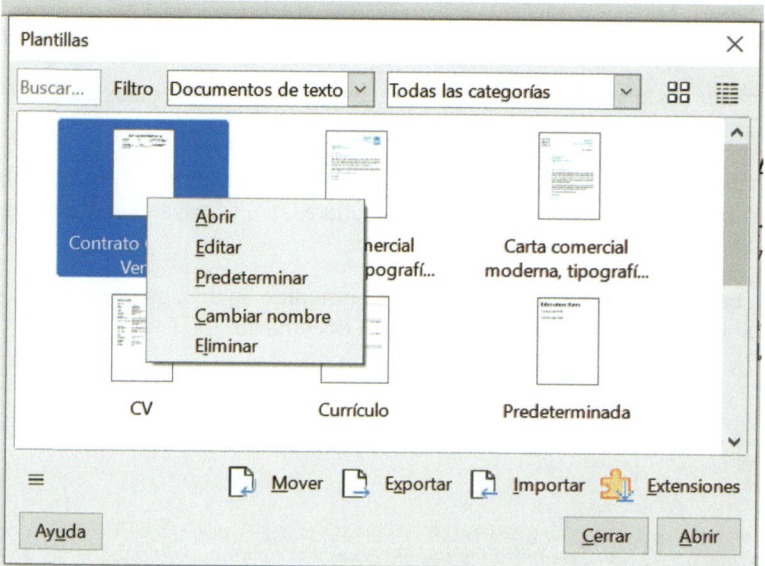

Editar

→   Hacemos las modificaciones deseadas y, posteriormente, seleccionaremos menú *Archivo/Guardar*.

5. Formularios

*Los **formularios de Writer** son unos documentos que nos permiten recopilar información de los usuarios a los que se los enviemos, como pueden ser encuestas o exámenes tipo test.*

En un formulario podremos limitar las zonas del documento que el usuario puede modificar. Esto es de gran utilidad para definir las posibles respuestas mediante cuadros desplegables, pudiendo analizar así, de una manera muy sencilla, la información que recibamos.

También podemos conectar los formularios con una base de datos para almacenar o mostrar la información almacenada.

Cuando un usuario abre un formulario, no podrá realizar ningún tipo de cambios en él, y solo podrá introducir información en los lugares que se hayan habilitado mediante campos de formulario o controles de contenido.

Un **campo de formulario o control de contenido** es un área en la que se puede introducir información después de proteger el documento.

Si no aparece la barra de herramientas de controles de formulario debemos ir al menú de **Ver/Barra de herramientas/Controles de formulario.**

Resumen

- Las plantillas que, por defecto, nos ofrece Writer están disponibles accediendo al menú *Archivo/Plantillas/Gestionar plantillas*.

- Las plantillas nos permiten tener un documento estándar que podemos variar con pocas modificaciones a fin de facilitarnos el trabajo. Podemos modificarlas y crear nuevas.

- También hemos hablado de los formularios que podemos crear desde el menú de *Formularios*. Los formularios tienen la particularidad de que podemos definir una parte fija y otra variable.

- La información que se reciba mediante el formulario podrá ser analizada posteriormente.

- Los asistentes son pequeños programas que nos ayudan a realizar tareas, solicitándonos, mediante preguntas, la información necesaria para completarlas.

UNIDAD 13

DIDÁCTICA

Trabajo con documentos largos.

Objetivos

⊡ Aprender cómo crear índices o tablas de contenido para hacer más fácil el manejo del documento.

Contenido

Introducción

1. Creación de tablas de contenido e índices

2. Referencias cruzadas

3. Títulos numerados

4. Documentos maestros y subdocumentos numerados

    4.1. Crear el documento maestro

    4.2. Características de los documentos maestros

    4.3. Crear los subdocumentos

Resumen

Introducción

Cuando trabajamos con un documento de gran tamaño, necesitamos organizarlo de alguna manera para acceder con mayor rapidez a una zona o información concreta.

Para hacer esto usamos los índices, que los podemos numerar según nuestras necesidades.

1. Creación de tablas de contenido e índices

Al crear documentos largos con diferentes capítulos y apartados, necesitaremos crear un índice o tabla de contenidos para indicar en qué página encontraremos cada uno de los apartados del documento y hacer así más fácil su uso.

Para ello necesitaremos utilizar los diferentes estilos como "Título 1" (para el título principal) y "Título 2" (para los subtítulos o subapartados).

Podemos abrir la ventana de Estilos pulsando el botón Estilos situado en la barra de herramientas del lado derecho.

Una vez tengamos establecidos los títulos de cada apartado de nuestro documento, crearemos una página en blanco para incluir ahí nuestro índice. Para ello:

- Menú *Insertar*.
- *Sumario e índice.*
- *Sumario, índice o bibliografía.*

2. Referencias cruzadas

Las **referencias cruzadas** son hipervínculos formados por campos que pueden hacer referencia a un lugar o elemento dentro del propio documento o en subdocumentos.

Para insertar las referencias o campos con referencias en el documento actual vamos a *Insertar/Campo/Más campos:*

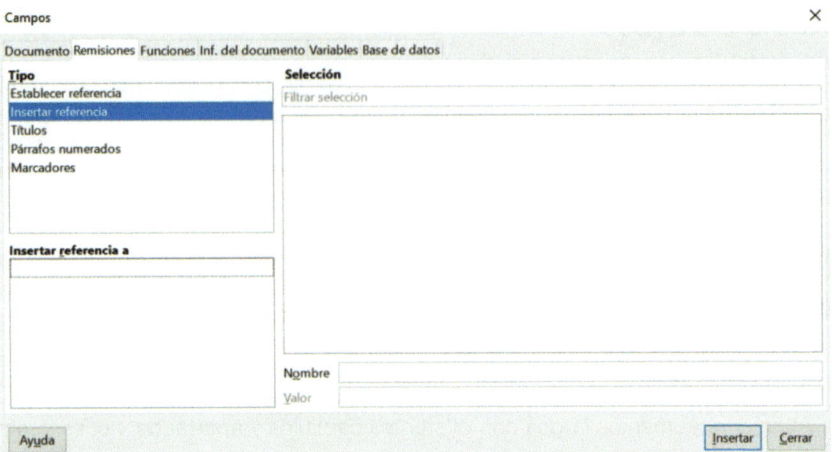

Cuadro de diálogo Campos

* **Establecer referencia:**

Con esta opción estableceremos el lugar de destino en el documento. Para ello, en la casilla *Nombre*, insertaremos el nombre con el que deseamos identificar esa posición en el documento y pulsamos en *Insertar*.

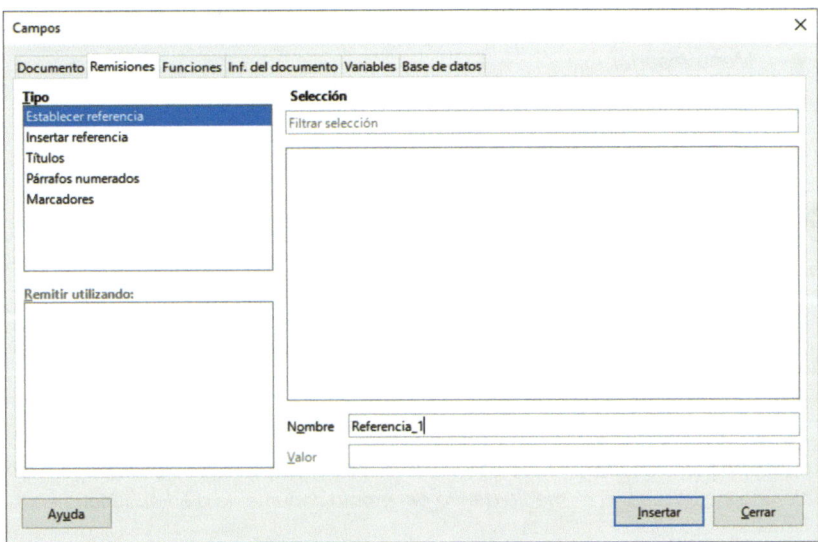

Establecemos el nombre

Al establecer la referencia para mostrar la posición debemos acceder al menú de *Ver/Marcar Campos* o pulsar la combinación de teclas Ctrl + F8. Veremos una zona sombreada en la posición en la que hemos establecido la referencia.

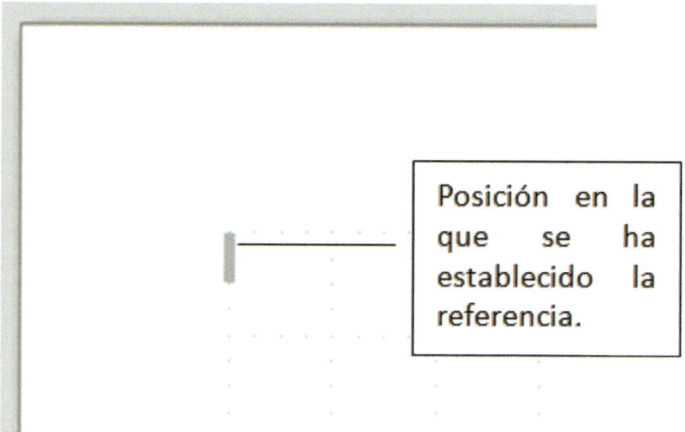

Posición en la que se ha establecido la referencia.

Ejemplo de cómo se muestra la posición de una referencia

Insertar referencia:

Permite insertar dentro del documento una referencia que hayamos previamente definido en la opción *Establecer referencia.*

Para ello, una vez establecida la referencia, debemos situarnos en la posición del documento desde la que deseamos ir a la referencia. Después volvemos al cuadro de diálogo *Campos,* ficha *Remisiones,* y elegimos *Insertar referencia en Tipos.* Se nos activan una serie de opciones en el cuadro *Remitir* en el que podemos elegir *Texto referenciado.*

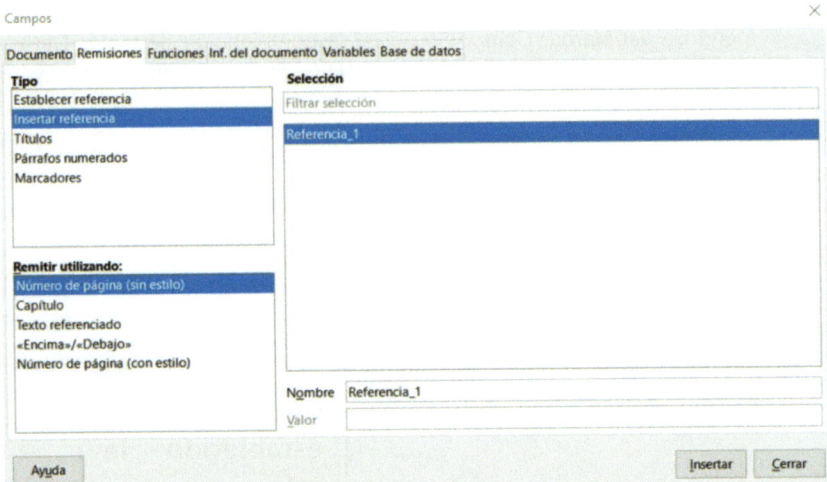

Insertar referencias

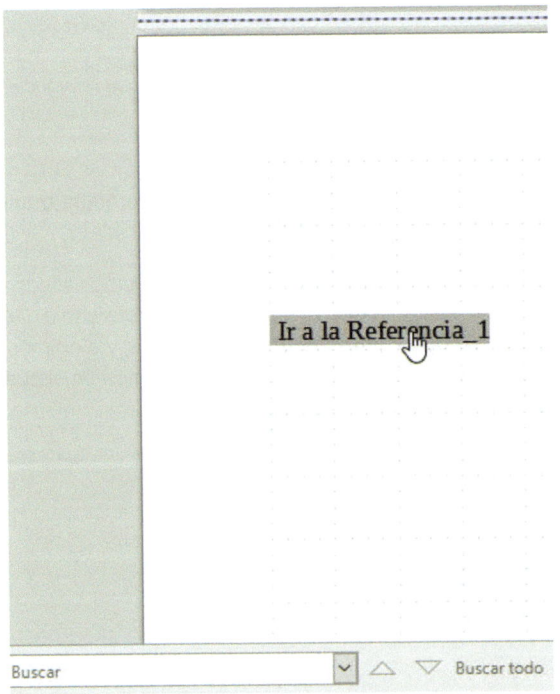

Ejemplo de cómo se nos mostrará el texto para ir a la referencia 1

✱ **Títulos:**

Si hemos utilizado estilos en nuestro documento, esta opción nos permite insertar una referencia a un texto que tenga aplicado ese estilo.

Por ejemplo, si tenemos una serie de textos al que le tenemos aplicado los estilos *Titulo 1* y *Titulo 2* en la página 3 del documento y en la página 5 quiero hacer referencia al capítulo 1 de esa página 3, seleccionamos la opción *Títulos* en el cuadro de diálogo *Campos* y, en el apartado *Remitir utilizando* seleccionamos *Número de página (sin estilo)*.

En selección se nos mostrará todo el texto que tiene aplicado el estilo *Titulo 1 y Titulo 2*. Como deseamos saber la página de capítulo 1 lo seleccionamos y pulsamos el botón *Insertar*.

Tal como vimos en el Capítulo 1 que esta en la página 3

Ejemplo

✱ **Párrafos numerados:**

Si hemos utilizado las listas numeradas con algunos párrafos del documento, también podemos insertar una referencia cruzada a un párrafo numerado.

✱ **Marcadores:**

Si hemos creado marcadores dentro de nuestro documento con la opción *Insertar/Marcadores*, podremos insertar una referencia cruzada seleccionando uno de los marcadores insertados.

3. Títulos numerados

Writer nos ofrece la posibilidad de ir numerando títulos, temas, etc., utilizando los estilos, de forma que añada un nuevo número correlativo a cada uno de esos título o temas.

La forma de realizar este proceso es el siguiente:

→ Crear el estilo que vamos a utilizar para los títulos que deseamos numerar.

→ Ir al menú *Herramientas* y seleccionar la opción *Numeración de capítulos* para personalizar la numeración del estilo.

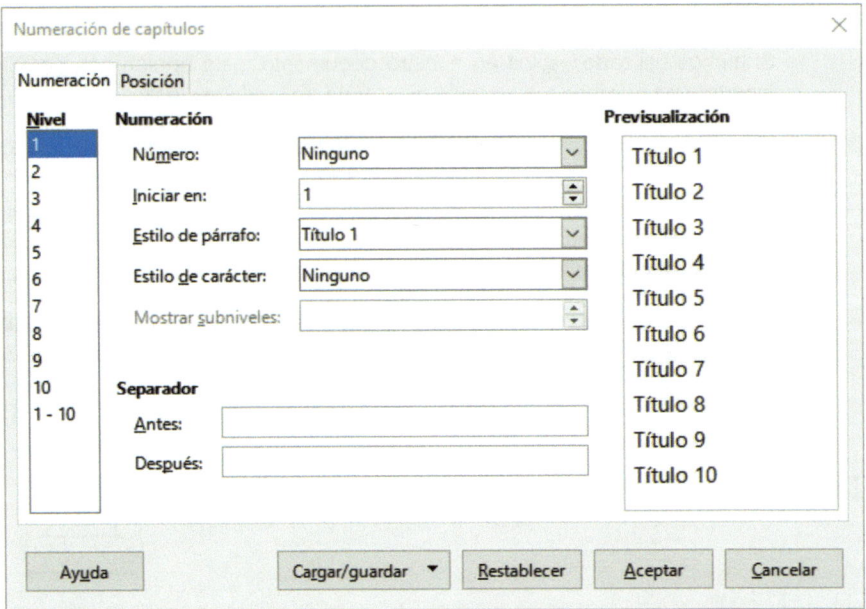

Numeración de capítulos

4. Documentos maestros y subdocumentos numerados

4.1. Crear el documento maestro

Un documento maestro nos va a permitir organizar y modificar documentos extensos dividiéndoles en ficheros más pequeños, llamados subdocumentos. Es decir, esta herramienta nos va a permitir trabajar con un único documento, dividiéndolo en varios ficheros, pero manteniendo al mismo tiempo la coherencia entre ellos.

Para crear el documento maestro lo haremos a través del menú de *Archivo/Enviar/ Crear patrón de documento*.

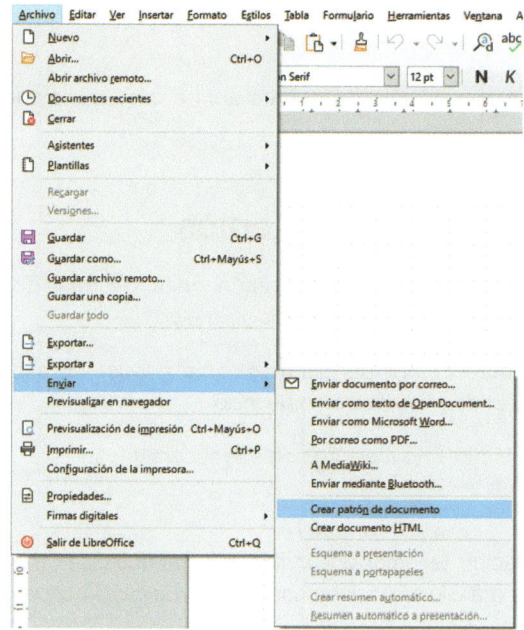

Archivo/Enviar/Crear patrón de documento

Esta opción nos permite definir en qué carpeta de nuestro ordenador se guardará el documento maestro.

4.2. Características de los documentos maestros

Al crear los documentos maestros debemos tener en cuenta las siguientes características:

- Al imprimir un documento maestro, el contenido de todos los subdocumentos, índices, texto, objetos, tablas, etc., que tengamos introducido se imprimirán.

- Los estilos que utilicemos en los subdocumentos serán importados automáticamente para el documento maestro.

- Cuando visualicemos el documento maestro, los estilos presentes en él predominan sobre los estilos con el mismo nombre que sean importados de los subdocumentos.

- Los subdocumentos nunca podrán ser modificados por cambios realizados en el documento maestro.

- Cuando añadimos un subdocumento a un documento maestro, se genera un vínculo en el documento maestro.

- Podremos usar el *Navegador* para abrir cualquier subdocumento para modificarlo.

4.3. Crear los subdocumentos

Los subdocumentos no se pueden crear ni editar desde el documento maestro, deben crearse y editarse como documentos normales.

El documento maestro nos permitirá aglutinar a todos los subdocumentos para organizar e imprimir el documento como un todo.

Para crear un documento maestro con subdocumentos:

◆ Vamos a *Archivo/Nuevo*.

◆ A continuación, tenemos que indicar a Writer que este fichero es el documento maestro, para ello seleccionamos *Archivo/Enviar/Crear patrón de documento*.

◆ Indicamos la ubicación en la que deseamos guardar el fichero y el nombre.

◆ Se activa un cuadro que es el *Navegador*.

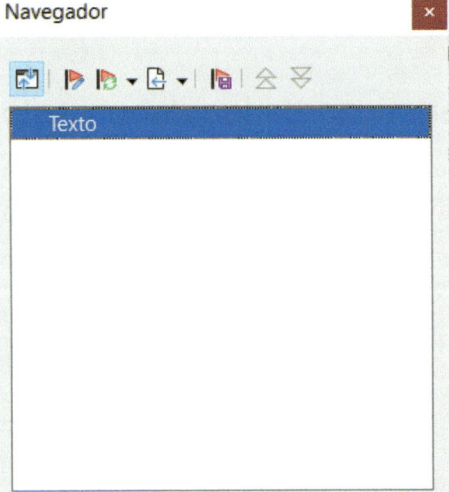

Navegador

◆ Insertamos texto en el documento maestro y, a continuación, insertamos los subdocumentos que ya teníamos creados previamente.

◆ Hacemos clic en la palabra Texto, desplegamos la lista que tenemos en el botón *Insertar* 📥 ▾ del *Navegador* y seleccionamos *Archivo*.

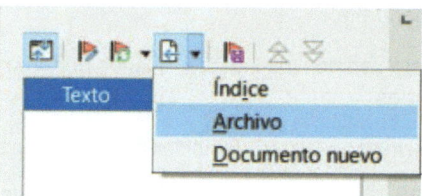

Insertar/Archivo

◆ Seleccionamos el fichero que deseamos insertar y repetimos los mismos pasos para seleccionar el siguiente fichero.

◆ Para cambiar el orden de los textos pulsamos en las teclas *Subir* o *Bajar* del navegador ⇧ ⇩.

Podemos generar un índice de todo el contenido del documento maestro. Para ello vamos a menú **Insertar/Sumario e índice/Sumario índice y bibliografía**.

Resumen

- Cuando trabajamos con un documento de gran tamaño, necesitaremos organizarlo de alguna manera para acceder con mayor rapidez a una zona o información concreta.

- Para hacer esto usamos los índices, que los podemos numerar según nuestras necesidades.

- Los estilos permiten a Writer identificar dónde empieza cada capítulo.

- Los documentos maestros permiten organizar y modificar documentos extensos dividiéndolos en subdocumentos más pequeños y fáciles de controlar.

Unidad Didáctica 14

Fusión de documentos procedentes de otras aplicaciones del paquete ofimático utilizando la inserción de objetos del menú Insertar.

Objetivos

▣ Aprender cómo incorporar a nuestro documento otros que contengan información que nos interese mostrar y no sea necesario volver a transcribirla.

Contenido

Introducción

Podemos incluir en nuestro documento otros datos que hayamos creado, como, por ejemplo, una hoja de cálculo o una presentación, evitando así tener que volver a escribirlos. A esto lo llamaremos fusión de documentos.

1. Objeto OLE

Un objeto OLE (por sus siglas en inglés, Object Linking and Embedding u Objeto Enlazado y Vinculado) es un estándar que permite insertar y vincular objetos (imágenes, sonidos, vídeos, etc.) en un documento de texto o en cualquier otro tipo de documento, como una presentación, hoja de cálculo, etc., lo que permite utilizarla entre aplicaciones muy diversas.

Un objeto vinculado es una referencia a la información en otro documento.

Vincularemos objetos cuando queramos utilizar la misma información en más de un documento.

Si cambiamos la información original, solo será necesario actualizar los enlaces para actualizar el documento que contiene los objetos OLE.

Podemos configurar los enlaces para que se actualicen automáticamente.

Cuando vinculamos un objeto debemos mantener el acceso a la aplicación de origen y al documento vinculado.

Cuando insertamos un nuevo objeto OLE en un documento, se incrusta; es decir, el objeto está disponible solo en ese documento y solo se puede editar utilizando Writer.

Tanto la vinculación como la inserción incorporan información de un documento en otro documento, pero los métodos en los que se almacena dicha la información son diferentes.

También son diferentes a la hora de copiar y pegar información directamente porque podemos abrir y editar los objetos en las aplicaciones que los crearon.

Un objeto OLE incrustado es una copia de información de otro documento. Cuando incrustamos objetos no hay un vínculo al documento de origen, y los cambios realizados en el documento de origen no se reflejan en el documento de destino.

Incrustaremos objetos si queremos poder usar la aplicación que los creó para editar, pero no queremos que el objeto OLE se actualice cuando editemos la información en el documento de origen.

■ Insertar un objeto en OLE en un documento

Para insertar un objeto Ole en un documento:

- Clic en la zona del documento en el que deseamos insertar el objeto.

- Menú *Insertar/Objeto/Objeto OLE*.

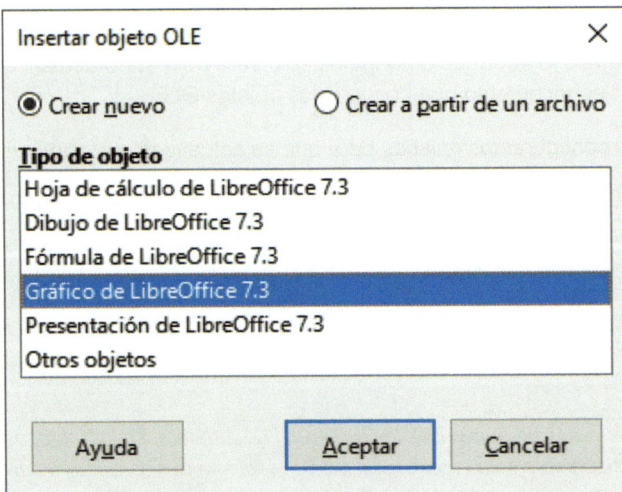

Insertar objeto OLE

2. Con hojas de cálculo

2.1. Introducción

En unidades anteriores hemos visto que podemos hacer tablas con Writer, pero también tenemos la posibilidad de incorporar a nuestro documento una hoja de cálculo creada con otra aplicación.

Pero para insertar la aplicación de la hoja de cálculo en el documento de Writer:

* Vamos a menú *Insertar/Objeto/Objeto OLE*.

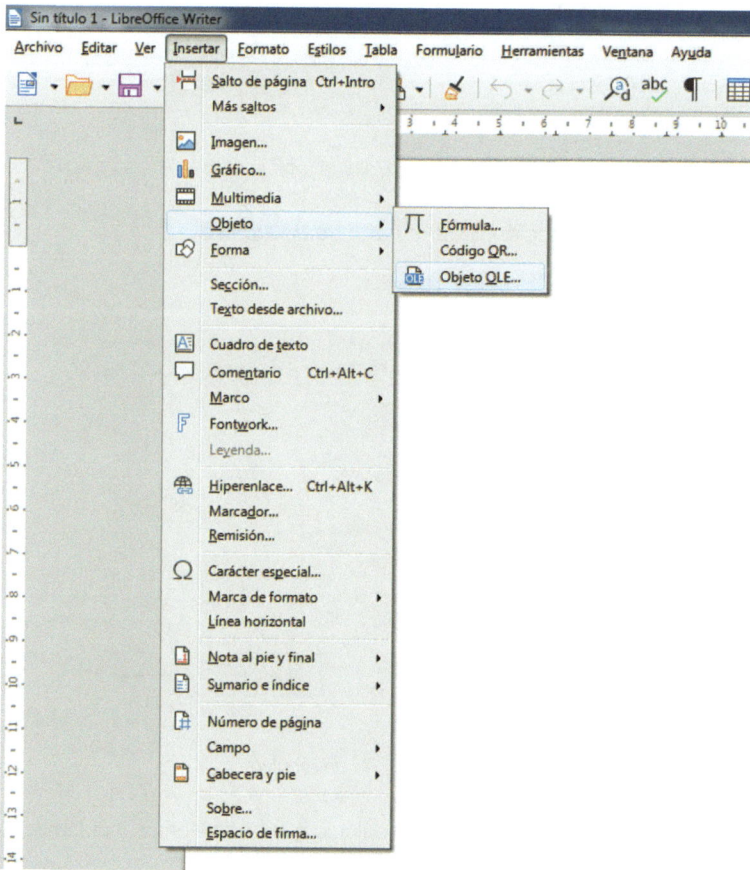

Insertar/Objeto/Objeto OLE

✳ Nos mostrará una ventana donde elegimos la aplicación. En este caso la *Hoja de cálculo.*

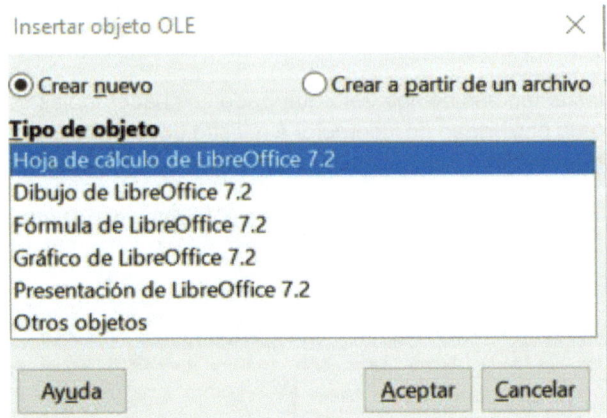

Cuadro de diálogo Insertar objeto OLE

✳ Y marcamos la opción *Crear a partir de un archivo.*

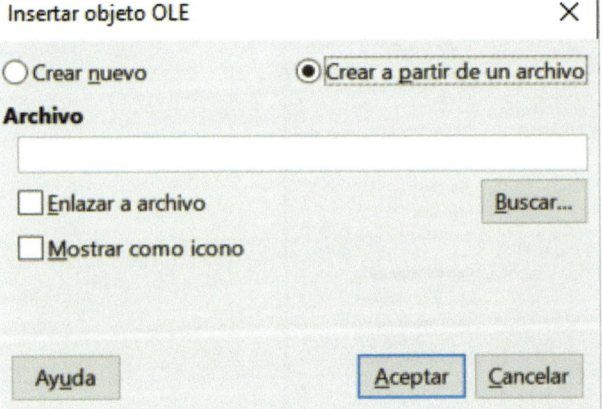

Crear a partir de un archivo

✳ Buscamos el archivo de hoja de cálculo que necesitemos y pulamos Aceptar.

2.2. Cambiar el tamaño del objeto

> *Cuando seleccionamos un objeto de hoja de cálculo se trata como cualquier otro objeto.*

Para cambiar el tamaño del área ocupada por la hoja de cálculo realizaremos los siguientes pasos:

→　Hacemos doble clic en el objeto para ingresar al modo de edición.

→　Movemos el puntero del ratón sobre uno de los controles que aparecen en los puntos medios y en las esquinas.

Persona	Sexo	Edad	Hijos	Tipo	Sueldo
Pedro	H	33	4	Contratado	4880
Luis	H	48	3	Nombrado	4860
Ana	M	20	3	Nombrado	4170
Juan	H	50	1	Nombrado	3810
María	M	27	1	Nombrado	2570
Federico	H	33	2	Contratado	1980
Teresa	M	33		Contratado	2730
Ricardo	H	31	3	Nombrado	2920
Carla	M	43	3	Contratado	3660
Mónica	M	47	3	Contratado	2450
Rodrigo	H	38	1	Nombrado	3840
Manuel	H	37	1	Contratado	3040
Jorge	H	32	2	Nombrado	1350
Sandro	H	41		Nombrado	4110
Rosa	M	46	2	Contratado	3270

Ejemplo de control de tamaño

→　Hacemos clic y mantenemos presionado el botón izquierdo del ratón mientras arrastramos el ratón.

*Otra posibilidad de mover el objeto insertado de la hoja de cálculo es utilizando la opción de **Cortar/Pegar**.*

2.3. Mover el objeto

Mover un objeto de hoja de cálculo y cambiar su posición dentro del documento se realiza de la misma manera que con cualquier otro objeto de Writer:

- Seleccionamos el objeto y desplazamos el puntero del ratón sobre el objeto.

- Movemos el cursor sobre el objeto hasta que el cursor cambie a un aspa:

Persona	Sexo	Edad	Hijos	Tipo	Sueldo
Pedro	H	33	4	Contratado	4880
Luis	H	48	3	Nombrado	4860
Ana	M	20	3	Nombrado	4170
Juan	H	50	1	Nombrado	3810
María	M	27	1	Nombrado	2570
Federico	H	33	2	Contratado	1980
Teresa	M	33		Contratado	2730
Ricardo	H	31	3	Nombrado	2970
Carla	M	43	3	Contratado	3660
Mónica	M	47	3	Contratado	2450
Rodrigo	H	38	1	Nombrado	3840
Manuel	H	37	1	Contratado	3040
Jorge	H	32	2	Nombrado	1350
Sandro	H	41	✛	Nombrado	4110
Rosa	M	46	2	Contratado	3270

Ejemplo de cursor en aspa

- Hacemos clic y arrastramos el objeto a la posición deseada.

*Otra posibilidad de mover el objeto insertado de la hoja de cálculo es utilizando la opción de **Cortar/Pegar**.*

2.4. Editar el objeto

Para editar la hoja de cálculo realizaremos los siguientes pasos:

◆ Clic encima de la hoja de cálculo para seleccionarla.

◆ Menú *Editar/Objeto/Editar.*

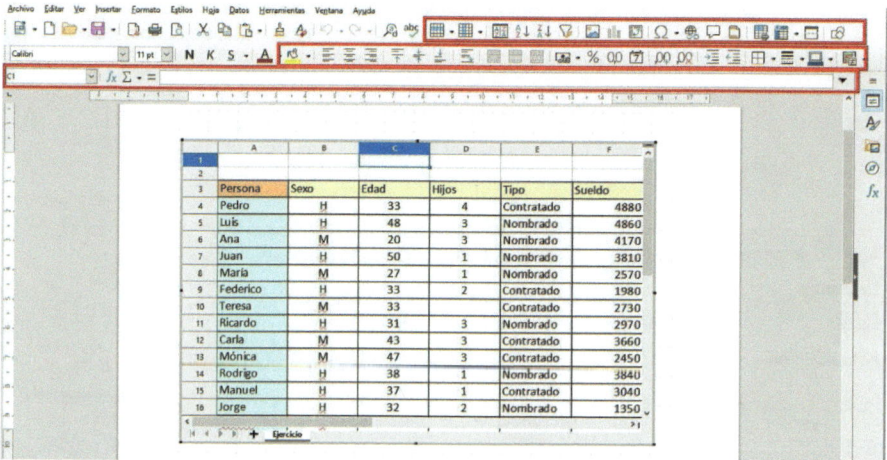

Algunas de las barras de herramientas cambian para poder realizar la edición

2.5. Eliminar el objeto

Para eliminar la hoja de cálculo insertada:

■ Seleccionar la hoja de cálculo haciendo clic en ella.

■ Pulsar la tecla Supr del teclado.

2.6. Editar los enlaces externos

Si deseamos modificar, actualizar o desenlazar la hoja de cálculo que hemos vinculado con nuestro fichero de Writer, vamos al menú *Editar/Enlaces externos.*

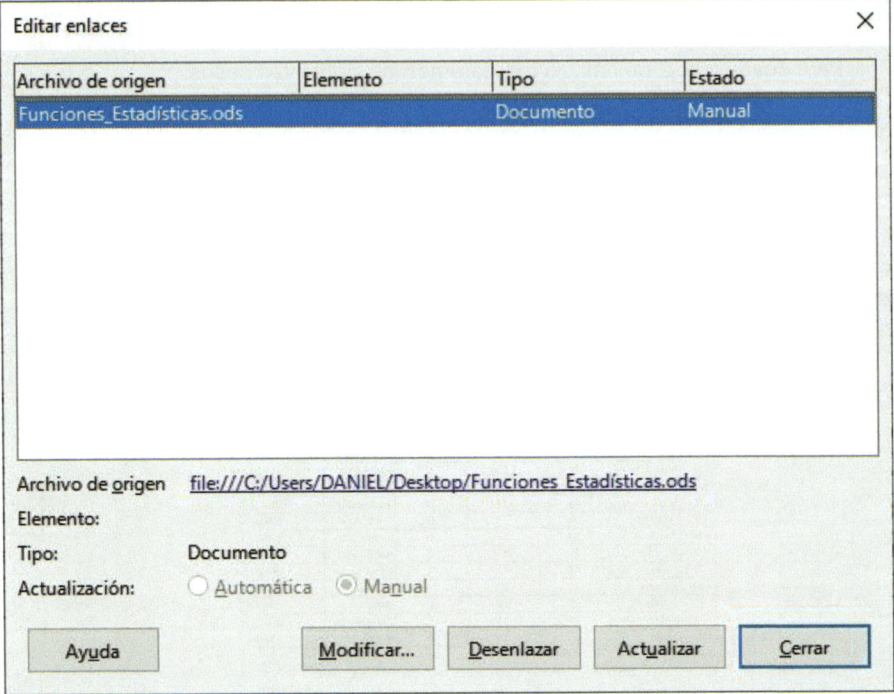

Editar enlaces

✳ **Modificar:**

Permite cambiar el archivo de origen del enlace en el caso, por ejemplo, de haberlo movido a otra carpeta o que lo hayamos renombrado.

✳ **Desenlazar:**

Rompe el enlace entre el archivo origen y el actual, es decir, quedará incrustado en el documento con el contenido más reciente del archivo origen.

✳ **Actualizar:**

Permite actualizar el enlace seleccionado para el documento cuando hayamos modificado los datos en el documento origen.

2.7. Otras acciones con el objeto

→ Cambiar el ajuste del objeto con el texto: en el menú contextual, hacemos clic en *Ajuste*.

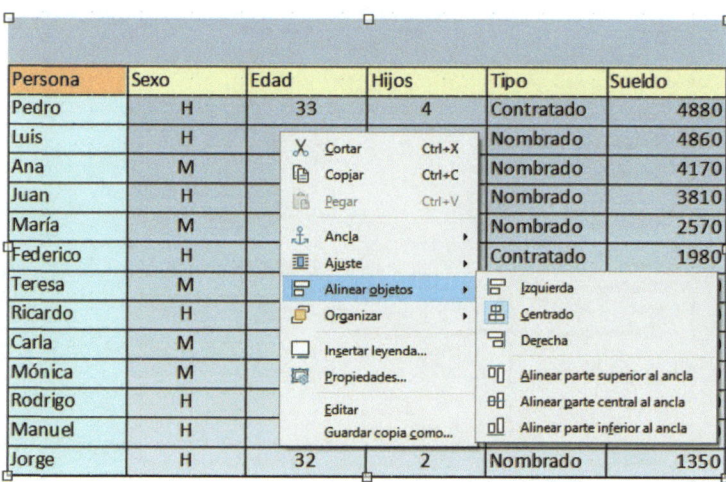

Menú contextual/Ajuste

→ Alinear el objeto tanto en sentido vertical como horizontal: en el menú contextual, hacemos clic en *Alinear objetos*.

Persona	Sexo	Edad	Hijos	Tipo	Sueldo
Pedro	H	33	4	Contratado	4880
Luis	H			Nombrado	4860
Ana	M			Nombrado	4170
Juan	H			Nombrado	3810
María	M			Nombrado	2570
Federico	H			Contratado	1980
Teresa	M				2730
Ricardo	H				2970
Carla	M				3660
Mónica	M				2450
Rodrigo	H				3840
Manuel	H				3040
Jorge	H	32	2	Nombrado	1350

Menú contextual/Alinear objetos

→ Organizar el objeto; la posición del objeto con relación a otros objetos del documento: en el menú contextual, hacemos clic en *Organizar*.

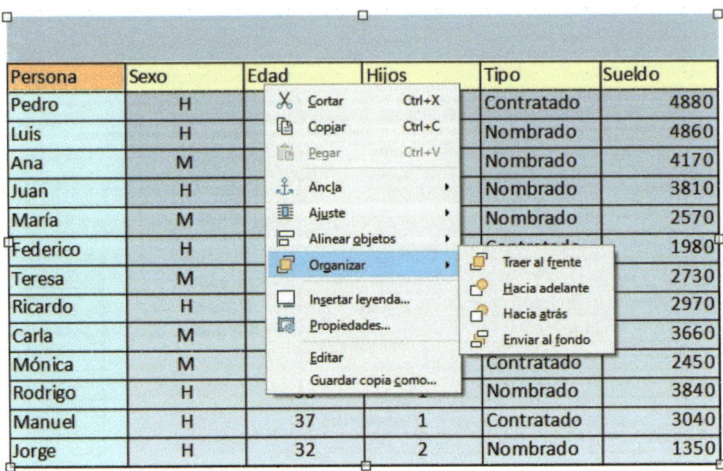

Menú contextual/Organizar

→ En la opción *Propiedades* del menú contextual podemos acceder a otras configuraciones como aplicar un borde, color de área, etc.

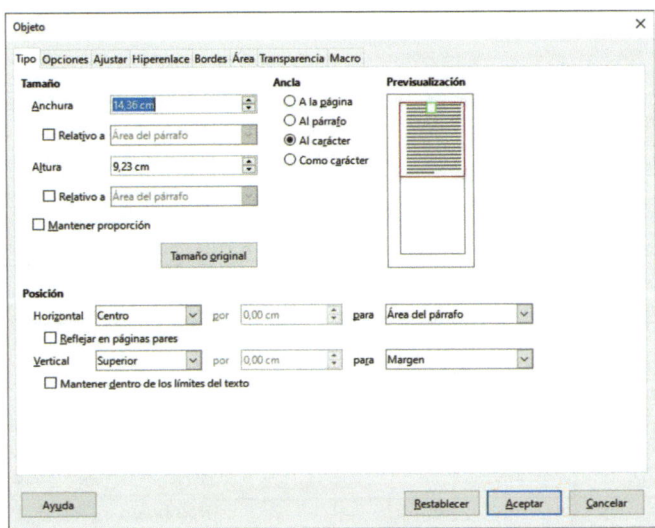

Cuadro de diálogo Objeto

3. Con base de datos

Una base de datos es un fichero que puede contener diferentes elementos, como tablas, informes o consultas, y dichos elementos los podemos editar desde Writer.

Para trabajar con estos elementos en Writer, lo más recomendable es que los exportemos desde la base de datos como documentos texto.

Pasos a seguir para insertar un elemento de la base de datos en Writer:

- Abrimos la base de datos y el informe.

- Con la opción *Guardar como* del menú de *Archivo* guardamos el objeto.

- Abrimos el documento de Writer en el que deseamos insertar el informe.

- Seleccionamos en el menú *Insertar* la opción *Objeto/Objeto OLE*.

- Activamos la opción *Crear a partir de un archivo*.

- Pulsamos en el botón *Buscar* para seleccionar el fichero texto, creado a partir del informe.

- Si deseamos que los datos se actualicen cuando cambien en el fichero origen, activamos la casilla *Enlazar a archivo*.

- Si deseamos que, en lugar de mostrarse los datos, se muestre un icono activamos la casilla *Mostrar como icono*.

- Pulsamos el botón *Aceptar.*

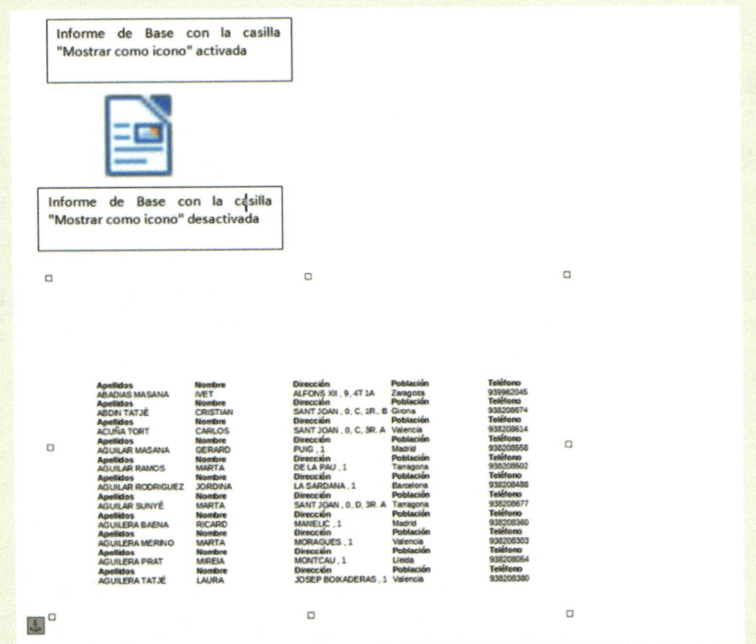

Ejemplo de cómo se mostraría el informe con la casilla Mostrar como icono activada y cómo se mostraría con la casilla desactivada

En el caso de no poder exportarlos a formato texto podemos realizar los siguientes pasos:

- Abrimos la base de datos.
- Seleccionar la tabla.
- Copiamos la tabla
- Abrimos el documento de Writer.
- Pulsamos el botón derecho en la posición en la que deseamos pegar la tabla.
- Seleccionamos la opción Pegado Especial/Más opciones/Formato de texto enriquecido (RTF).

4. Con gráficos

◆ **Crear un gráfico:**

Los pasos para crear un gráfico son:

● Accedemos al menú *Insertar/Objetos/Objeto OLE.*

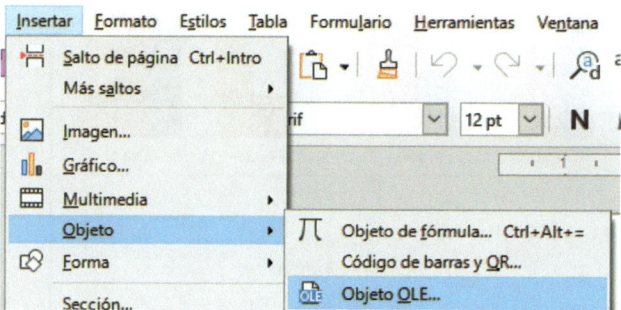

Insertar/Objetos/Objeto OLE

● En el cuadro de diálogo *Insertar objeto OLE* seleccionamos la opción *Otros objetos.*

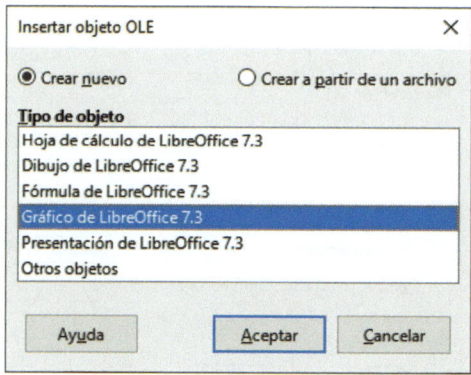

Cuadro de diálogo Insertar objeto OLE

● Pulsamos el botón *Aceptar* y se nos muestra un gráfico en el documento de Writer que podemos modificar.

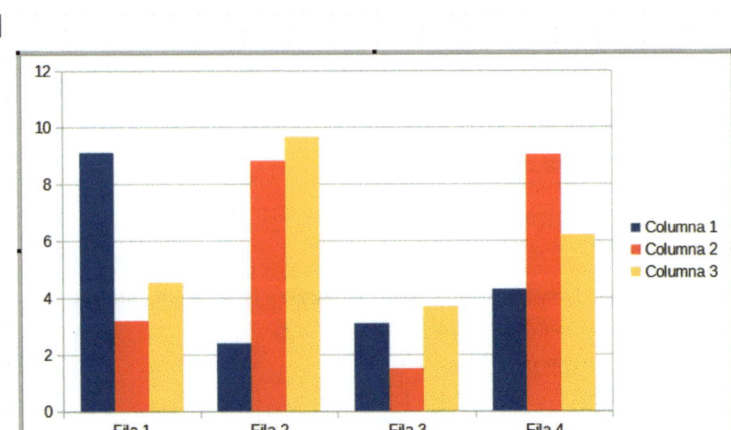

Gráfico

◆ **Insertar un gráfico ya creado:**

● Abrimos el documento de Writer en el que queremos insertar la presentación.

● Hacemos clic en el menú Insertar y seleccionamos *Objeto/Objeto OLE*.

● Seleccionamos la opción *Crear del fichero*.

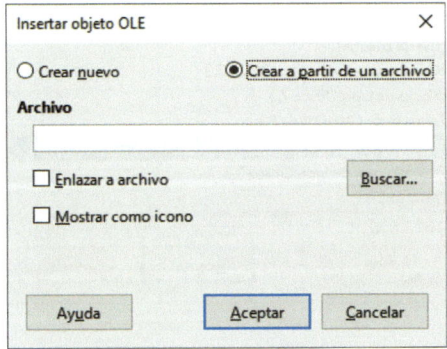

Cuadro de diálogo Insertar objeto OLE

● Pulsamos en el botón *Buscar* y seleccionamos el fichero en el que tenemos el gráfico que deseamos insertar en nuestro documento.

- Podemos activar las opciones *Enlazar fichero* para que se actualice el gráfico en Writer cuando se realice algún cambio en Calc.

- Podemos activar la opción *Mostrar como icono* en lugar de que se muestre el gráfico.

- Pulsamos *Aceptar*.

5. Con presentaciones

Writer también nos permite insertar como objetos en un documento las presentaciones realizadas con Impress o crear nuevas en Writer.

Para insertar una presentación nueva en Writer seguiremos los siguientes pasos:

- ■ Abrimos el documento de Writer en el que queremos insertar la presentación.

- ■ Hacemos clic en el menú de *Insertar/Objeto/Objeto OLE.*

- ■ Seleccionamos la opción *Presentación de LibreOffice 7.3* en el cuadro de diálogo.

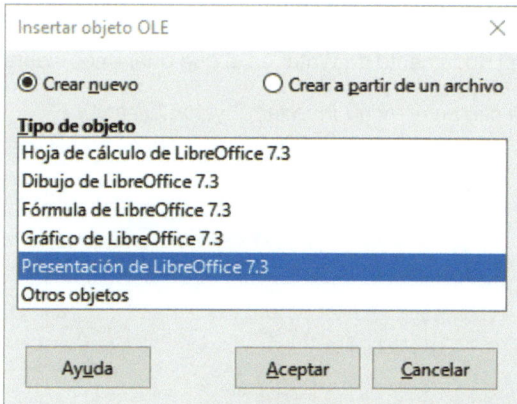

Insertar Objeto OLE

- ■ Se nos muestra en Writer una diapositiva de la presentación de Impress para que procedamos a crearla.

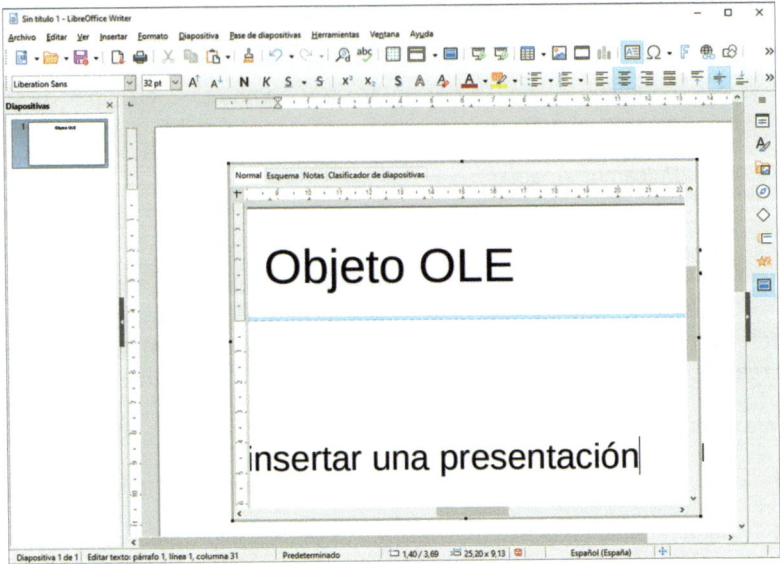

Diapositiva insertada en Writer

Para insertar una presentación ya creada:

✳ Abrimos el documento de Writer en el que queremos insertar la presentación.

✳ Hacemos clic en el menú *Insertar/Objeto/Objeto OLE.*

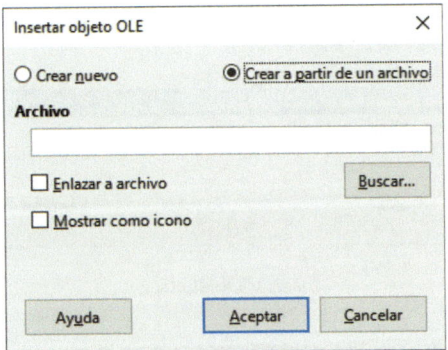

Insertar objeto OLE

✳ Pulsamos en el botón *Buscar* y seleccionamos la presentación que desea-mos insertar en nuestro documento.

Resumen

- Los objetos OLE son un estándar que permite insertar y vincular objetos (dibujos, gráficos, presentaciones, etc.), en documentos de texto.

- Si insertamos información de cualquier programa que admite OLE podemos insertarla como objeto vinculado o enlazado.

- Los objetos enlazados se guardan en el documento en el que están insertados y no se actualizan, sin embargo, los objetos vinculados permanecen como ficheros independientes y actualizan cuando se modifica el fichero origen.

U NIDAD
DIDÁCTICA **15**

Utilización de las herramientas de revisión de documentos y trabajo con documentos compartidos.

Objetivos

- ⊡ Aprender cómo insertar comentarios en nuestro documento.
- ⊡ Aprender a trabajar con documentos compartidos.
- ⊡ Aprender a controlar los cambios realizados.

Contenido

Introducción

Cuando varias personas trabajan con un mismo documento es de gran utilidad controlar de alguna manera los cambios que se van realizando.

1. Inserción de comentarios

En Writer tenemos la posibilidad de incluir comentarios en nuestro documento.

Para ello usaremos la opción menú *Insertar/Comentario*.

Por defecto Writer está configurado para que se muestren los comentarios, pero, si lo deseamos, podremos ocultarlos en el menú *Ver/Comentarios*.

Los comentarios realizados por distintos usuarios se reflejarán en el documento con colores diferentes para que podamos identificarlos más fácilmente.

En los comentarios disponemos de una flecha que despliega diferentes opciones para el comentario:

Responder

Resuelto

Hilo resuelto

Eliminar comentario

Eliminar hilo de comentarios

Eliminar todos los comentarios de Maria Suarez

Eliminar todos los comentarios

Formatear todos los comentarios...

Opciones para el comentario

Writer nos permite imprimir los comentarios del documento. Podemos establecer la configuración que deseamos utilizar para la impresión de los comentarios.

Para establecer la configuración por defecto debemos hacerlo en Herramientas/ Opciones/LibreOffice Writer/Imprimir.

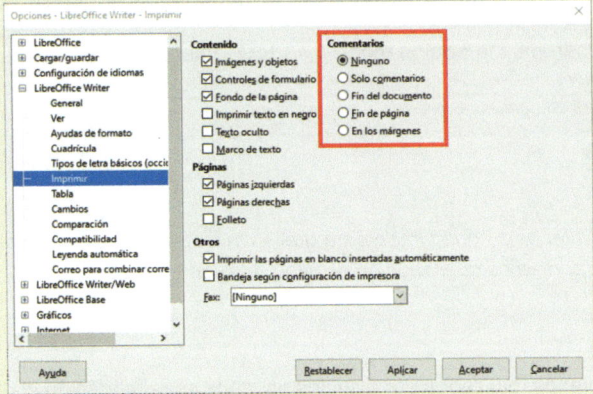

Cuadro de diálogo Opciones

Si lo que queremos es modificar esa configuración a la hora de imprimir un determinado documento, lo modificaremos en Archivo/Imprimir/LibreOffice Writer.

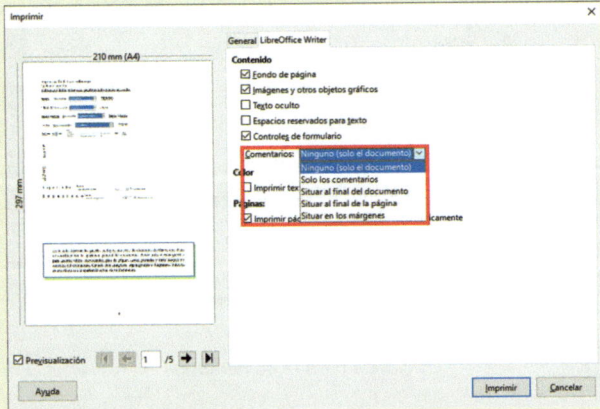

Cuadro de diálogo Imprimir

2. Control de cambios de un documento

2.1. Seguimiento de cambios

Si trabajamos con otras personas en la creación de un mismo documento necesitaremos controlar qué parte escribe cada uno y las modificaciones que vamos haciendo.

Para acceder al control de cambios:

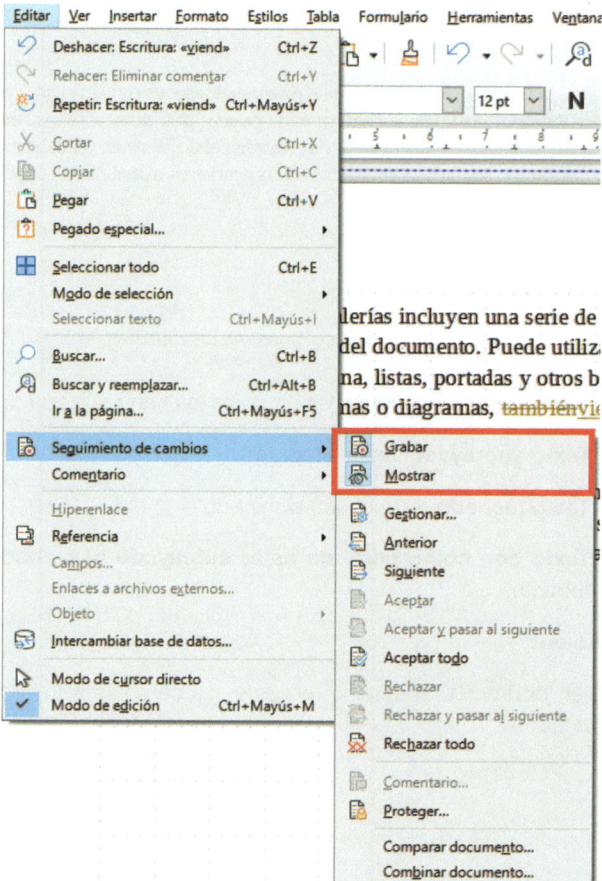

Editar/Seguimiento de cambios

■ **Grabar:**

La opción *Grabar* nos permite guardar cualquier cambio que se realice en el documento.

■ **Mostrar:**

Para ver los distintos cambios que se realizan en el documento.

En la ficha Insertar, las galerías incluyen una serie de elementos diseñados con el fin de coordinar con la apariencia general del documento. Puede utilizar estas galerías para insertar tablas, encabezados, pies de página, listas, portadas y otros bloques de creación del documento. Cuando crea imágenes, organigramas o diagramas, ~~también~~viend se coordinan con la apariencia actual de su documento.

Texto añadido despues de activar seguimiento de los cambios.

En la ficha Insertar, ~~lasd~~ **incluyen** una serie de elementos diseñados con el fin de coordinar con la apariencia general del documento. Puede utilizar estas galerías para insertar tablas, encabezados, pies de página, listas, portadas y otros bloques de creación del documento. Cuando crea imágenes, organigramas o diagramas, también se coordinan con la apariencia actual de su documento.

Texto Añadido por otro usuario

Ejemplo de cómo se muestran los cambios

◆ **Texto con dos colores**: los cambios los han realizado dos personas.

◆ **Texto subrayado**: texto añadido.

◆ **Texto tachado**: el texto fue eliminado.

◆ **Texto con color, pero sin estar subrayado ni tachado:** cambio de formato.

■ **Gestionar:**

También podremos aceptar o rechazar los cambios a través de la opción *Gestionar.*

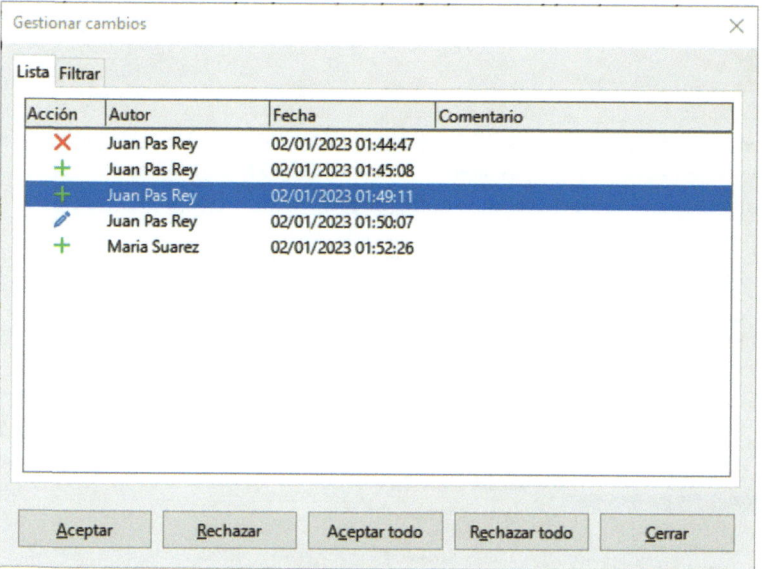

Cuadro de diálogo Gestión de cambios

Aceptar o rechazar los cambios:

Los cambios realizados en los documentos podemos aceptarlos o rechazarlos pulsando el botón izquierdo del ratón encima del texto modificado y seleccionando la opción *Aceptar cambio o Rechazar cambio. O desde Editar/ Seguimiento de cambios.*

La forma en la que Writer muestra los cambios introducidos se puede cambiar a través del menú Herramientas/Opciones/LibreOffice Writer/Cambios.

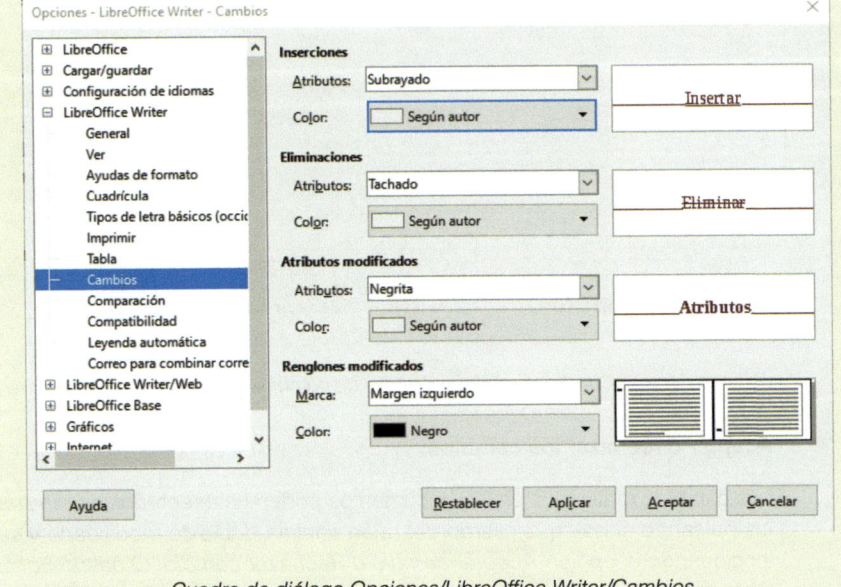

Cuadro de diálogo Opciones/LibreOffice Writer/Cambios

2.2. Versiones

Otra forma de saber los cambios realizados en un documento por distintas personas es la opción *Versiones* que tenemos en el menú *Archivo*.

Cada vez que guardemos el documento con esta opción tendremos una versión y repetiremos este proceso tantas veces como necesitemos.

*Esta opción solo la tendremos activa una vez hayamos guardado el documento la primera vez con la opción **Guardar** del menú de Archivo.*

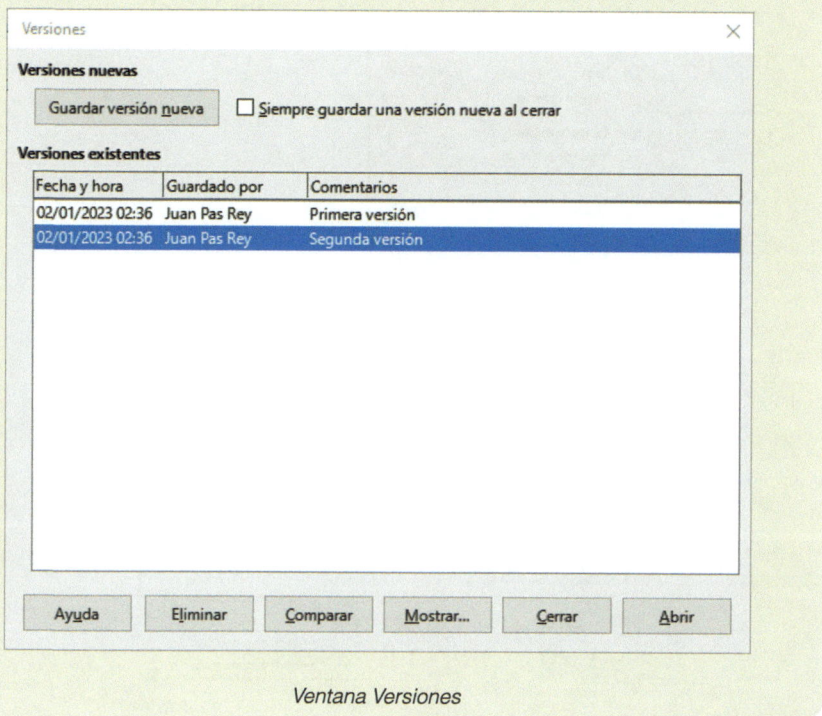

Ventana Versiones

3. Comparar documentos

En Writer podemos comparar dos documentos.

Si queremos comparar el documento que tenemos abierto con otro que tengamos guardado:

✳ *Editar/Seguimiento de cambios/Comparar documentos*:

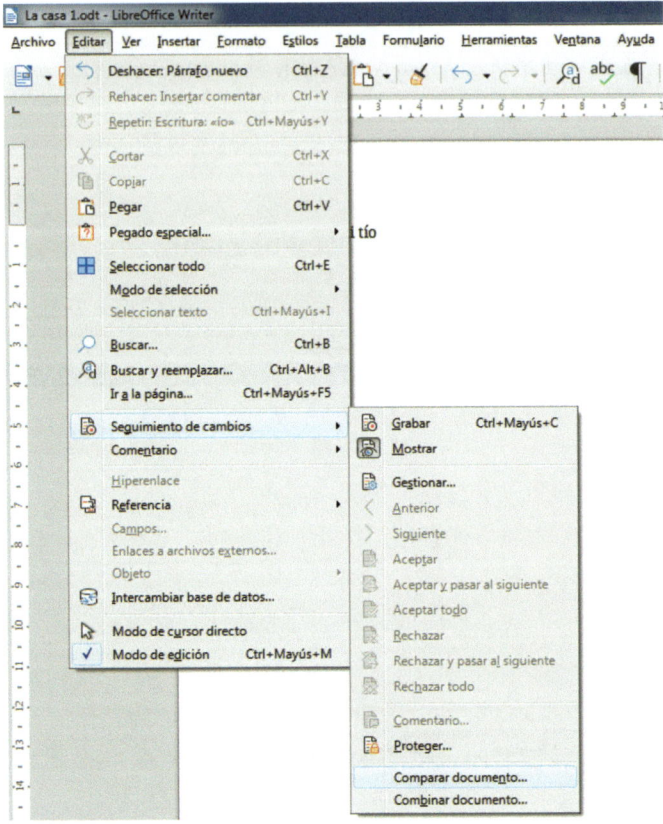

Editar/Seguimiento de cambios/Comparar documento

✳ Se abrirá la siguiente ventana donde se nos pide que indiquemos la ubicación en la que se encuentra el archivo con el que queremos compararlo:

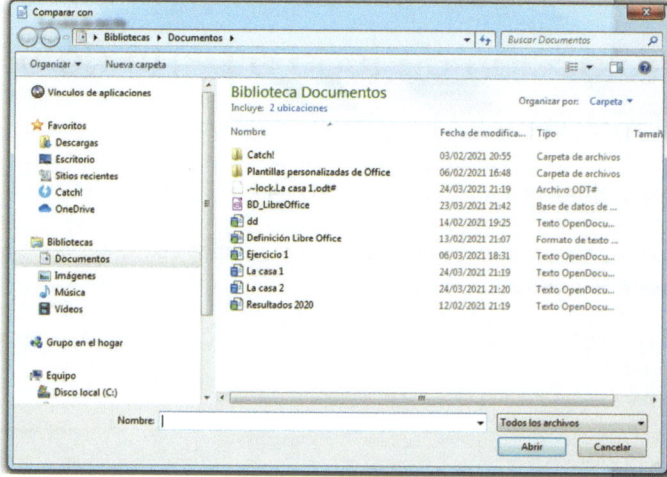

Comparar con

✳ A continuación, se mostrarán en la pantalla las variaciones existentes y si queremos aceptarlas o rechazarlas:

La casa de ~~mi tíopepito~~

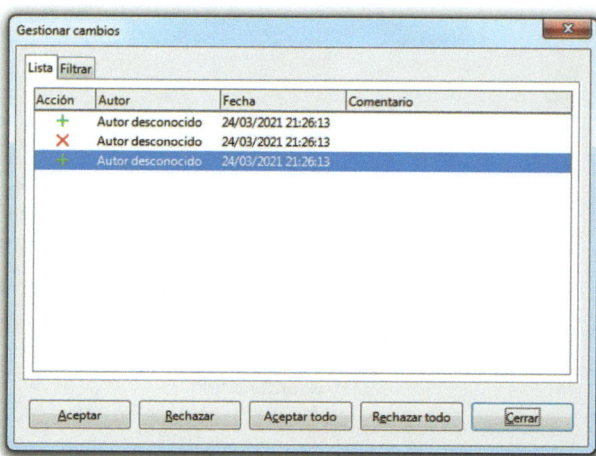

Gestionar cambios

4. Protección de todo o parte de un documento

4.1. Proteger con contraseña

Si queremos proteger el documento que hemos creado con Writer, podemos añadirle una **contraseña** al guardarlo.

Para hacer esto, guardamos como y en el cuadro de diálogo activamos la opción *Guardar con contraseña*:

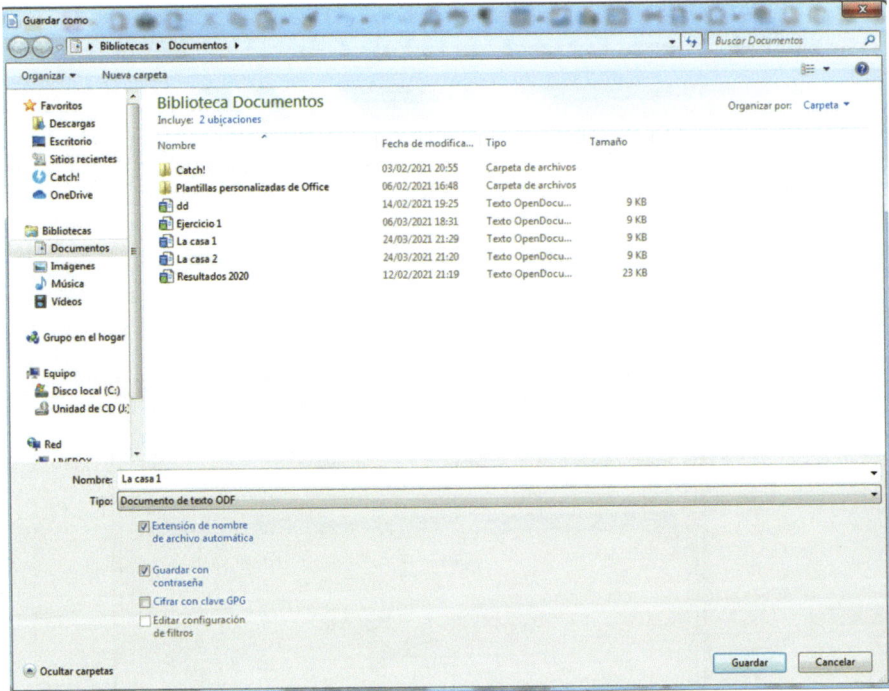

Guardar como

4.2. Proteger el documento para que solo se pueda abrir en modo lectura

Podemos proteger el documento para que solo se abra en modo de solo lectura. Para ello:

→ En el cuadro de diálogo *Definir contraseña* desplegamos el botón + de *Opciones*.

→ Activamos la casilla *Abrir archivo solo para lectura*.

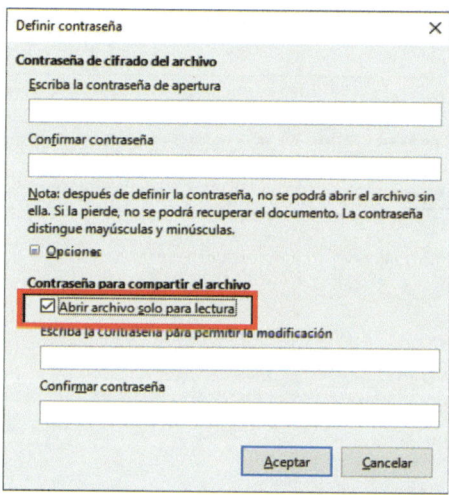

Definir contraseña

→ Pulsamos *Aceptar*.

El modo de solo lectura se puede desactivar a través de la opción Editar/Modo edición, por lo que es aconsejable introducir una contraseña para permitir efectuar las modificaciones.

De esta forma, cuando alguien abre un fichero protegido con contraseña para las modificaciones y seleccione Editar/Modo edición, se mostrará un cuadro de diálogo para introducir la contraseña para poder efectuar los cambios.

4.3. Proteger solo ciertas partes del documento

● **Proteger imágenes:**

Podemos proteger el contenido, posición y tamaño tanto de las imágenes insertadas como de los marcos y objetos OLE. Para ello seguiremos los siguientes pasos:

◆ Activamos el menú contextual de la imagen y seleccionamos *Propiedades*.

◆ Hacemos clic en la ficha *Opciones* y activamos las casillas que nos interesen en función de lo que deseamos proteger.

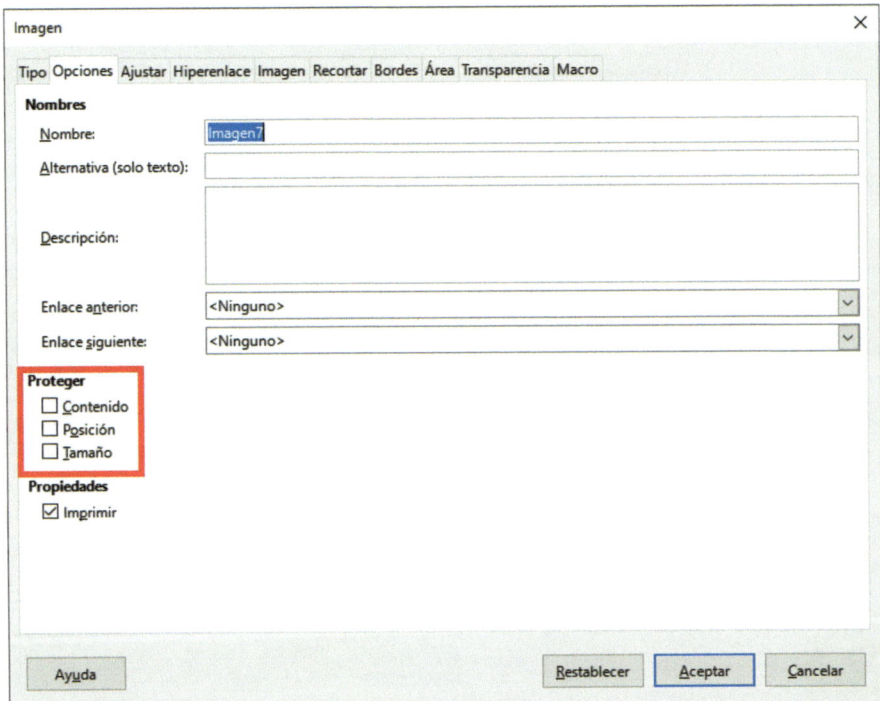

Cuadro de diálogo Imagen

● **Proteger secciones:**

Si estamos creando una sección a través de *Insertar/Sección.*

♦ Activamos la casilla *Proteger.*

♦ Activamos la casilla *Con contraseña* e introducimos una.

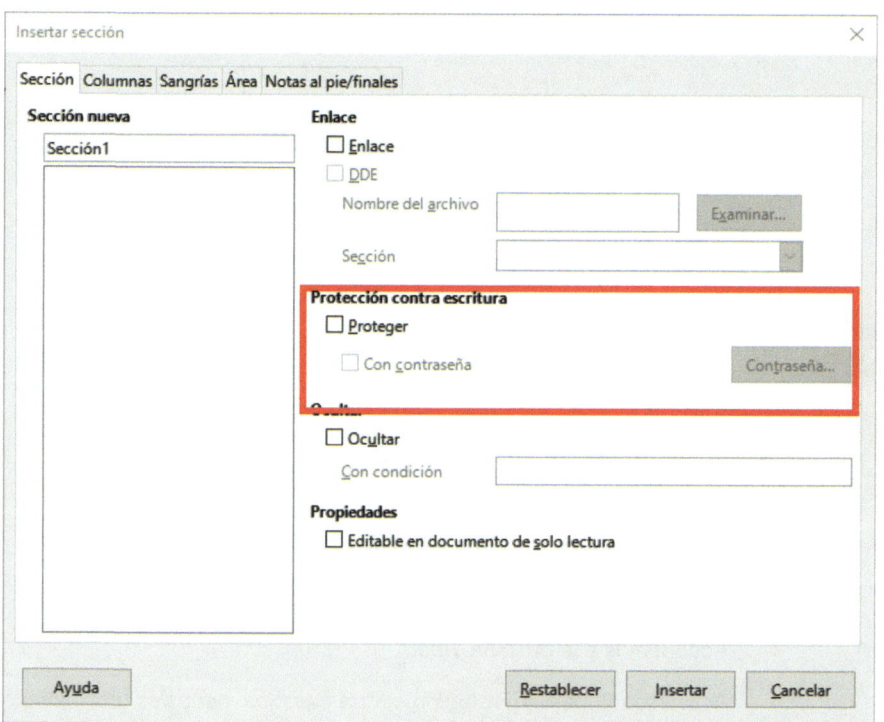

En el caso de que la sección ya esté creada, tendremos que acceder a Formato/ Sección.

Cuadro de diálogo Insertar sección

● **Proteger tabla:**

Si tenemos insertada una tabla en Writer podemos proteger sus celdas siguiendo los siguientes pasos:

♦ Colocamos el punto de inserción en la celda o seleccionamos las celdas que deseemos proteger.

♦ Hacemos clic en *Tabla/Proteger celdas.*

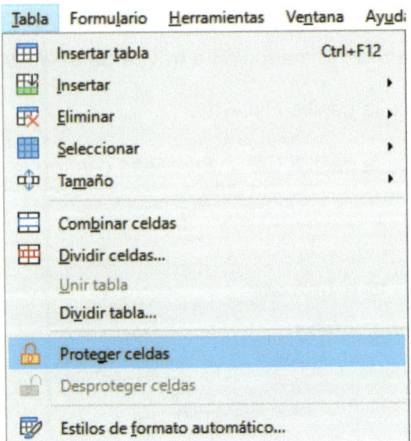

Tabla/Proteger celdas

Esta función no está destinada a ser una protección de seguridad de la información. Únicamente es un bloqueo para evitar modificaciones accidentales.

- **Proteger tablas de contenidos e índices:**

  Si estamos creando el índice:

  ◆ Accedemos a la pestaña *Tipo*.

  ◆ Activamos la casilla *Protegido contra cambios manuales* (por defecto, está activada).

  Si el índice ya está creado:

  ◆ Pulsamos con el botón secundario del ratón encima del sumario o índice.

  ◆ Seleccionamos la opción *Editar índice*.

  ◆ Activamos la casilla *Protegido contra cambios manuales* (por defecto, está activada).

Otra forma en la que podemos proteger el sumario o índice es a través del navegador (recuerda que lo puedes activar con la tecla de función F5, en el menú de *Ver/Navegador* o pulsando en el botón *Navegador* de la barra lateral):

♦ Activamos el *Navegador*.

♦ Localizamos las entradas de índice.

♦ Pulsamos con el botón secundario del ratón en el índice o sumario que deseemos proteger.

♦ Pulsamos en la opción *Read-only (solo lectura)*.

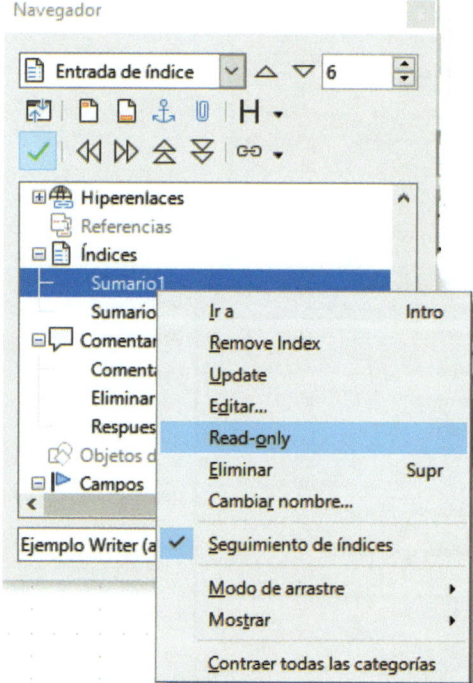

Opción Read-only

Esta función no está destinada a ser una protección de seguridad de la información. Únicamente es un bloqueo para evitar modificaciones accidentales.

5. Combinar documentos

Para combinar el documento que tenemos abierto con otro que tengamos guardado:

◆   *Editar/Seguimiento de cambios/Combinar documentos*:

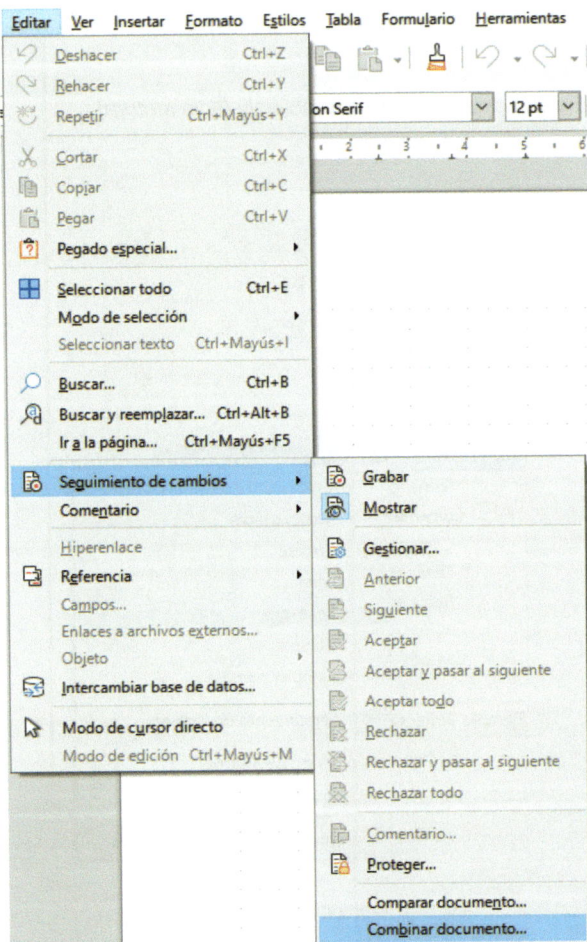

Editar/Seguimiento de cambios/Combinar documentos

◆   Se abrirá la siguiente ventana donde se nos pide que indiquemos la ubicación en la que se encuentra el archivo con el que queremos compararlo:

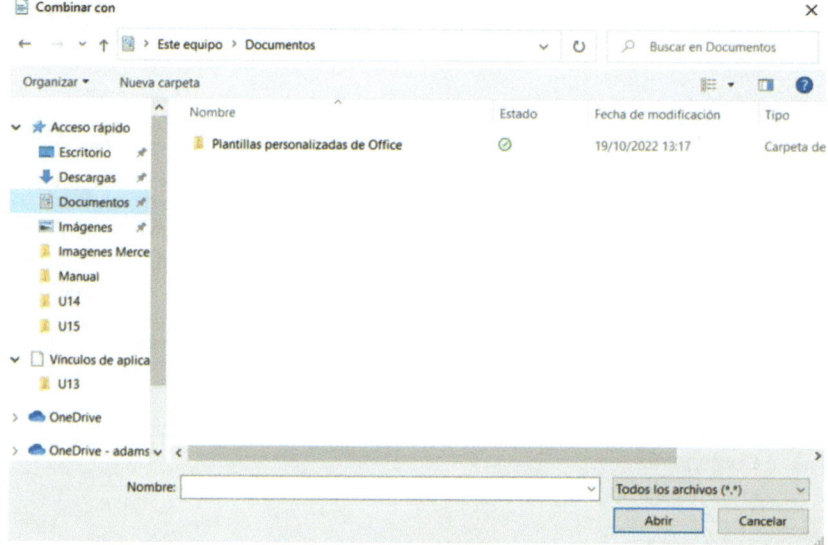

Combinar con

◆ A continuación, se mostrarán en la pantalla las variaciones existentes y si queremos aceptarlas o rechazarlas:

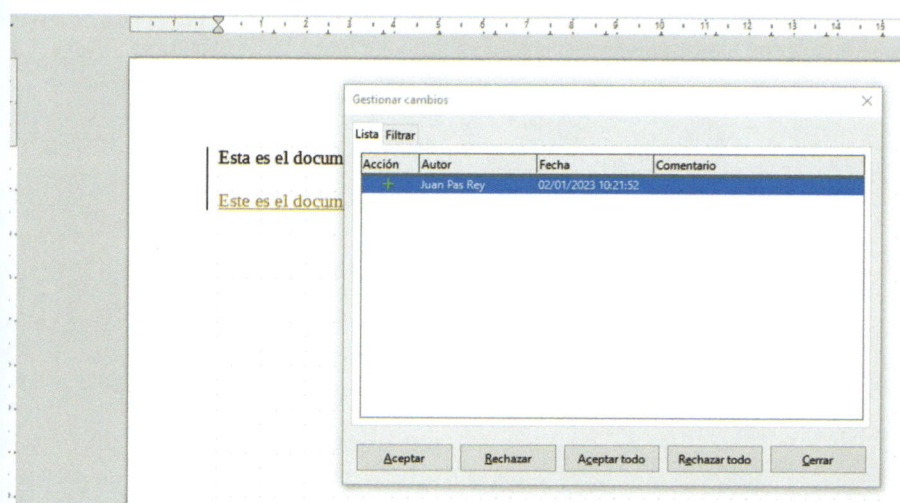

Cuadro de diálogo Gestionar cambios

Resumen

■ Para controlar las modificaciones que hemos ido haciendo en un documento, usaremos la opción del menú *Editar/Seguimiento de cambios/Comparar documento*.

■ También podemos trabajar con versiones del mismo documento activando la grabadora de cambio disponible en el menú *Editar/Seguimiento de cambios/ Grabar.*

■ Desde el menú *Archivo/Versiones* podemos revisar los archivos para aceptar o rechazar los camios realizados en el documento.

■ También podemos incluir comentarios o notas con la opción menú *Insertar/ Comentario.*

UNIDAD DIDÁCTICA 16

Automatización de tareas repetitivas mediante grabación de macros.

Objetivos

☑ Aprender a crear macros en Writer.

Contenido

Introducción

Una macro es una secuencia de comandos guardada para un uso posterior.

Para crear macros, podemos hacerlo con la grabadora de macros o, si lo conocemos, mediante código, pues las macros pueden contener líneas de código como si de un pequeño programa se tratase.

1. Grabadora de macros

Para grabar una macro:

- Menú *Herramientas/Macro/Grabar macro.*

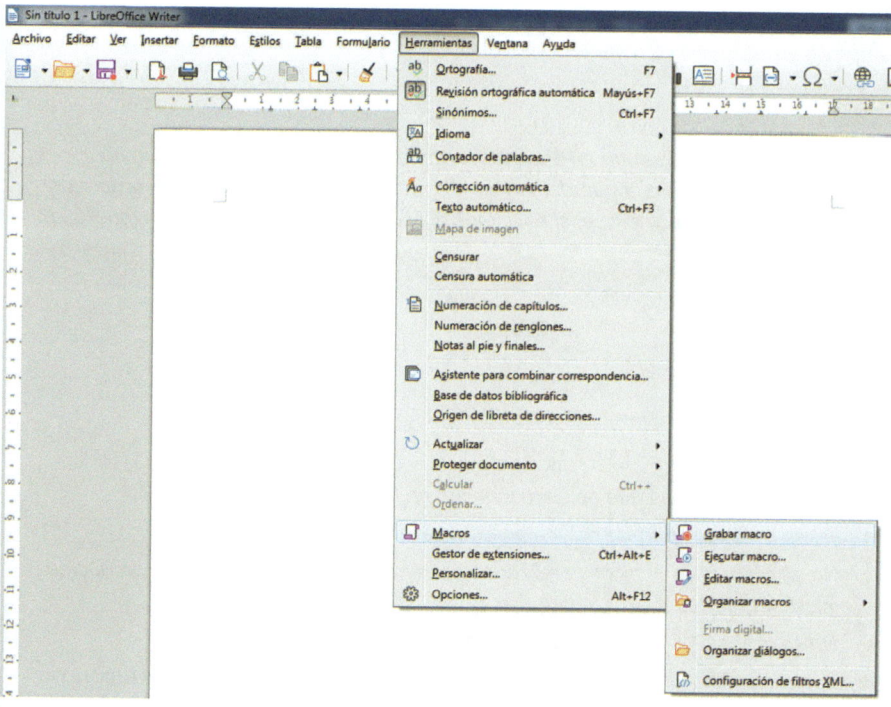

Herramientas/Macro/Grabar macro

■ Una vez tenemos la grabadora de macros en proceso se nos muestra la siguiente ventana para indicarnos que estamos grabando una macro:

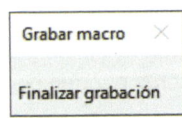

Grabar macro/Finalizar grabación

■ Desde este momento se irán grabando los procesos que realicemos.

■ Cuando hayamos terminado, pulsamos en el botón *Finalizar grabación*.

■ Al finalizar la grabación se abrirá automáticamente el cuadro de diálogo de *Macros de Basic* para que procedamos a su correcto guardado.

Si la macro se va a ejecutar en otros ordenadores debemos almacenarla en el propio documento. Si la macro la guardamos en Mis Macros, esta se guarda en el ordenador en la que se grabó, por lo que, si enviamos el fichero a alguien, este no contendrá la macro.

Hay algunas acciones que no se reconocen en la macro:

♦ *No se graba la apertura de ventanas.*

♦ *No se graban las acciones realizadas en ventanas distintas de aquella en que se inició el grabador.*

♦ *No se graban los cambios de ventana.*

♦ *Las selecciones solo se graban si están realizadas a través del teclado (teclas de método abreviado), pero no cuando se mueve por el ratón.*

En el caso de que no salga la opción grabar macro, debemos ir a:

Herramientas/Opciones/Avanzado/Activar grabación de macros

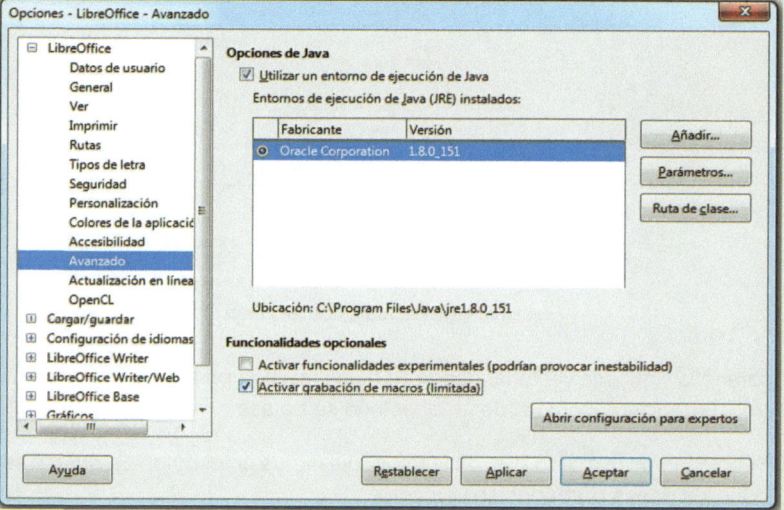

Opciones/Avanzado/Activar grabación de macros

2. Ejecutar una macro

Una vez creada la macro, para ejecutarla, debemos ir a la opción:

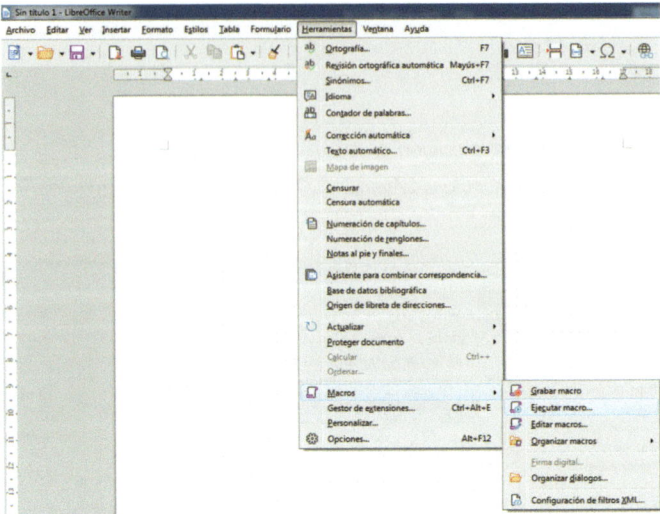

Herramientas/Macros/Ejecutar macro

Aparece la siguiente ventana, donde se muestra, en la parte izquierda, la biblioteca de macros, organizada como si de un directorio se tratase.

Seleccionamos la macro que deseemos, pulsamos en el botón *Ejecutar* y se realizarán todos los pasos grabados en la macro.

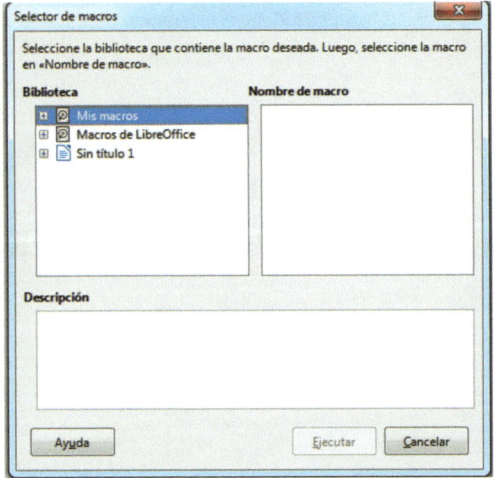

Ventana Selector de macros

3. Editar una macro

Para editar una macro:

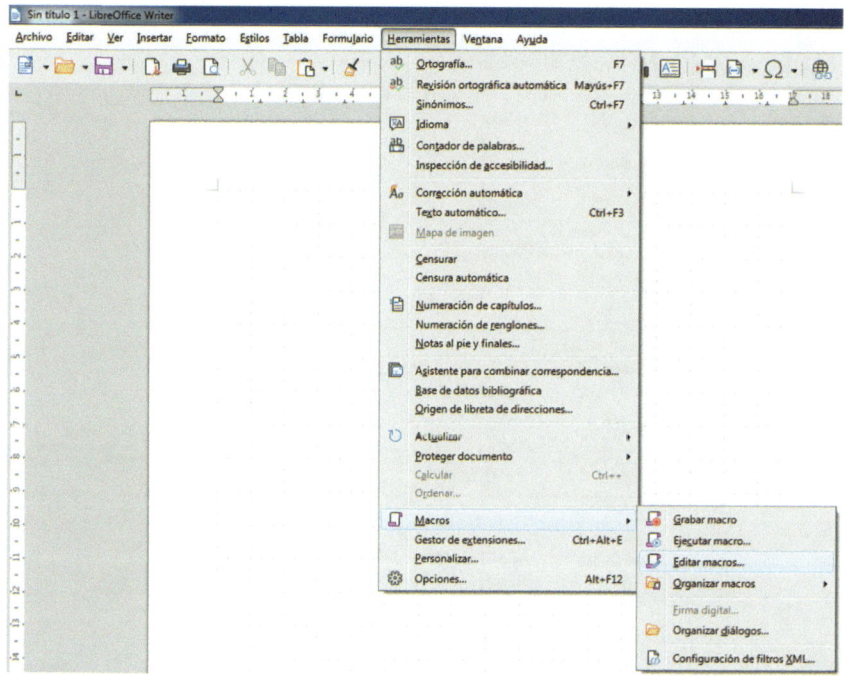

Herramientas/Macros/Editar macros

Se mostrará la siguiente ventana con el código que compone la macro:

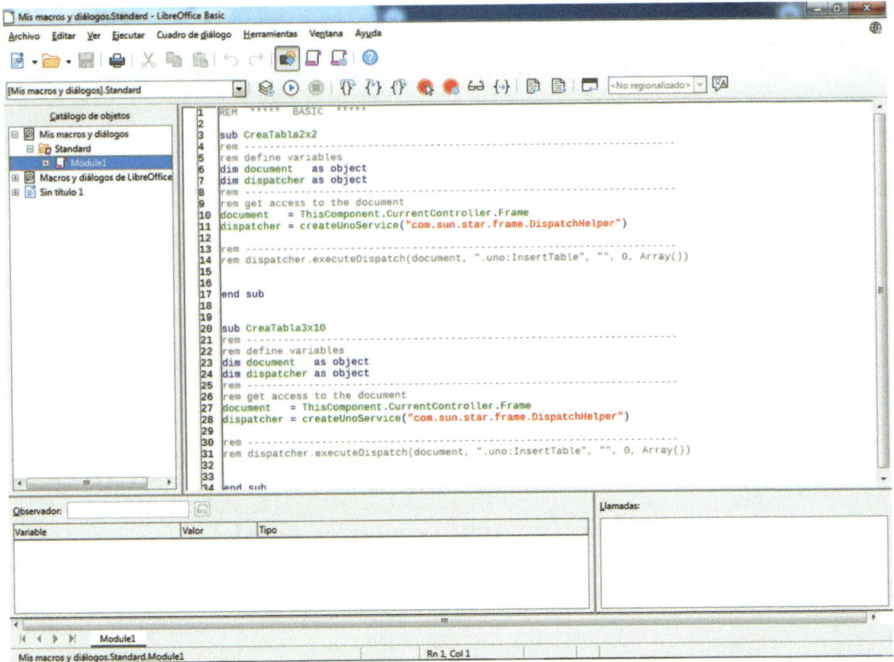

Mis macros y diálogos

Podremos hacer los cambios necesarios y grabarlos, pero para ello necesitaremos conocer el lenguaje utilizado.

4. Eliminar una macro

Para eliminar una macro:

■ *Herramientas/Macros/Organizar macros:*

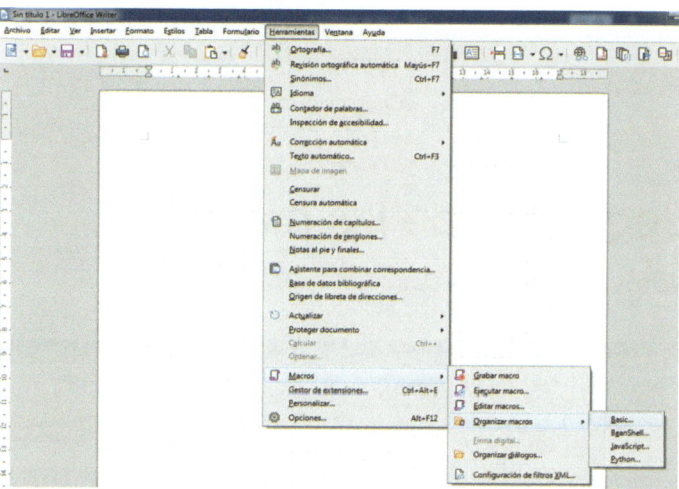

Herramientas/Macros/Organizar macros

■ Seleccionaremos la macro y haremos clic en el botón *Eliminar:*

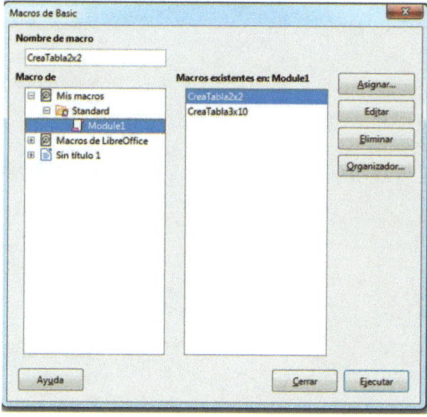

Ventana Marcos de Basic

■ Nos aparecerá un cuadro de diálogo, donde se solicitará confirmación para eliminar la macro:

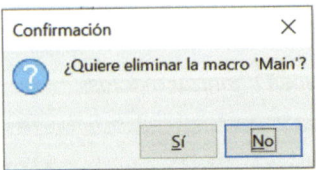

Confirmación

5. Seguridad de las macros

✴ Vamos a *Herramientas/Opciones.*

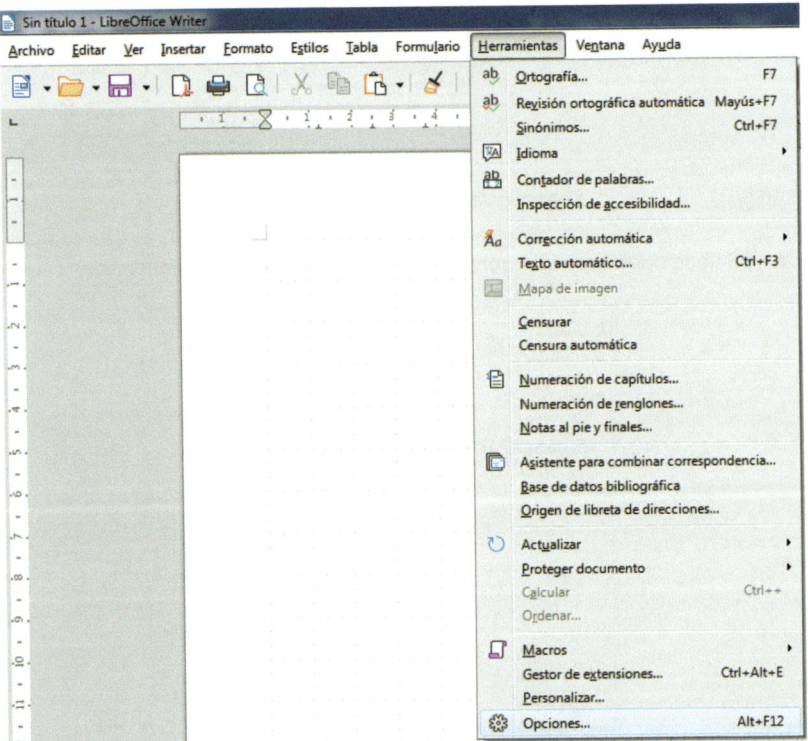

Herramientas/Opciones

❋ Pulsamos en el botón *Seguridad de macros.*

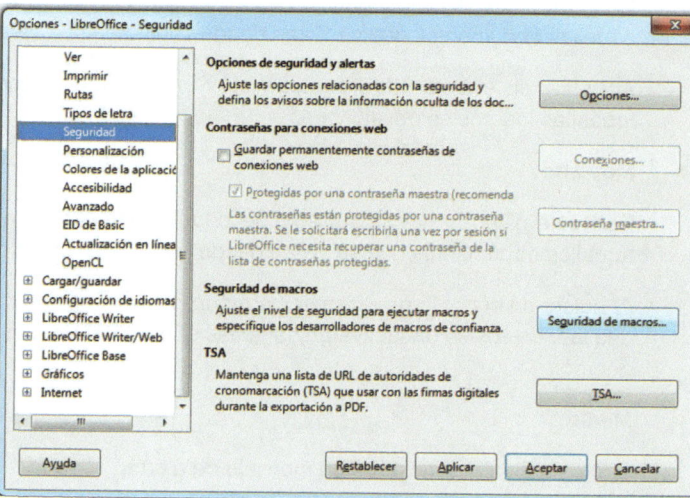

Seguridad de macros

❋ En la pestaña *Nivel de seguridad* tenemos varias opciones:

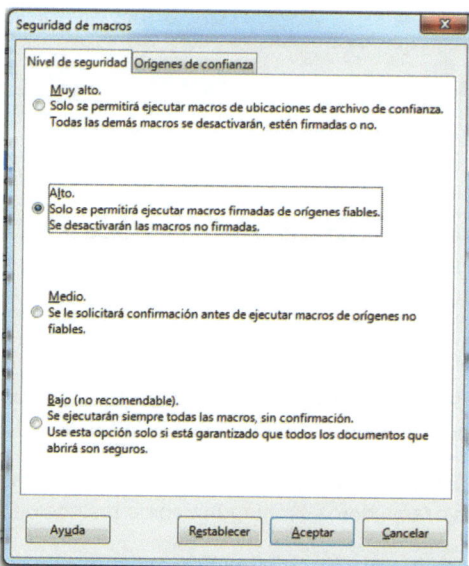

Pestaña de seguridad

- **Muy alto:**

Con este nivel de seguridad solo se podrán ejecutar las macros de aquellos documentos que se abran desde una ubicación de confianza.

Al pulsar en el botón de *Aceptar* y abrir un documento con macros, todas las macros se desactivarán.

- **Muy alto:**

Con este nivel de seguridad solo se podrán ejecutar las macros de aquellos documentos que se abran desde una ubicación de confianza.

Al pulsar en el botón de *Aceptar* y abrir un documento con macros, todas las macros se desactivarán, tanto las que estén firmadas como las que no.

- **Medio:**

Con este nivel, se mostrará un mensaje de alerta.

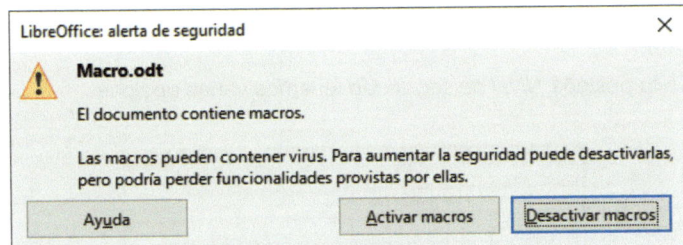

Mensaje alerta de seguridad

Si hacemos clic en *Activar macros* nos permitirá ejecutarlas; si, por el contrario, hacemos clic en *Desactivar macros*, las macros no se podrán ejecutar.

- **Bajo:**

Con este nivel de seguridad no se mostrará ningún mensaje de alerta y las macros se ejecutarán sin ningún tipo de aviso ni de confirmación.

Tenemos que tener en cuenta que este nivel es peligroso puesto que se ejecutan las macros sin ningún tipo de restricción.

→ En la pestaña *Orígenes de confianza*, tenemos el botón *Añadir* para añadir una ubicación de confianza.

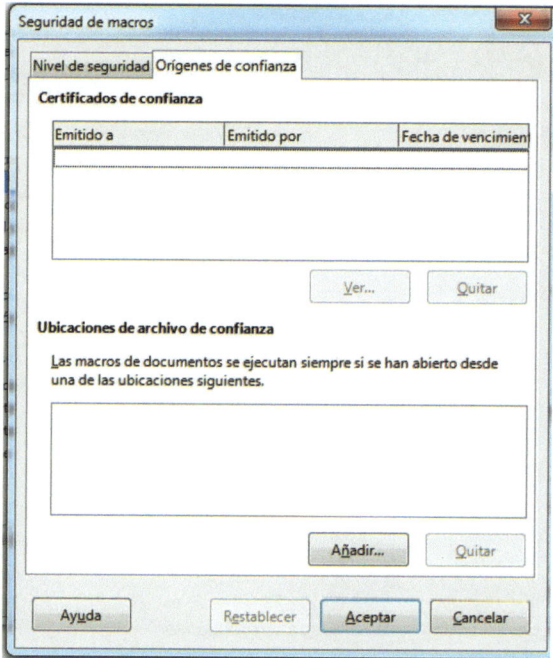

Pestaña Orígenes de confianza

6. Asignar una macro a un botón de la barra de herramientas de acceso rápido

En Writer podemos personalizar las barras de herramientas, por lo podemos asignar un botón en una barra de herramientas que nos ejecute una macro que utilizamos con mucha frecuencia.

→ Accedemos al menú de *Herramientas/Personalizar.*

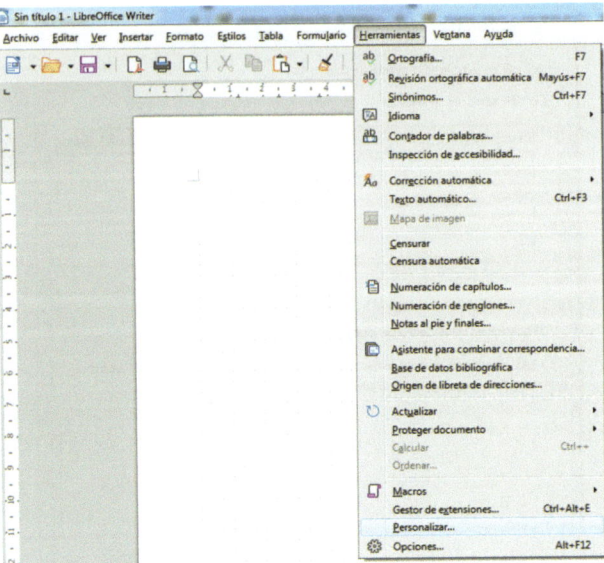

Herramientas/Personalizar

→ Pulsamos en la pestaña *Barra de herramientas*.

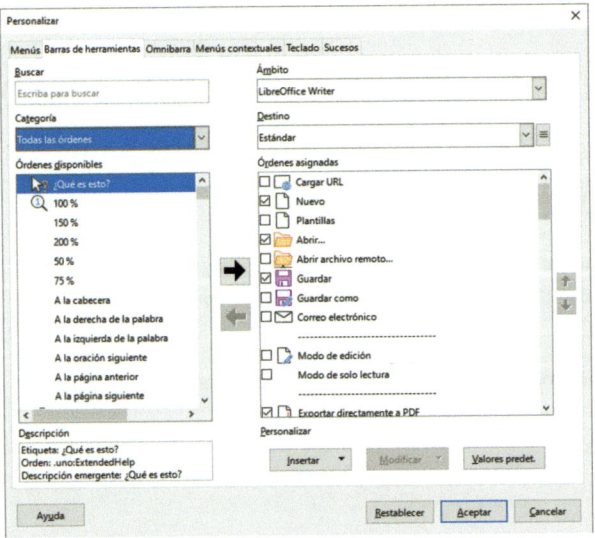

Pestaña Barra de herramientas

→ Desplegamos la lista desplegable de *Categorías* y seleccionamos *Macro*.

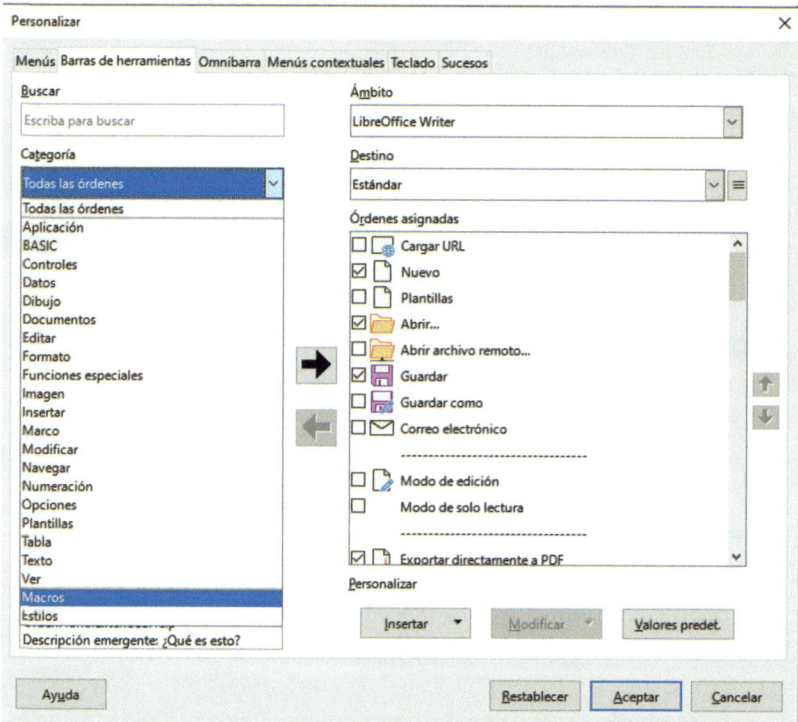

Desplegable Categoría

→ Seleccionamos la macro que deseamos asignar al botón de la barra de herramientas y pulsamos en el botón *Añadir elemento*.

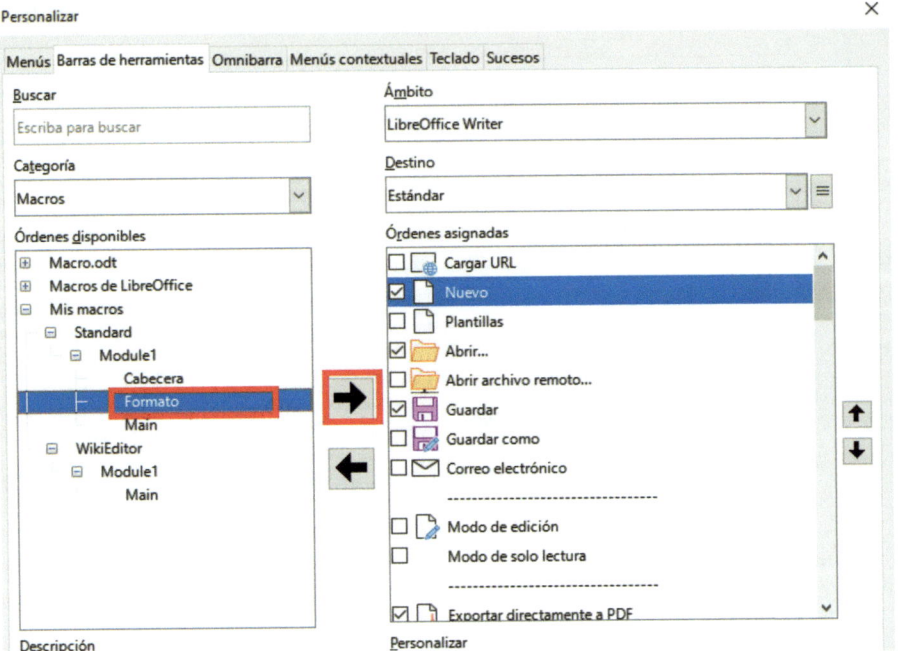

Añadir elemento

→ Pulsamos en el botón de *Aceptar* y ya tendríamos el botón en la barra de herramientas de Formato.

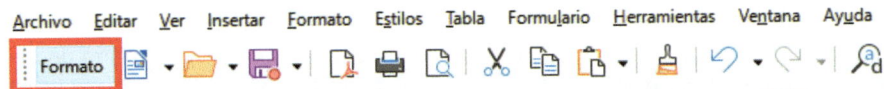

Barra de herramientas

7. Asignar una macro a una combinación de teclas

Writer nos ofrece la posibilidad de asignar una combinación de teclas a una macro.

De esta forma, para ejecutar la macro, no será necesario hacerlo mediante la opción menú *Herramientas/Macros/Ejecutar macro*, sino que simplemente será necesario

pulsar la combinación de teclas que le hemos asignado, con lo que el proceso será mucho más rápido.

Únicamente debemos tener en cuenta que la combinación de teclas no esté ya en uso.

* *Herramientas/Personalizar.*

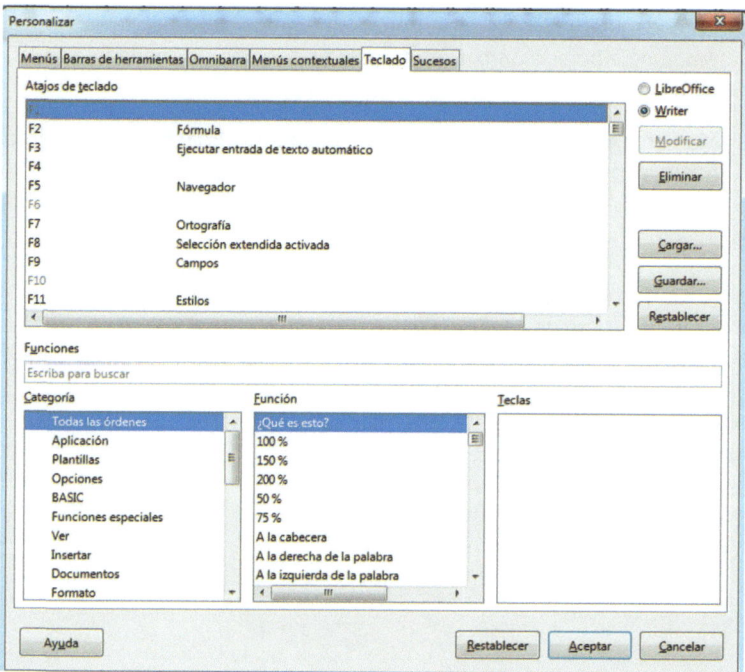

Ventana Personalizar/Ficha Teclado

* En la lista de atajos del teclado, seleccionamos una combinación de teclas que no esté asociada a ninguna tarea.

* Después, seleccionaremos la opción *Macros* del cuadro *Categoría* y buscaremos la macro a la cual queremos asociar la combinación de teclas.

* Una vez seleccionada aparecerá el nombre de la macro en el cuadro *Función*.

* Pulsaremos el botón *Modificar*, con lo que aparecerá la combinación de teclas seleccionado en el cuadro *Teclas*.

* Finalmente, pulsaremos el botón *Aceptar*.

Resumen

- Para crear macros, podemos hacerlo con la grabadora de macros o, si lo conocemos, mediante código.

- *Herramientas/Macros/Grabadora de macros*.

- Para ejecutar una macro grabada, lo haremos desde el menú *Herramientas/ Macros/Ejecutar macro*. Pero también podemos asignarle una combinación de teclas.

- Mediante la opción menú *Herramientas/Macros/Editar macro* podemos modificarla según nuestras necesidades.

AUTOEVALUACIONES

ENUNCIADOS

ADAMS

Autoevaluación. Enunciados

Unidad 1

1. ¿Qué es LibreOffice?

a) Un programa de contabilidad.

b) Un paquete de programas para gestionar un negocio (contabilidad, nóminas, almacén y facturación).

c) Un conjunto de aplicaciones con procesador de textos, hoja de cálculo, bases de datos y creación de presentaciones.

d) Es la versión gratuita de Microsoft Office.

2. ¿Qué diferencias hay en entre LibreOffice y Microsoft Office?

a) Entre otras, LibreOffice es gratuito y Microsoft Office no.

b) LibreOffice está hecho con código abierto versión 7.0 y Microsoft Office con vorsión 5.0.

c) Son prácticamente iguales, las diferencias son inapreciables.

d) Son correctas a) y b).

3. ¿Dónde puedes conseguir LibreOffice?

a) En cualquier tienda de informática u otro comercio especializado.

b) Es la página web oficial de LibreOffice.

c) En Amazon.es.

d) Comprando una licencia.

4. ¿De qué se compone el paquete LibreOffice?

a) Un procesador de textos, una hoja de cálculo, un gestor de bases de datos y un programa para crear presentaciones.

b) Los programas Word, Excel, Access y PowerPoint.

c) FacturaPlus y Contaplus.

d) Los módulos básicos de SAP (almacén, facturación, contabilidad y laboral).

5. ¿Se puede descargar LibreOffice en castellano?

a) No, solamente en inglés.
b) Sí, solamente en castellano.
c) No, hay que solicitarlo por email.
d) Sí, además están disponibles en otros idiomas.

6. ¿Cómo se llama el procesador de textos de LibreOffice?

a) Writer.
b) Word.
c) WordPerfect.
d) WordPad.

7. Una vez instalado LibreOffice, ¿cómo se accede a sus aplicaciones?

a) Desde la web de LibreOffice.
b) Desde el menú de *Inicio*, o a través del acceso directo creado en el escritorio.
c) Desde la línea de comandos de MS-DOS.
d) Desde la barra menú.

8. Cuando ejecutamos Writer, ¿qué vemos en la primera pantalla?

a) La línea de opciones y el documento.
b) Un documento de muestra.
c) La barra de menús, la barra de herramientas, el área de trabajo y la barra de estado.
d) La versión de LibreOffice con la que estamos trabajando.

9. ¿Qué es la barra de herramientas?

a) Una línea formada por iconos que se corresponden con algunas de tareas más utilizadas.
b) Un grupo de herramientas de diagnóstico del sistema.
c) Las opciones que podemos añadir gratuitamente a Writer.
d) Son herramientas para configurarlo.

10. ¿Dónde encontraremos la ayuda de Writer?

a) En la barra de menús.
b) En su página oficial.
c) En la web.
d) Todas son correctas.

Unidad 2

1. ¿Qué diferencia hay entre cursor y puntero del ratón?

a) Uno se mueve y el otro no.
b) El cursor indica dónde se va a escribir y el puntero no.
c) En el tamaño y forma que tienen.
d) Uno se puede variar de aspecto y el otro no.

2. ¿Cómo borraremos algo que hemos escrito?

a) Con la tecla Supr o ←.
b) Con la tecla Ctrl.
c) Con Ctrl + B.
d) Ninguna es correcta.

3. ¿Qué tecla usaremos si lo que queremos borrar está a la izquierda del cursor?

a) Con la tecla Supr.
b) Con la tecla ←.
c) Con la tecla Ctrl.
d) Con la tecla Shift.

4. ¿Qué tecla usaremos si lo que queremos borrar está a la derecha del cursor?

a) Con la tecla Supr.
b) Con la tecla ←.
c) Con la tecla Ctrl.
d) Con la tecla Shift.

5. Si hemos escrito un texto y tenemos el cursor al final, ¿cómo lo pasaremos al principio de la segunda línea?

a) Usaremos el ratón, lo posicionaremos al principio de la segunda línea y pulsaremos el botón izquierdo.
b) Usaremos los cursores.
c) Pulsaremos la tecla F2.
d) Son correctas a) y b).

6. ¿A qué le llamamos "bloque de texto" en Writer?

a) A un grupo de caracteres, líneas o párrafo.
b) A la unidad mínima del documento.
c) A un conjunto de opciones.
d) A las barras de herramientas.

7. ¿Cómo marco un bloque?

a) Activando la opción marcar bloque del menú editar con la tecla F2.
b) Pulsando la tecla F2 y manteniéndola pulsada.
c) Usaremos el ratón pulsando el botón izquierdo y manteniéndolo así mientras lo movemos.
d) Pulsando la tecla F3.

8. ¿Qué es insertar texto?

a) Añadir texto entre otro sin que este se borre.
b) Añadir líneas a nuestro documento.
c) Cambiar una palabra por otra con su mismo significado.
d) Expandir el ancho de la pantalla.

9. ¿Cómo se guarda un documento?

a) Con la opción menú *Archivo* y la opción *Cerrar*.
b) Con la opción menú *Archivo* y la opción *Guardar*.
c) Pulsando la "X" de la parte superior derecha de la ventana.
d) Se guardará automáticamente por lo que no tenemos que preocuparnos de perder nuestro documento.

10. ¿Cómo abrimos un archivo ya creado?

a) Writer abrirá de forma automática el último archivo con el que hayamos estado trabajando.
b) Con la opción *Abrir* archivo del menú *Herramientas*.
c) En el menú *Archivo* y la opción *Abrir*.
d) Con la opción *Abrir* archivo del menú *Editar*.

Unidad 3

1. ¿Cómo abriremos un documento ya existente desde Writer?

a) Haciendo clic con el botón izquierdo del ratón sobre el archivo.
b) Haciendo doble clic con el botón izquierdo del ratón sobre el archivo.
c) Desde el menú *Archivo/Abrir.*
d) Desde el menú *Archivo*, opción *Abrir como.*

2. ¿Se puede trabajar con varios documentos al mismo tiempo en Writer?

a) No, solamente se puede tener un archivo abierto a la vez.
b) Sí, pero deben estar creados con la misma versión de Writer.
c) Sí, pero depende de la versión del tipo de archivo a abrir.
d) Sí, podemos abrir varios documentos a la vez.

3. ¿Qué opción se debe utilizar si no queremos guardar los cambios que hemos introducido en un documento?

a) Menú *Archivo/Cerrar.*
b) Menú *Archivo/Guardar.*
c) Menú *Archivo/Guardar como.*
d) Menú *Archivo/Abrir.*

4. Para crear una copia exacta de nuestro documento, ¿cómo lo haremos en Writer?

a) Menú *Archivo/Guardar como.*
b) Menú *Archivo/Guardar.*
c) Menú *Archivo/Cerrar.*
d) Menú *Archivo/Abrir.*

5. ¿Se puede proteger un documento de alguna manera en Writer?

a) Sí, se puede poner una contraseña cuando creamos el archivo.
b) No, todos los archivos se crean de forma abierta.
c) Sí, pero deberemos hacerlo con otro programa.
d) No, se necesita la versión de pago.

6. ¿Se pueden abrir archivos de Microsoft Word?

a) Solamente si son versiones posteriores a 2010.
b) Solamente si son versiones posteriores a 2003.
c) No.
d) Sí.

7. ¿Puedo elegir la carpeta donde guardar mi documento?

a) Sí.
b) Sí, pero debe estar creada con anterioridad.
c) No.
d) No, se guardarán en la carpeta predeterminada en la configuración de Writer.

8. Si tenemos varios archivos abiertos con Writer al mismo tiempo, ¿cómo vamos de uno a otro?

a) Seleccionando la ventana en la que esté abierto.
b) Pulsando las teclas Alt + Tab, cambiamos de ventana.
c) Con el ratón, minimizando y abriendo ventanas.
d) Todas son correctas.

9. Para duplicar un documento, ¿qué opción debemos elegir?

a) Menú *Archivo/Guardar.*
b) Menú *Archivo/Guardar como.*
c) Menú *Archivo/Cerrar.*
d) Menú *Edición/Cerrar.*

10. Si queremos guardar nuestro documento en una memoria USB, ¿cómo lo haremos?

a) Desde el menú *Archivo*, seleccionando la opción *Guardar.*
b) Desde el menú *Archivo*, seleccionando la opción *Guardar como.*
c) En la ventana que se muestra al grabar nuestro documento, seleccionaremos en su parte izquierda la unidad correspondiente.
d) En la unidad que le haya asignado el sistema a la unidad USB.

Unidad 4

1. ¿A qué le llamamos fuente en Writer?

a) Al lugar donde se guardan los formatos.
b) A un archivo que forma parte de la configuración de Writer.
c) A las diferentes partes que componen el programa.
d) Al tipo de letra.

2. ¿Se puede cambiar el color del texto?

a) Sí.
b) Sí, pero depende del tipo de fuente.
c) Sí, en el menú *Formato* opción *Carácter*.
d) No.

3. ¿Se puede cambiar el aspecto de un párrafo del resto del documento?

a) No.
b) No, solamente podemos cambiar su color.
c) No, solamente podemos cambiar el tipo de letra.
d) Sí, se puede cambiar el tipo y tamaño de su letra, así como su color.

4. ¿Qué opción se utiliza para crear una lista numerada?

a) Menú *Formato/Lista* numerada.
b) Menú *Formato/Listas /Lista* numerada.
c) Menú *Formato/Índice*.
d) Menú *Tablas*.

5. Si estamos creando una lista y queremos ir al nivel superior, debemos:

a) Pulsar Ctrl + Tabulador.
b) Pulsar Mayúsculas + Tabulador.
c) Pulsar Ctrl y -.
d) Pulsar la tecla borrar.

6. ¿Qué tipos de tabulaciones podemos encontrar en Writer?

a) Dos, izquierda y derecha.
b) Tres, izquierda, centrada y derecha.
c) Cuatro, izquierda, derecha, centrado y alineación por punto decimal.
d) Tres, izquierda, derecha y completa.

7. Una tabulación que ya hemos creado, ¿se puede modificar?

a) No, se han de borrar y volver a crear.
b) Sí, desde el menú *Formato*, opción Carácter.
c) Sí, pero depende de la versión de Writer que tengamos instalada.
d) Sí, desde el menú *Formato*, opción *Párrafo*, pestaña tabulaciones.

8. ¿Dónde se configuran las tabulaciones para nuestro documento?

a) En el menú *Formato*, opción *Párrafo* y la pestaña de *Tabulaciones*.
b) En el menú *Formato*, opción *Carácter*.
c) En el menú *Herramientas*, opción *Personalizar*.
d) En el menú *Editar*, opción *Referencias*.

9. ¿Para qué sirve la opción *Letra capital?*

a) Esta opción pondrá automáticamente la primera letra en mayúscula de las palabras que escribamos.
b) Es un tipo de fuente.
c) Permite poner el texto en su tamaño más grande.
d) La primera letra de la palabra al inicio del texto que tiene un tamaño mayor que el resto.

10. ¿Se pueden usar diferentes fuentes en una misma página de nuestro documento?

a) Sí, pero no es recomendable porque se altera el aspecto del documento y dificulta su lectura.
b) Sí, es una de las ventajas de trabajar con los procesadores de texto.
c) Sí, pero se ha de guardar antes el documento.
d) No.

Unidad 5

1. ¿Puede haber varias secciones en una página?

   a) Sí.
   b) Sí, pero no más de dos.
   c) Sí, pero no más de tres.
   d) No, una sección debe tener un mínimo de tres páginas.

2. Si queremos crear un documento para imprimirlo en papel DIN A4 en posición horizontal, ¿cómo lo especificaremos en Writer?

   a) Menú *Herramientas /Personalizar*.
   b) Menú *Formato/Estilo de Página*.
   c) Menú *Ver/Pantalla horizontal*.
   d) Menú *Archivo/Configuración*.

3. Si queremos que el margen izquierdo y derecho sean iguales, ¿cómo lo indicaremos?

   a) En el menú *Formato*, opción *Estilo de página*, en la pestaña *Página y tamaño de márgenes*.
   b) Seleccionando *Márgenes simétricos* en el menú *Formato*, opción *Estilo de página*.
   c) Margen superior e inferior iguales, en el menú *Formato*, opción *Alineación de texto*.
   d) En el menú *Formato*, opción *Alinear y centrado*.

4. ¿Cómo se amplía el documento, sin modificar su tamaño a la hora de imprimirlo?

   a) Con la opción menú *Ver/Escala*.
   b) En la barra de estado, usando la barra de zoom de – a + %.
   c) Con la opción menú *Ver/Página* completa.
   d) Con la opción menú *Ver/Reglas*.

5. ¿Qué opción nos permite incluir un encabezado de página?

a) Menú *Archivo/Configuración de la impresora.*
b) Menú *Insertar/Cabecera y Pie.*
c) Menú *Insertar/Cuadro de texto.*
d) Menú *Ver/Pantalla completa.*

6. ¿Cómo se inserta el número de página en el documento?

a) Con la opción menú *Insertar/Estilo de página/Numeración de páginas.*
b) Escribiendo en la primera línea el número de página.
c) Hay de seleccionarlo en la configuración de la impresora.
d) Con la opción menú *Insertar/Número de Página.*

7. ¿Qué opción de Wirter nos permite crear un borde de página?

a) Menú *Ver/Borde de página.*
b) Menú *Formato/Estilo de página/Bordes.*
c) Menú *Formato/Estilo de página/Insertar.*
d) Menú *Insertar/Sección.*

8. Para insertar un saldo de página en nuestro documento, debemos elegir la opción:

a) Menú *Insertar/Salto de Página.*
b) Menú *Insertar/Sección.*
c) Menú *Insertar/Marcador.*
d) Menú *Insertar/Sección/Salto de página.*

9. ¿Cómo se insertan columnas en el documento?

a) Con la opción menú *Formato/Insertar/Columnas.*
b) Con la opción menú *Formato/Columnas.*
c) Con la opción menú *Ver/Columnas.*
d) Con la opción menú *Insertar/Columnas.*

10. ¿Puedo cambiar el ancho de las columnas?

a) Sí, pero siempre han de ser un número par de columnas.
b) Sí, pero teniendo en cuenta el tamaño de la página.
c) Sí, pero nunca con tamaño inferior a 10 cm.
d) No.

Unidad 6

1. ¿Cómo se crea una tabla?

- **a)** Con la opción *Insertar/Tabla*.
- **b)** Pulsando la combinación de teclas Ctrl + T.
- **c)** Con la opción menú *Tabla/Insertar Tabla*.
- **d)** Con la opción *Insertar/Sección*.

2. ¿A qué se les llama fila y columna cuando hablamos de tablas?

- **a)** Los elementos que componen una tabla.
- **b)** El texto horizontal son las filas y el texto vertical son las columnas.
- **c)** Son parte indivisibles de una tabla.
- **d)** Las filas para datos numéricos y las columnas para texto.

3. ¿Qué nombre se le da a la intersección entre una fila y una columna?

- **a)** Celda.
- **b)** Referencia cruzada.
- **c)** Intersección.
- **d)** Unión de tabla.

4. ¿Cómo nos desplazaremos por una tabla?

- **a)** Con Alt + Control.
- **b)** Escribiendo el nombre de la celda a la que queremos ir.
- **c)** Con la tecla Tabulador.
- **d)** Pulsando la tecla Intro.

5. Cuando tenemos una tabla ya creada, ¿se puede modificar para añadirle filas?

- **a)** Sí, con la opción menú *Tabla/Seleccionar/Fila*.
- **b)** Sí, con la opción menú *Tabla/Insertar/Fila*.
- **c)** Sí, pulsando la tecla Intro, dentro de la celda.
- **d)** No, se ha de volver a crear.

6. ¿Cómo cambiamos el ancho de una columna en una tabla ya creada?

a) Con la opción menú *Tabla/Eliminar/Columna.*
b) Con la opción menú *Tabla/Seleccionar/Columna.*
c) Con la opción menú *Tabla/Tamaño/Anchura de columna.*
d) Con la opción menú *Tabla/Convertir.*

7. ¿Cómo puedo cambiar el aspecto de una Tabla ya creada?

a) Con la opción menú *Tabla/Convertir.*
b) Con la opción menú *Tabla/Seleccionar/Fila.*
c) Una vez creada se ha de eliminar y volver a crear con el formato deseado.
d) Con la opción menú *Tabla/Estilos de formato automático.*

8. ¿Qué tipo de datos podemos escribir en una celda?

a) Datos de texto.
b) Datos numéricos.
c) Texto, números y fórmulas.
d) Texto y números sin caracteres especiales.

9. Si en una celda queremos mostrar el resultado de la suma de las celdas que tiene encima...

a) Dentro de la celda, con la opción menú *Insertar/Fórmula.*
b) Dentro de la celda, con la opción menú *Tabla/Fórmula.*
c) Dentro de la celda, escribiendo dos puntos y la fórmula correspondiente.
d) Dentro de la celda, escribiendo el signo igual y la fórmula correspondiente.

10. Tenemos un párrafo delimitado por tabulaciones ¿cómo crearemos una tabla a partir de él?

a) Seleccionaremos el párrafo y usaremos la opción menú *Tabla/Convetir/Texto en tabla.*
b) Con la opción menú *Tabla/Insertar/Tabla.*
c) Con la opción menú *Tabla/Formato/Párrafo.*
d) Con la opción menú T*abla/Convertir/Texto en tabla.*

Unidad 7

1.
Se pueden tener varios idiomas instalados en Writer?

a) No.
b) Sí, siempre y cuando tengamos instalado el diccionario correspondiente.
c) Sí, pero a partir de la versión 7.0.
d) No.

2.
¿Cómo se puede saber el idioma que tenemos instalado en nuestro documento?

a) El idioma en el que aparezcan los menús nos indicarán el idioma instalado.
b) Se indica en la barra de estado.
c) Con la opción menú *Ayuda/Ayuda de LibreOffice*.
d) Leyendo el texto del documento.

3.
Si necesito instalar otro idioma con otro diccionario, ¿cómo se hace?

a) Con la opción menú *Archivo/Asistentes/Conversor de documentos*.
b) Con la opción menú *Herramientas/Idioma*.
c) Con la opción menú *Insertar/Diccionario*.
d) Con la opción menú *Archivo/Propiedades*.

4.
¿Cómo indica el corrector de Writer una falta ortográfica?

a) Aparecerá subrayado en color azul.
b) Aparecerá subrayado en color amarillo.
c) Aparecerá subrayado en color rojo.
d) No se muestra por defecto.

5.
¿Puede marcarse una palabra como error pero que esté escrita correctamente?

a) Sí, puede darse el caso que esta palabra no esté en el diccionario instalado.
b) No, si ocurre es un fallo del programa.
c) Sí, si la versión con la que trabajamos es anterior a la 5.0.
d) No.

6. ¿Dónde está la opción de sinónimos en Writer?

a) En la opción menú *Herramientas/Diccionario.*
b) Pulsando la tecla Ctrl + F3.
c) Seleccionamos la palabra y con la opción menú *Editar/Sinónimos.*
d) En la opción menú *Herramientas/Sinónimos.*

7. Si hemos usado la misma palabra en nuestro documento y queremos cambiarla por otra, ¿cómo lo haremos?

a) Con la opción menú *Editar/Buscar.*
b) Con la opción menú *Editar/Buscar y Reemplazar.*
c) Con la opción menú *Herramientas/Reemplazar.*
d) Con la opción menú *Herramientas/Sinónimos.*

8. Para poner la fecha en nuestro documento de forma automática, tendremos que...

a) Escribiéndola manualmente, la reconocerá y actualizará automáticamente.
b) Con la opción menú *Editar/Fecha.*
c) Con la opción menú *Herramientas/Fecha.*
d) Con la opción menú *Insertar/Campo/Fecha.*

9. ¿Cómo se hace para que Writer divida con guiones las palabras que no quepan en una línea?

a) Con la opción menú *Herramientas/Actualizar.*
b) Con la opción menú *Herramientas/Corrección automática.*
c) Con la opción menú *Herramientas/Idioma/División de palabras.*
d) Con la opción menú *Herramientas/Corrección automática.*

10. ¿Cómo se revisa ortográficamente el documento?

a) Con la opción menú *Herramientas/Ortografía.*
b) Debemos usar el corrector ortográfico disponible en la opción menú *Archivo/ Ortografía.*
c) Pulsando la tecla Ctrl + F7.
d) Pulsando la tecla F1.

Unidad 8

1. ¿Qué hay que hacer para imprimir un documento?

a) Con la opción menú *Archivo/Imprimir.*
b) Pulsando la combinación de teclas Ctrl + I.
c) Con la opción menú *Ver/Pantalla completa.*
d) Con la opción menú *Archivo/Previsualización de impresión.*

2. En lugar de imprimir en papel, ¿puedo crear un archivo en formato PDF?

a) Sí, pero se necesita instalar una aplicación externa a LibreOffice.
b) Sí, con la opción menú *Archivo/Exportar a.*
c) Sí, con la opción menú *Archivo/Exportar a/Exportar a PDF.*
d) No.

3. Si tenemos un documento que ocupa varias páginas, ¿cómo imprimo solamente la primera?

a) Con la opción menú *Archivo/Imprimir/Intervalo* y *copias/Páginas/1.*
b) Con la opción menú *Archivo/Imprimir/General/Intervalo* y *copias/Páginas/1.*
c) Desde la página 3, menú *Archivo/Imprimir.*
d) No es posible, debo imprimir todo el documento.

4. Con varias impresoras conectadas para imprimir, ¿cómo elijo otra que no sea la predeterminada?

a) No se puede, Writer solamente nos permite gestionar una.
b) No se puede, se ha de cambiar la impresora por defecto en Windows.
c) No se puede, se ha de guardar primero el archivo.
d) Con la opción menú *Archivo/Imprimir/General/Impresora* (desplegable).

5. ¿Cómo podemos imprimir una hoja en horizontal?

a) Con la opción menú *Archivo/Previsualización del documento/Girar.*
b) Con la opción menú *Archivo/Imprimir/Disposición de la página/Orientación.*
c) Con la opción menú *Ver/Pantalla completa.*
d) Con la opción menú *Archivo/Imprimir/General/Disposición de la página/ Orientación.*

6. ¿Puedo ver la configuración de la impresora desde Writer?

a) Con la opción menú *Archivo/Configuración de la impresora.*
b) Con la opción menú *Archivo/Imprimir/Ayuda.*
c) Con la opción menú *Archivo/Imprimir/Configuración de la impresora.*
d) Con la opción menú *Archivo/Previsualización del documento/Configuración.*

7. ¿Se puede imprimir un documento en blanco y negro para ahorrar tinta de color?

a) Con la opción menú *Archivo/Imprimir/Borrador.*
b) Con la opción menú *Archivo/Propiedades/Blanco y negro.*
c) Con la opción menú *Archivo/Configurar impresora/Propiedades/Color/Blanco y negro.*
d) Con la opción menú *Archivo/Imprimir/LibreOffice Writer/Color/Imprimir texto en negro.*

8. ¿Cómo se puede previsualizar un documento antes de imprimirlo?

a) Con Writer no se puede previsualizar un documento.
b) Con la opción menú *Archivo/Previsualizar en el navegador.*
c) Con la opción menú *Archivo/Previsualizar de impresión.*
d) Con la opción menú *Archivo/Imprimir/Previsualizar.*

9. Si nuestra impresora puede imprimir a doble cara, ¿cómo se lo indicaremos a Writer?

a) No es necesario, lo hará automáticamente al detectar la impresora.
b) Debemos activar el modo ahorro del papel en el menú *Imprimir.*
c) Con la opción menú *Archivo/Imprimir/General/Caras del papel.*
d) No es posible activarlo desde Writer.

10. ¿Dónde indico a Writer que quiero imprimir dos copias de mi documento?

a) En la opción menú *Archivo/Imprimir/General/Intervalo de copias/Número de copias.*
b) En la opción menú *Archivo/Imprimir/Número de copias.*
c) En la opción menú *Archivo/Imprimir/Intervalo y copias.*
d) En la opción menú *Archivo/Imprimir/Copias.*

Unidad 9

1. ¿Cómo creamos un sobre desde Writer?

a) Menú *Insertar/Sobre.*
b) Menú *Herramientas/Sobres y etiquetas.*
c) Menú *Tabla/Insertar Tabla.*
d) Menú *Herramientas/Asistente para combinar correspondencia.*

2. ¿Qué datos se pueden incluir cuando creamos un sobre?

a) Únicamente los datos del destinatario.
b) Los datos del destinatario y del remitente.
c) Los datos del destinatario, pero no del remitente.
d) Todos los datos que queramos.

3. ¿Se puede cambiar el tamaño del sobre en el que queremos imprimir los datos?

a) Sí, con el menú *Estilos/Texto preformateado.*
b) Sí, con el menú *Insertar/Sobre/Formato.*
c) Sí, con el menú *Archivo/Imprimir.*
d) No.

4. ¿Para qué sirve la opción *Remitente* de la ventana *Sobre*?

a) Imprime los datos del remitente en la cara anterior o posterior del sobre.
b) Imprime el texto "Remitente" en el sobre.
c) Resalta en negrita los datos del remitente.
d) Activa o desactiva la impresión del remitente en el sobre.

5. ¿Cómo hacen las etiquetas en Writer?

a) Con la opción menú *Archivo/Nuevo/Etiquetas.*
b) No es posible con esta versión de LibreOffice.
c) Con la opción menú *Insertar/Etiquetas.*
d) Igual que con las tabulaciones.

6. ¿Cómo se cambia el tamaño de una etiqueta ya creada?

a) Con la opción menú *Formulario/Etiqueta*.
b) Con la opción menú *Insertar/Etiqueta*.
c) Con la opción menú *Archivo/Nuevo/Etiquetas*, pestaña *Formato*.
d) Con la opción menú *Tabla/Insertar tabla*.

7. Para rellenar una página completa con la misma etiqueta, ¿qué opción debemos usar?

a) La opción menú *Tabla/Insertar tabla*.
b) La opción menú *Archivo/Configuración de la Impresión*.
c) La opción menú *Insertar/Insertar Etiqueta*.
d) La opción menú *Archivo/Nuevo/Etiquetas,* pestaña *Opciones*.

8. Para crear sobres a partir de una base de datos, ¿cómo se puede hacer?

a) No es posible hacerlo de forma automática.
b) Teniendo los dos archivos abiertos, iremos rellenado los sobres de forma manual.
c) Con la opción *Herramientas/Personalizar*.
d) Desde la ventana donde se creó el sobre, en la opción de importar los datos desde otro archivo.

9. ¿Qué tipo de archivos pueden contener datos para combinar correspondencia en los sobres?

a) Un archivo de texto.
b) Otro archivo de Writer.
c) Una base de datos.
d) Un archivo.JPG.

10. ¿Qué es el *Asistente para combinar correspondencia*?

a) Una opción de Writer que permite crear documentos "tipo" personalizados con los datos existentes en otro archivo como puede ser una base de datos.
b) Permite gestionar los correos electrónicos que recibamos.
c) Permite enviar correos electrónicos desde Writer.
d) Permite abrir nuestro gestor de correo electrónico predeterminado.

Unidad 10

1. ¿Cómo podemos insertar una imagen en el documento?

a) Desde el menú *Insertar/Sección.*
b) Desde el menú *Insertar/Imagen.*
c) Desde el menú *Ver/Web.*
d) Desde el menú *Archivo/Abrir.*

2. ¿Cómo podemos cambiar el tamaño de una imagen insertada en el documento?

a) Con la opción menú *Formato/Imagen/Propiedades/Tipo.*
b) Con la opción menú *Formato/Imagen/Propiedades/Ajustar.*
c) Una vez seleccionada la imagen, con la opción menú *Formato/Imagen/ Propiedades/Tipo.*
d) Con la opción menú *Formato/Imagen/Propiedades/Imagen.*

3. ¿Qué es un Fontword?

a) Es un dibujo prediseñado, más o menos complejo, en el que el usuario puede cambiar el formato en determinados lugares.
b) Es un objeto que contiene texto con efectos artísticos.
c) Suele ser un conjunto de dos o más objetos dibujados.
d) Es la representación gráfica de una serie de datos numéricos.

4. Para insertar un cuadro con los bordes redondeados, lo haremos mediante la opción...

a) Menú *Insertar/Imagen.*
b) Menú *Insertar/Objeto.*
c) Menú *Insertar/Forma/Formas básicas/Cuadro redondeado.*
d) Menú *Insertar/Objeto/Formas básicas/Llamadas/Llamada redondeada.*

5.

¿Qué tipo de ajuste le aplicaremos a una imagen si queremos que la imagen quede por detrás del texto?

a) Final.
b) Continuo.
c) Atrás.
d) En fondo.

6.

¿Cómo se añade un borde a una imagen?

a) Haciendo clic con el botón izquierdo del ratón encima de la imagen y seleccionando *Propiedades/bordes*.
b) Haciendo clic con el botón izquierdo del ratón encima de la imagen y seleccionando el menú *Formato/Imagen/Bordes*.
c) Haciendo clic con el botón derecho del ratón encima de la imagen y seleccionando *Propiedades/Bordes*.
d) Haciendo clic con el botón derecho del ratón encima de la imagen y seleccionando el menú de *Formato/Imagen/Bordes*.

7.

¿Cómo añadimos una gráfica de barras o líneas en el documento?

a) Con la opción menú *Insertar/Campo*.
b) Con la opción menú *Insertar/Imagen*.
c) Con la opción menú *Herramientas/Opciones*.
d) Con la opción menú *Insertar/Gráfico*.

8.

Si al insertar un rectángulo deseamos obtener un cuadro mientras dibujamos la forma, ¿qué tecla tenemos que mantener pulsada?:

a) Mayús.
b) Ctrl.
c) F4
d) Ctrl + Tab.

9. Queremos incluir un vídeo en el documento, ¿es posible?

a) No.
b) Sí, pero si su tamaño es inferior a 5 megabytes.
c) Sí, con la opción menú *Insetar/Imagen.*
d) Sí, con la opción menú *Insetar/Multimedia/Audio o Vídeo.*

10. ¿Cómo podemos insertar una imagen de la galeria en el documento?

a) Haciendo clic con el botón derecho del ratón encima de la imagen y seleccionando la opción Añadir.
b) Haciendo clic con el botón derecho del ratón encima de la imagen y arrastrándola hacia el documento.
c) Haciendo clic con el botón derecho del ratón encima de la imagen y seleccionando la opción Insertar.
d) Haciendo clic con el botón izquierdo del ratón encima de la imagen y seleccionando la opción Insertar.

Unidad 11

1. ¿A qué nos referimos cuando hablamos de los *Estilos en Writer?*

   a) Todas las propiedades que les hayamos dado a un texto, tabla, página o lista.
   b) El color del tipo de letra.
   c) Al tipo de fuente con el que vamos a escribir.
   d) El tipo de letra y tamaño.

2. ¿Dónde podemos encontrar los diferentes *Estilos de Writer?*

   a) Menú *Archivo.*
   b) Menú *Insertar.*
   c) Menú *Formato.*
   d) Menú *Estilos.*

3. Para modificar un estilo, deberemos usar la opción...

   a) *Formato/Alinear.*
   b) *Editar/Modificar Estilo.*
   c) *Estilos/Modificar Estilo.*
   d) *Herramientas/Personalizar.*

4. Para crear un nuevo estilo, usaremos la opción...

   a) Menú *Archivo/Nuevo.*
   b) Menú ***Estilos/Estilo*** nuevo a partir de selección.
   c) Menú Estilos/Cita.
   d) Menú *Formato/Clonar Formato.*

5. ¿Qué función tienen los estilos en Writer?

   a) Hacer más bonito el documento.
   b) Ahorrar espacio en el disco duro.
   c) Para enviarlo por correo electrónico.
   d) Hacer más cómoda la creación de nuestro documento.

6. ¿Cómo se puede cambiar el estilo a una tabla que ya hemos creado?

a) Seleccionando la tabla como bloque y aplicar el estilo de tabla deseado.
b) Con la opción menú *Tabla/Editar.*
c) Usando la opción menú *Formato/Párrafo.*
d) Con la opción menú *Tabla/Insertar.*

7. Si tenemos un estilo ya creado, pero queremos modificarlo, debemos usar la opción...

a) *Archivo/Configuración.*
b) *Estilos/Modificar Estilo.*
c) *Estilos/Cargar Estilos.*
d) *Estilos/Gestionar Estilos.*

8. ¿Es posible cambiar el estilo de una lista en Writer?

a) No, solamente a partir de la versión 7.0.
b) Sí, a partir de la versión 7.0.
c) No.
d) Sí.

9. ¿Podemos utilizar varias veces el mismo estilo en un documento de Writer?

a) No, solamente se permite uno por documento.
b) Sí, pero solamente uno por página.
c) Sí, pero a partir de la versión 5.0.
d) Sí.

10. ¿Cómo podemos ver todos los estilos que hemos usado en un documento de Writer?

a) Menú *Ver/Gestionar Estilos/Estilos aplicados.*
b) Menú *Estilos/Gestionar Estilos/Estilos aplicados.*
c) Menú *Ver.*
d) Menú *Formato.*

Unidad 12

1. ¿A qué nos referimos cuando hablamos de plantillas en Writer?

a) Es un objeto del documento.
b) Es un documento a partir del cual podemos modificarlo según nuestras necesidades.
c) Es un archivo que tiene la extensión .doc
d) Es una planta de tamaño pequeño.

2. ¿Qué utilidad tienen los asistentes en Writer?

a) La de crear una tabla.
b) Es una aplicación de LibreOffice.
c) Es el nombre que se le da al corrector ortográfico.
d) Ayudan a crear cualquier recurso con una interacción entre el usuario y la aplicación.

3. ¿Para qué podemos utilizar los formularios?

a) Para realizar encuestas.
b) Para realizar exámenes.
c) Para una solicitud.
d) Todas son correctas.

4. ¿Cómo se crean las plantillas en Writer?

a) Con la opción menú *Archivo/Guardar*.
b) Con la opción menú *Archivo/Plantillas/Guardar*.
c) Con la opción *Archivo/Guardar como/Plantillas*.
d) Una vez creado el documento con las características que necesitemos, lo grabaremos con la opción menú *Archivo/Plantillas/Guardar*.

5. Con el asistente para crear cartas en Writer, ¿qué diseño de página podremos seleccionar para la Carta de negocios?

a) Elegante, Moderno y Oficina.
b) Elegante, Moderno y Evolucionado.
c) Moderno, Evolucionado y Profesional.
d) Elegante, Evolucionado y Oficina.

6. ¿Se puede modificar una plantilla que ya está creada?

a) Sí, con la opción menú *Nuevo/Plantillas/Modificar.*
b) Sí, pero debe ser un archivo .doc
c) Sí, pero a partir de la versión 6.0
d) No es posible modificar una plantilla ya creada.

7. ¿A qué nos referimos cuando hablamos de formularios en Writer?

a) A un tipo de plantilla.
b) A un documento semejante a una plantilla.
c) A un tipo de gráfico basado en los datos del documento.
d) A un tipo de tabla.

8. ¿Qué utilidad tienen los formularios?

a) Corregir otros documentos de Writer.
b) Compartir con otros usuarios.
c) Enviar por correo electrónico.
d) Recoger información con los datos que introduzcan en él otros usuarios.

9. ¿Se pueden tratar los datos recogidos con los formularios?

a) Los usaremos con otra aplicación como, por ejemplo, una base de datos.
b) Los grabaremos en nuestro disco duro.
c) Los podemos compartir con otros usuarios para que los traten manualmente.
d) Solamente podemos imprimirlos y guardarlos.

10. ¿Qué nombre reciben los elementos que forman un formulario?

a) Líneas de datos.
b) Campos.
c) Pestañas.
d) Datos de tipo alfabético.

Unidad 13

1. Para crear en Writer un índice de la forma más rápida debemos…:

a) Tener aplicados estilos en el documento.
b) Tener creadas las entradas de forma manual con la opción *Entrada de índice*.
c) Hacerlo a través de las referencias cruzadas.
d) Son correctas a) y b).

2. ¿Qué son las referencias cruzadas?:

a) Son campos que nos permiten insertar un texto y se desplazará dentro del documento a la posición en la que está ese texto.
b) Son como hipervínculos formados por campos que pueden hacer referencia a texto en el propio documento o en subdocumentos.
c) Son como hipervínculos formados por campos que pueden hacer referencia a un lugar o elemento en el propio documento o en subdocumentos.
d) Son como hipervínculos formados por imágenes que pueden hacer referencia a texto en el propio documento o en subdocumentos.

3. ¿Qué tenemos que hacer al crear una referencia cruzada en el opción tipo?:

a) *Establecer referencia, Insertar referencia, Títulos, Párrafos numerados* y *Marcadores*.
b) *Establecer campo, Insertar campo, Títulos, Párrafos numerados* y *Marcadores*.
c) *Establecer campo, Insertar referencia, Títulos, Párrafos numerados* y *Marcadores*.
d) *Establecer referencia, Insertar referencia, Estilos, Párrafos numerados* y *Marcadores*.

4. Si utilizamos la opción Establecer referencia, ¿cómo podemos verla en el documento?:

a) Pulsando la combinación de teclas Ctrl + F8.
b) En el menú de *Ver/Referencias*.
c) En el menú de *Ver/Nombres de campo*.
d) En el menú de *Editar/Referencias*.

5. Si realizamos modificaciones en las referencias insertadas...:

a) Se actualizan automáticamente.
b) Debemos actualizarlas a través del menú de Herramientas/Actualizar/ Campos.
c) Debemos actualizarlas a través del menú de *Editar/Actualizar/Campos*.
d) Debemos guardar el documento para que se actualicen.

6. ¿Qué opciones utilizaremos si tenemos que numerar unos títulos que tienen aplicado un estilo?:

a) *Herramientas/Numeración de títulos*.
b) *Herramientas/Numeración de capítulos*.
c) *Herramientas/Numeración de estilos*.
d) *Herramientas/Numeración*.

7. Teniendo en cuenta la siguiente imagen, ¿cómo aparecería la numeración de los capítulos?:

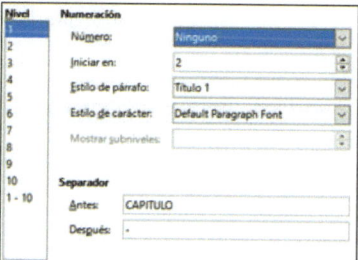

a) - CAPITULO 1.
b) CAPITULO 1-.
c) CAPITULO -.
d) - CAPITULO.

8. ¿Qué opción seleccionaremos para crear un documento maestro?:

a) *Archivo/Nuevo/Patrón*.
b) *Archivo/Enviar/Crear patrón de documento*.
c) *Archivo/Plantillas/Patrón de documento*.
d) *Archivo/Crear patrón de documento*.

9. ¿Qué pasa con los estilos que se utilicen en los subdocumentos cuando los insertemos en el documento maestro?

a) Son importados automáticamente al documento maestro y, si tienen el mismo nombre que en el documento maestro, predominan los del documento maestro.

b) Son importados automáticamente al documento maestro y, si tienen el mismo nombre que en el documento maestro, predominan los de los subdocumentos.

c) Son importados automáticamente al documento maestro y, si tienen el mismo nombre que en el documento maestro, al texto que tiene aplicado ese estilo se le aplicará el estilo *Predeterminado*.

d) Se nos mostrará un cuadro de diálogo para que seleccionemos los que deseamos que predominen.

10. Para insertar los subdocumentos en el documento maestro...:

a) Haremos clic con el botón izquierdo del ratón en el botón Insertar/Archivo en la ventana del navegador.

b) Seleccionaremos en el menú de *Insertar/Subdocumentos*.

c) Seleccionaremos en el menú de *Herramientas/Actualizar/Documento Maestro*.

d) Haremos clic con el botón izquierdo del ratón en el botón *Insertar/Subdocumento* en la ventana del navegador.

Unidad 14

1. Un objeto OLE es:

a) Un estándar que solo permite insertar objetos.
b) Un estándar que solo permite vincular objetos.
c) Un estándar que permite insertar y vincular objetos.
d) Un formato personalizado de Writer para insertar objetos entre las aplicaciones de LibreOffice.

2. Los objetos vinculados en Writer...:

a) No se pueden insertar.
b) Solo se pueden editar utilizando Writer.
c) Si cambia la información en el documento original, no se podrá actualizar la información en el documento vinculado.
d) Si cambia la información en el documento original, se podrá actualizar la información en el documento vinculado.

3. ¿Qué podremos insertar en un documento de Writer como objeto OLE?

a) Un archivo de hoja de cálculo existente.
b) Una nueva hoja de cálculo.
c) Una parte de una hoja de cálculo.
d) Todas son correctas.

4. Teniendo en cuenta la imagen, ¿qué acción realizaremos con el objeto OLE?

a) Lo cambiaremos el tamaño.
b) Lo moveremos a otra posición.
c) Actualizaremos el objeto OLE
d) Ninguna es correcta.

5. Cambiamos el nombre a un fichero con el nombre *Datos* vinculado en un documento de Writer. ¿Qué tendríamos que hacer a continuación?

a) Eliminar el documento vinculado en Writer y volver a insertarlo como objeto OLE vinculado.

b) Ir al menú *Editar/Enlaces* a archivos externos, seleccionar el fichero *Datos* y pulsar en el botón *Modificar para seleccionar de nuevo el fichero con el nombre actual.*

c) Ir al menú *Editar/Enlaces* a archivos externos, seleccionar el fichero *Datos* y pulsar en el botón *Actualizar para seleccionar de nuevo el fichero con el nombre actual.*

d) Ir al menú *Editar/Enlaces* a archivos externos, seleccionar el fichero *Datos* y pulsar en el botón *Desenlazar para seleccionar de nuevo el fichero con el nombre actual.*

6. Para insertar un objeto de la base de datos en Writer como objeto OLE, ¿qué es lo más recomendable?:

a) Exportarlo desde la base de datos como documento texto.

b) Exportarlo desde la base de datos como documento PDF.

c) Exportarlo desde la base de datos como documento Writer.

d) Exportarlo desde la base de datos como documento HTML.

7. Estamos insertando un informe de Base en Writer con la opción *Insertar/Objeto/ Objeto OLE* y seleccionando la opción *Crear a partir de un archivo*. Si deseamos ver los datos del informe en el fichero de Writer, ¿qué debemos hacer?:

a) Activar la casilla *Enlazar a archivo.*

b) Desactivar la casilla *Mostrar datos.*

c) Desactivar la casilla *Mostrar como icono.*

d) Activar la casilla *Mostrar datos.*

8. ¿Qué tenemos que hacer para abrir un gráfico que tenemos creado en la hoja de cálculo e incrustado como Objeto OLE en Writer?:

a) Haremos doble clic sobre él y se nos abrirá la aplicación de la hoja de cálculo.

b) No se puede abrir un gráfico de la hoja de cálculo incrustado en Writer.

c) Seleccionaremos en el menú de *Editar/Gráfico* y se nos abrirá la aplicación de la hoja de cálculo.

d) Seleccionaremos en el menú de *Ver/Gráfico* y se nos abrirá la aplicación de la hoja de cálculo.

9. Al crear una nueva presentación con la opción *Crear Nuevo* del cuadro de diálogo *Insertar Objeto OLE* y mostrar la diapositiva creada...:

a) La barra de herramientas cambia.

b) La barra de menú cambia.

c) Las partes que conforman la ventana no son las mismas que en Writer.

d) Todas son correctas.

10. Cuando insertamos un nuevo objeto OLE en un documento de Writer, por defecto es un...:

a) Objeto vinculado.

b) Objeto ligado.

c) Objeto incrustado.

d) Objeto enlazado.

Unidad 15

1. ¿Qué combinación de teclas nos permite insertar un comentario?

a) Ctrl + C
b) Ctrl + Alt + C.
c) Ctrl + Alt + E.
d) Ctrl + Alt + B.

2. Marca la afirmación que no es correcta:

a) El comentario se inserta en la posición en la que tenemos el punto de inserción.
b) Para insertar un comentario a un bloque de texto, previamente debemos seleccionar el texto.
c) Los comentarios se insertan en el margen izquierdo del documento.
d) Para salir de los comentarios que estamos insertando pulsamos la tecla Escape.

3. ¿En qué opción podremos modificar el nombre del autor del comentario?

a) *Editar/Datos de usuario.*
b) *Herramientas/Opciones/LibreOffice Writer/Datos de usuario.*
c) *Herramientas/Opciones/LibreOffice/Datos de usuario.*
d) *Herramientas/Opciones/LibreOffice/Datos de identidad.*

4. Si tenemos activado el seguimiento de cambios y nos aparece un texto subrayado de un color distinto al resto del texto, ¿qué significa?:

a) Que ha sido eliminado.
b) Que ha sido insertado.
c) Que se le ha modificado el formato.
d) Ninguna es correcta.

5. La opción *Mostrar*, del cuadro de diálogo Versiones, nos permite...:

a) Ver los cambios efectuados en la versión que tengamos seleccionada.
b) Ver el comentario incluido en la versión que tengamos seleccionada.
c) Ver los cambios efectuados en esa versión en comparación con la anterior.
d) Ver los datos de la persona que guardó la versión, la fecha, la hora, el color de los cambios realizados, etc.

6. Para guardar una versión automáticamente de un documento, podremos configurarlo para que...:

a) Guarde una nueva versión cada vez que pulsemos el botón o la opción de *Guardar*.

b) Guarde una nueva versión cada vez que cerremos el documento.

c) Guarde una nueva versión cada X minutos.

d) Guarde una nueva versión cada vez que pulsemos Ctrl + G.

7. ¿Cuántos documentos podemos comparar a la vez?

a) Máximo 2.

b) Máximo 3.

c) Máximo 4.

d) No hay límite.

8. ¿Qué tipos de contraseña podemos incluir en un documento para protegerlo?

a) Una sola contraseña, la de apertura.

b) Una sola contraseña, la de permitir modificación.

c) Una contraseña de apertura y otra que permita la modificación.

d) Una contraseña de apertura, una para permitir la modificación y otra para permitir la inserción de texto.

9. ¿Qué podemos proteger en Writer?

a) Una sección.

b) Una imagen.

c) Las celdas de una table.

d) Todas son correctas.

10. Si un documento está protegido como solo lectura, sin contraseña, ¿cómo podemos desactivar el modo solo lectura para poder modificar el documento?:

a) Editar/Modo de edición.

b) Ver/Modo edición.

c) Herramientas/Modo edición.

d) Formato/Modo edición

Unidad 16

1. ¿Cómo se crea una tabla?

    a) Con la opción *Insertar/Tabla*.
    b) Pulsando la combinación de teclas CTRL + T.
    c) Con la opción menú *Tabla/Insertar Tabla*.
    d) Con la opción *Insertar/Sección*.

2. ¿A qué se les llama fila y columna cuando hablamos de tablas?

    a) Los elementos que componen una tabla.
    b) El texto horizontal son las filas y el texto vertical son las columnas.
    c) Son parte indivisible de una tabla.
    d) Las filas para datos numéricos y las columnas para texto.

3. ¿Qué nombre se le da a la intersección entre una fila y una columna?

    a) Celda.
    b) Referencia cruzada.
    c) Intersección
    d) Unión de tabla.

4. ¿Cómo nos desplazaremos por una tabla?

    a) Con Alt + Control.
    b) Escribiendo el nombre de la celda a la que queremos ir.
    c) Con la tecla Tabulador.
    d) Pulsando la tecla Intro.

5. Cuando tenemos una tabla ya creada, ¿se puede modificar para añadirle filas?

    a) Sí, con la opción menú Tabla/Seleccionar/Fila.
    b) Sí, con la opción menú Tabla/Insertar/Fila.
    c) Sí, pulsando la tecla Intro, dentro de la celda.
    d) No, se ha de volver a crear.

6. ¿Cómo cambiamos el ancho de una columna en una tabla ya creada?

a) Con la opción menú *Tabla/Eliminar/Columna.*
b) Con la opción menú *Tabla/Seleccionar/Columna.*
c) Con la opción menú *Tabla/Tamaño/Anchura de columna.*
d) Con la opción menú *Tabla/Convertir.*

7. ¿Cómo puedo cambiar el aspecto de una tabla ya creada?

a) Con la opción menú *Tabla/Convertir.*
b) Con la opción menú *Tabla/Seleccionar/Fila.*
c) Una vez creada se ha de eliminar y volver a crear con el formato deseado.
d) Con la opción menú *Tabla/Estilos de formato automático.*

8. ¿Qué tipo de datos podemos escribir en una celda?

a) Datos de texto.
b) Datos numéricos.
c) Texto, números y fórmulas.
d) Texto y números sin caracteres especiales.

9. Si en una celda queremos mostrar el resultado de suma de las celdas que tiene encima...:

a) Dentro de la celda, con la opción menú *Insertar/Fórmula.*
b) Dentro de la celda, con la opción menú *Tabla/Fórmula.*
c) Dentro de la celda, escribiendo dos puntos y la fórmula correspondiente.
d) Dentro de la celda, escribiendo el signo igual y la fórmula correspondiente.

10. Tenemos un párrafo delimitado por tabulaciones, ¿cómo crearemos una tabla a partir de él?

a) Seleccionaremos el párrafo y usaremos la opción menú *Tabla/Convertir/Texto en tabla.*
b) Con la opción menú *Tabla/Insertar/Tabla.*
c) Con la opción menú *Tabla/Formato/Párrafo.*
d) Con la opción menú *Tabla/Convertir/Texto en tabla.*

Autoevaluación Final

1. ¿Cómo se inserta un comentario?:

a) Desde el menú *Herramientas/Texto automático.*
b) Desde el menú *Insertar/Comentario.*
c) Desde el menú *Insertar/Nota al Pie y finales.*
d) Ninguna es correcta.

2. ¿Qué opción del menú Insertar usaremos para incluir una hoja de cálculo?:

a) Menú *Insertar/Insertar Objeto OLE.*
b) Menú *Insertar/Insertar Tabla.*
c) Menú *Insertar/Tabla dinámica.*
d) Ninguna es correcta.

3. ¿Dónde podemos encontrar la opción para crear un índice?:

a) En menú *Insertar/Sumario e índice/Sumario, índice o bibliografía.*
b) En menú *Insertar/Índice.*
c) En menú *Archivo/Crear/Índice.*
d) Ninguna es correcta.

4. ¿Qué es una plantilla en Writer?:

a) Un objeto del documento.
b) Una planta de tamaño pequeño.
c) Un documento a partir del cual podemos modificarlo según nuestras necesidades.
d) Todas son correctas.

5. ¿Qué es un estilo en Writer?:

a) El tipo de letra y tamaño.
b) El color del tipo de letra.
c) Todas las propiedades que les hayamos dado a un texto, tabla, página o lista.
d) Son correctas a) y b).

6. ¿Cómo podemos cambiar el tamaño de una imagen que hemos insertado?:

a) Con el botón derecho del ratón, en propiedades de menú contextual de la imagen.
b) Con el botón izquierdo del ratón, pulsando y moviendo los cuadros de los bordes de la imagen.
c) Son correctas a) y b).
d) Ninguna es correcta.

7. ¿Cómo puedo cambiar el tipo de sobre en el que quiero imprimir los datos?:

a) En la opción menú *Estilos/Texto preformateado*.
b) En la opción menú *Archivo/Imprimir*.
c) En la opción menú *Insertar/Sobre/Formato*.
d) Ninguna es correcta.

8. ¿Cómo se puede cambiar el tipo de orientación de la página?:

a) Con la opción menú *Archivo/Previsualización del documento/Girar*.
b) Con la opción menú *Archivo/Imprimir/General/Disposición de la página/Orientación*.
c) Con la opción menú *Ver/Pantalla completa*.
d) Ninguna es correcta.

9. ¿Cómo se muestra un error ortográfico en Writer?:

a) Por defecto no se muestra.
b) Aparecerá subrayado en color amarillo.
c) Aparecerá subrayado en color rojo.
d) Aparecerá subrayado en color verde.

10. ¿Cómo puedo cambiar el formato de una tabla?:

a) Con la opción menú *Tabla/Convertir tabla*.
b) Con la opción menú *Tabla/Estilos de formato automático*.
c) Una vez creada se ha de eliminar y volver a crear con el formato deseado.
d) Son correctas a) y b).

AUTOEVALUACIONES

SOLUCIONES

Unidad 1

1. c) *Un conjunto de aplicaciones con procesador de textos, hoja de cálculo, bases de datos y creación de presentaciones.*

2. a) *Entre otras, LibreOffice es gratuito y Microsoft Office no.*

3. b) *Es la página web oficial de LibreOffice.*

4. a) *Un procesador de textos, una hoja de cálculo, un gestor de bases de datos y un programa para crear presentaciones.*

5. d) *Sí, además están disponibles en otros idiomas.*

6. a) *Writer.*

7. b) *Desde el menú de Inicio, o a través del acceso directo creado en el escritorio.*

8. c) *La barra de menús, la barra de herramientas, el área de trabajo y la barra de estado.*

9. a) *Una línea formada por iconos que se corresponden con algunas de tareas más utilizadas*

10. d) *Todas son correctas.*

Unidad 2

1. *b)* *El cursor indica dónde se va a escribir y el puntero no.*

2. *a)* *Con la tecla Supr o ←.*

3. *b)* *Con la tecla ←.*

4. *a)* *Con la tecla Supr.*

5. *d)* *Son correctas a) y b).*

6. *a)* *A un grupo de caracteres, líneas o párrafo.*

7. *c)* *Usaremos el ratón pulsando el botón izquierdo y manteniéndolo así mientras lo movemos.*

8. *a)* *Añadir texto entre otro sin que este se borre.*

9. *b)* *Con la opción menú Archivo y la opción Guardar.*

10. *c)* *En el menú Archivo y la opción Abrir.*

Unidad 3

1. *c)* *Desde el menú Archivo/Abrir.*

2. *d)* *Sí, podemos abrir varios documentos a la vez.*

3. *a)* *Menú Archivo/Cerrar.*

4. *a)* *Menú Archivo/Guardar como.*

5. *a)* *Sí, se puede poner una contraseña cuando creamos el archivo.*

6. *d)* *Sí.*

7. *a)* *Sí.*

8. *d)* *Todas son correctas.*

9. *b)* *Menú Archivo/Guardar como.*

10. *c)* *En la ventana que se muestra al grabar nuestro documento, seleccionaremos en su parte izquierda la unidad correspondiente.*

Unidad 4

1. **d)** *Al tipo de letra.*

2. **a)** *Sí.*

3. **d)** *Sí, se puede cambiar el tipo y tamaño de su letra, así como su color.*

4. **b)** *Menú Formato/Listas/Lista numerada.*

5. **b)** *Pulsar Mayúsculas + Tabulador.*

6. **c)** *Cuatro, izquierda, derecha, centrado y alineación por punto decimal.*

7. **d)** *Sí, desde el menú Formato, opción Párrafo, pestaña tabulaciones.*

8. **a)** *En el menú Formato, opción Párrafo y la pestaña de Tabulaciones.*

9. **d)** *La primera letra de la palabra al inicio del texto que tiene un tamaño mayor que el resto.*

10. **b)** *Sí, es una de las ventajas de trabajar con los procesadores de texto.*

Unidad 5

1. *a)* *Sí.*

2. *b)* *Menú Formato/Estilo de Página.*

3. *a)* *En el menú formato, opción Estilo de página, en la pestaña Página y tamaño de márgenes.*

4. *b)* *En la barra de estado, usando la barra de zoom de – a + %.*

5. *b)* *Menú Insertar/Cabecera y Pie.*

6. *d)* *Con la opción menú Insertar/Número de Página.*

7. *b)* *Menú Formato/Estilo de página/Bordes.*

8. *a)* *Menú Insertar/Salto de Página.*

9. *b)* *Con la opción menú Formato/Columnas.*

10. *b)* *Sí, pero teniendo en cuenta el tamaño de la página.*

Unidad 6

1. c) *Con la opción menú Tabla/Insertar Tabla.*

2. a) *Los elementos que componen una tabla.*

3. a) *Celda.*

4. c) *Con la tecla tabulador.*

5. b) *Sí, con la opción menú Tabla/Insertar/Fila.*

6. c) *Con la opción menú Tabla/Tamaño/Anchura de columna.*

7. d) *Con la opción menú Tabla/Estilos de formato automático.*

8. c) *Texto, números y fórmulas.*

9. b) *Dentro de la celda, con la opción menú Tabla/Fórmula.*

10. a) *Seleccionaremos el párrafo y usaremos la opción menú Tabla/Convetir/Texto en tabla.*

Unidad 7

1. *b)* *Sí, siempre y cuando tengamos instalado el diccionario correspondiente.*

2. *b)* *Se indica en la barra de estado.*

3. *b)* *Con la opción menú Herramientas/Idioma.*

4. *c)* *Aparecerá subrayado en color rojo.*

5. *a)* *Sí, puede darse el caso que esta palabra no esté en el diccionario instalado.*

6. *d)* *En la opción menú Herramientas/Sinónimos.*

7. *b)* *Con la opción menú Editar/Buscar y Reemplazar.*

8. *d)* *Con la opción menú Insertar/Campo/Fecha.*

9. *c)* *Con la opción menú Herramientas/Idioma/División de palabras.*

10. *a)* *Con la opción menú Herramientas/Ortografía.*

Unidad 8

1. **a)** *Con la opción menú Archivo/Imprimir.*

2. **c)** *Sí, con la opción menú Archivo/Exportar a/Exportar a PDF.*

3. **b)** *Con la opción menú Archivo/Imprimir/General/Intervalo y copias/Páginas/1.*

4. **d)** *Con la opción menú Archivo/Imprimir/General/Impresora (desplegable).*

5. **d)** *Con la opción menú Archivo/Imprimir/General/Disposición de la página/Orientación.*

6. **a)** *Con la opción menú Archivo/Configuración de la impresora.*

7. **c)** *La opción menú Archivo/Configurar impresora/Propiedades/Color/Blanco y negro.*

8. **c)** *Con la opción menú Archivo/Previsualizar de impresión.*

9. **c)** *Con la opción menú Archivo/Imprimir/General/Caras del papel.*

10. **a)** *En la opción menú Archivo/Imprimir/General/Intervalo de copias/Número de copias.*

Unidad 9

1. **a)** *Menú Insertar/Sobre.*

2. **b)** *Los datos del destinatario y del remitente.*

3. **b)** *Sí, con el menú Insertar/Sobre/Formato.*

4. **d)** *Activa o desactiva la impresión del remitente en el sobre.*

5. **a)** *Con la opción menú Archivo/Nuevo/Etiquetas.*

6. **c)** *Con la opción menú Archivo/Nuevo/Etiquetas/En la pestaña formato*

7. **d)** *Con la opción menú Archivo/Nuevo/Etiquetas/Pestaña Opciones.*

8. **d)** *Desde la ventana donde se creó el sobre, en la opción de importar los datos desde otro archivo.*

9. **c)** *Una base de datos.*

10. **a)** *Una opción de Writer que permite crear documentos "tipo" personalizados con los datos existentes en otro archivo como puede ser una base de datos.*

Unidad 10

1. *b)* *Desde el menú Insertar/Imagen.*

2. *c)* *Una vez seleccionada la imagen, con la opción menú Formato/Imagen/Propiedades/Tipo.*

3. *b)* *Es un objeto que contiene texto con efectos artísticos.*

4. *c)* *Menú Insertar/Forma/Formas básicas/Cuadro redondeado.*

5. *d)* *En fondo.*

6. *c)* *Haciendo clic con el botón derecho del ratón encima de la imagen y seleccionando Propiedades/Bordes.*

7. *d)* *Con la opción menú Insertar/Gráfico.*

8. *a)* *Mayús.*

9. *d)* *Sí, con la opción menú Insetar/Multimedia/Audio o Video.*

10. *c)* *Haciendo clic con el botón derecho del ratón encima de la imagen y seleccionando la opción Insertar.*

Unidad 11

1. **a)** *Todas las propiedades que les hayamos dado a un texto, tabla, página o lista.*

2. **d)** *Menú Estilos.*

3. **c)** *Estilos/Modificar Estilo.*

4. **b)** *Menú Estilos/Estilo nuevo a partir de selección.*

5. **d)** *Hacer más cómoda la creación de nuestro documento.*

6. **a)** *Seleccionando la tabla como bloque y aplicar el estilo de tabla deseado.*

7. **b)** *Estilos/Modificar Estilo.*

8. **d)** *Sí.*

9. **d)** *Sí.*

10. **b)** *Menú Estilos/Gestionar Estilos/Estilos aplicados.*

Unidad 12

1. b) *Es un documento a partir del cual podemos modificarlo según nuestras necesidades.*

2. d) *Ayudan a crear cualquier recurso con una interacción entre el usuario y la aplicación.*

3. d) *Todas son correctas.*

4. d) *Una vez creado el documento con las características que necesitemos, lo grabaremos con la opción menú Archivo/Plantillas/Guardar.*

5. a) *Elegante, Moderno y Oficina.*

6. a) *Sí, con la opción menú Nuevo/Plantillas/Modificar.*

7. b) *A un documento de semejante a una plantilla.*

8. d) *Recoger información con los datos que introduzcan en él otros usuarios*

9. a) *Los usaremos con otra aplicación como, por ejemplo, una base de datos.*

10. b) *Campos.*

Unidad 13

1. a) *Tener aplicados estilo en el documento.*

2. c) *Son como hipervínculos formados por campos que pueden hacer referencia a un lugar o elemento en el propio documento o en subdocumentos.*

3. a) *Establecer referencia, Insertar referencia, Títulos, Párrafos numerados y Marcadores.*

4. a) *Pulsando la combinación de teclas Ctrl + F8.*

5. b) *Debemos actualizarlas a través del menú de Herramientas/Actualizar/Campos.*

6. b) *Herramientas/Numeración de capítulos.*

7. c) *CAPITULO -.*

8. b) *Archivo/Enviar/Crear patrón de documento.*

9. a) *Son importados automáticamente al documento maestro y, si tienen el mismo nombre que en el documento maestro, predomina los del documento maestro.*

10. a) *Haremos clic con el botón izquierdo del ratón en el botón Insertar/Archivo en la ventana del navegador.*

Unidad 14

1. *c)* *Un estándar que permite insertar y vincular objetos.*

2. *d)* *Si cambia la información en el documento original, se podrá actualizar la información en el documento vinculado*

3. *d)* *Todas son correctas.*

4. *a)* *Lo cambiaremos el tamaño.*

5. *b)* *Ir al menú Editar/Enlaces a archivos externos, seleccionar el fichero Datos y pulsar en el botón Modificar para seleccionar de nuevo el fichero con el nombre actual.*

6. *a)* *Exportarlo desde la base de datos como documento texto.*

7. *c)* *Desactivar la casilla Mostrar como icono.*

8. *a)* *Haremos doble clic sobre él y se nos abrirá la aplicación de la hoja de cálculo.*

9. *d)* *Todas son correctas.*

10. *c)* *Objeto incrustado.*

Unidad 15

1. *b)* *Ctrl + Alt + C.*

2. *c)* *Los comentarios se insertan en el margen izquierdo del documento.*

3. *d)* *Herramientas/Opciones/LibreOffice/Datos de identidad.*

4. *b)* *Que ha sido insertado.*

5. *b)* *Ver el comentario incluido en la versión que tengamos seleccionada.*

6. *b)* *Guarde una nueva versión cada vez que cerremos el documento.*

7. *a)* *Máximo 2.*

8. *c)* *Una contraseña de apertura y otra que permita la modificación.*

9. *d)* *Todas son correctas.*

10. *a)* *Editar/Modo de edición*

Unidad 16

1. *c)* *Con la opción menú Tabla/Insertar tabla.*

2. *a)* *Los elementos que componen una tabla.*

3. *a)* *Celda.*

4. *c)* *Con la tecla Tabulador.*

5. *b)* *Sí, con la opción menú Tabla/Insertar/Fila.*

6. *c)* *Con la opción menú Tabla/Tamaño/Anchura de columna.*

7. *d)* *Con la opción menú Tabla/Estilos de formato automático.*

8. *c)* *Texto, números y fórmulas.*

9. *b)* *Dentro de la celda, con la opción menú Tabla/Fórmula.*

10. *a)* *Seleccionaremos el párrafo y usaremos la opción menú Tabla/Convertir/Texto en tabla.*

Autoevaluación Final

1. *b)* *Desde el menú Insertar/Comentario.*

2. *a)* *Menú Insertar/Insertar Objeto OLE.*

3. *a)* *En menú Insertar/Sumario e índice/Sumario, índice o bibliografía.*

4. *c)* *Un documento a partir del cual podemos modificarlo según nuestras necesidades.*

5. *c)* *Todas las propiedades que les hayamos dado a un texto, tabla, página o lista.*

6. *c)* *Son correctas a) y b).*

7. *c)* *En la opción menú Insertar/Sobre/Formato.*

8. *b)* *Con la opción menú Archivo/Imprimir/General/Disposición de la página/Orientación.*

9. *c)* *Aparecerá subrayado en color rojo.*

10. *b)* *Con la opción menú Tabla/Estilos de formato automático.*

GLOSARIO

Glosario

Alineación	Posicionamiento de las líneas de texto respecto a los márgenes. Puede ser a la izquierda, a la derecha, centrada o justificada.
Archivo	Un archivo es un elemento que contiene información y que, a su vez, se identifica por un nombre y su extensión. Esta última determina el tipo de aplicación a la que está asociado el archivo.
Asistente	El asistente es esencialmente un archivo de ayuda interactiva que "dialoga" con el usuario para obtener información. A continuación, utiliza las respuestas para completar un proceso, guiándolo por los cauces más idóneos
Atajo de teclado	Combinación de teclas que equivale a un clic del ratón sobre una opción de menú.
Autocorrección	Característica do Writer que consiste en corregir automáticamente la ortografía de un documento.

Barra de herramientas	Fila de botones o iconos que pueden ser utilizados para acceder a los comandos y opciones. Hay varias barras de herramientas disponibles en Writer, organizadas en diferentes categorías. Se pueden activar y desactivar y personalizar para adaptarse a las necesidades del usuario.
Barras de desplazamiento	Barras situadas en el lado derecho y en la parte inferior del marco de la ventana que aparecen cuando el documento sobre el que se está trabajando no cabe en la pantalla. Permiten al usuario moverse a través del área visible del documento.

Carácter	Cada uno de los símbolos de texto que contiene un escrito. Pueden ser visibles u ocultos.
Combinar celdas	Permite la agrupación de varias celdas en una sola.

Configuración de página	Una opción para editar el tipo de hoja y los márgenes de las mismas.
Copiar	Acción que consiste en coger el texto u otro objeto almacenado en el portapapeles y duplicarlo en cualquier documento o programa. A diferencia del comando Cortar, al copiar algo de un documento, no lo quita del propio documento.
Cortar	Acción que consiste en enviar al portapapeles texto u otro objeto de un documento o programa, haciéndolo desaparecer de su ubicación original
Cursor	Línea vertical parpadeante que indica dónde aparecerá el próximo carácter que se teclee. También llamado punto de inserción.

Documento	Sinónimo de archivo o fichero. Contiene todo lo escrito o añadido (imágenes, gráficos...) durante una sesión de trabajo con el procesador de textos.

Edición	Proceso que recoge las acciones de copiar, pegar, cortar, mover o alterar el formato de los elementos de un programa.
Encabezado	Parte del documento que nos permite insertar textos, imágenes, etc., y que se reproduce al principio de todas las páginas del documento.
Espaciado	Distancia entre un párrafo y otro.
Espacio entre caracteres	Es la distancia de un carácter a otro
Estilos	Conjunto de formatos que se aplican al mismo tiempo, lo que agiliza y simplifica el formateo del texto.
Estirador	Pequeño cuadrado que aparece en una imagen seleccionada y que permite, por arrastre, modificar aspectos del tamaño de la imagen. También llamado selector de tamaño.
Extensión	Caracteres añadidos al final del nombre de un archivo, que ayuda a identificar al programa con el que se creó o el tipo de datos que contiene.

F

Fichero	Documento que se encuentra almacenado en un dispositivo de almacenamiento. Sinónimo de archivo.
Fontwork	Es una galería de estilos de texto que se pueden agregar a los documentos para crear efectos decorativos, por ejemplo, texto sombreado o reflejado.
Formato	Conjunto de atributos, tales como tamaño, tipo, color de fuente y bordes aplicados a los elementos de un documento.
Fuente	En un procesador de textos hace mención al tipo de letra utilizada.

G

Galería	Conjunto de interesantes recursos gráficos que Writer pone a tu disposición para que mejores o refuerces los documentos
Gráficos	Representación visual de datos numéricos. Existen multitud de opciones, entre otras: circular, columnas y lineal.

I

Interlineado	Es la distancia entre dos líneas en un párrafo.

J

Justificación	Alineación vertical de las líneas de un texto. Puede ser por la izquierda, derecha o ambas.

L

LibreOffice	Es un paquete ofimático que está publicado como software libre y código abierto que incluye, dentro de sus aplicaciones, un procesador de texto (Writer), una hoja de cálculo (Calc), presentaciones (Impress), herramientas para el dibujo vectorial (Draw) y una base de datos (Base). Además, está disponible para múltiples plataformas (Microsoft Windows, GNU/Linux, Solaris, Mac OS X). Su descarga es totalmente gratuita.
Línea huérfana	Es el primer renglón de un párrafo que se queda aislado en la parte inferior de la página anterior.

Línea viuda	Es el último renglón de un párrafo que se queda aislado en la parte superior de la página siguiente.
Lista	Forma, más o menos estética, de representar una serie de elementos de manera ordenada dentro de un documento.

Márgenes	Los márgenes de página son el espacio en blanco que queda alrededor de los bordes de una página. Generalmente, el texto y los gráficos se insertan en el área de impresión situada entre los márgenes. No obstante, algunos elementos pueden colocarse en los márgenes, como los encabezados, pies de página y los números de página.
Menú contextual	Al hacer clic sobre un objeto en la pantalla con el botón secundario del ratón, aparece el llamado menú contextual (o menú de contexto). Este menú contiene comandos relacionados con el objeto o situación sobre la que se ha hecho clic.
Mover	Acción que consiste en llevar un elemento seleccionado de un documento a otro sitio del mismo documento, haciéndolo desaparecer de su ubicación original.

Nota al pie	Referencias, citas, notas u otros datos que se colocan en la parte inferior de la página para más información.

Objeto	Es un elemento situado en la pantalla y que contiene informaciones. Puede tratarse, por ejemplo, de los datos de una aplicación, como textos o imágenes. Los objetos son independientes y no se influyen recíprocamente. A cada objeto que contiene datos se le asignan determinadas órdenes.
ODT	Extensión de los ficheros de texto en formato OpenDocument, que es un formato de fichero estándar para el almacenamiento de documentos ofimáticos.
OLE	Los objetos OLE pueden enlazarse a un documento de destino o incrustarse. La incrustación inserta una copia del objeto y detalles del programa de origen en el documento de destino.

Párrafos	Los párrafos son unidades dentro del documento Word que tienen sus propias características de formato, pudiendo ser diferentes de un párrafo a otro.
PDF	Es un formato de almacenamiento de documentos, desarrollado por la empresa *Adobe Systems* (acrónimo del inglés *Portable Document Format*, formato de documento portátil). Es un formato de tipo compuesto (imagen vectorial, mapa de bits y texto).
Pie de página	Área en la parte inferior de la página impresa, fuera de los márgenes del documento, que puede ser personalizado para incluir mayor información (número de página, títulos y subtítulos,...), al igual que el encabezado de página.
Portapapeles	Cuando se copia o corta un texto u otro objeto de un documento, Writer lo coloca en el portapapeles. Es un archivo temporal que se utiliza para almacenar la información y desde donde permanece disponible para volver a insertarla en el documento o en otros programas.
Procesador de textos	Programa informático empleado para la producción (redacción, edición, formato e impresión) de cualquier documento imprimible.
Punto de inserción	Línea vertical parpadeante que indica dónde aparecerá el próximo carácter que se teclee. Llamado también cursor.

Regla	Elemento guía, ubicado en la parte superior y lateral del documento, que facilita la medida de la posición de los elementos que conforman el documento: texto, márgenes, tabulaciones, sangrías, etc.

Salto de página	Carácter especial y oculto que fuerza a que el texto escrito pase a la siguiente página del documento.
Sangría	Espacio entre el margen de una página y el texto, bien al principio de la línea (sangría izquierda) o al final de la línea (sangría derecha).
Sección	Cada una de las partes independientes en las que Writer puede dividir un documento. Cada sección puede tener atributos distintos al resto del documento, comportándose como un subdocumento totalmente independiente.
Símbolos especiales	Conjunto de caracteres que complementan los caracteres alfanuméricos normales del teclado de un idioma. Suelen incluir caracteres griegos, matemáticos, etc...

Software libre	Es la denominación de un tipo determinado de software que da libertad a los usuarios sobre su producto adquirido y, por tanto, puede ser usado, copiado, estudiado, modificado y redistribuido libremente.

T

Tabla	Una tabla proporciona una forma eficiente y concisa de presentar en un documento una serie de datos, de manera organizada, en forma de filas y columnas.
Tabulaciones	Las tabulaciones son marcas o puntos temporales que el usuario establece dándole una posición y alineación y que indican el lugar en que se parará el cursor al pulsar la tecla Tabulación.
Texto	Unidad fundamental en el proceso de comunicación tanto oral como escrito que posee carácter social. Está caracterizado por su cierre semántico y comunicativo, así como por su coherencia profunda y superficial en estrecha relación con su intencionalidad.

V

Viñeta	Símbolo que se coloca delante de la línea de una lista (o de un párrafo) para transmitir orden en el agrupamiento.

W

Writer	Procesador de textos perteneciente al paquete ofimático LibreOffice de software libre.

BIBLIOGRAFÍA

WEBGRAFÍA

Bibliografía

A continuación, relacionamos una serie de manuales que consideramos interesantes como bibliografía relacionada con el temario.

- CARLOS JOSÉ TORRES VELA. *LibreOffice WRITER 6 para oposiciones: +1.800 preguntas tipo test.* Independently published (25 octubre 2020).

  Esta publicación consta de los siguientes bloques: preguntas generales, fórmulas y funciones, gráficos, acceso a menús y submenús con la tecla ALT, desplazarse, seleccionar y eliminar con el teclado, métodos abreviados del teclado (atajos del teclado), conocimiento de menús y submenús, preguntas sobre las barras de herramientas, preguntas sobre identificar comandos y preguntas sobre la barra lateral.

  Se ha escogido esta obra para completar los contenidos más teóricos, aunque también prácticos, sobre las diferentes funciones y aplicaciones del procesador de texto.

- CENTRO DE ESTUDIOS ADAMS. *Writer. Teoría y ejercicios.* Ediciones Valbuena S.A (5 febrero 2019).

  Presentamos, este manual teórico-práctico en el que se desarrollan, por una parte, las principales funciones y herramientas del procesador de textos Writer y, por otra, la puesta en práctica de las mismas, cuyo objetivo final es que el alumno aprenda a manejar con soltura el programa de LibreOffice.

  Se ha escogido esta obra, sobre todo, por los diversos ejercicios prácticos de que dispone.

Webgrafía

Además, presentamos un listado de sitios web que consideramos de interés para ampliar información:

- Página oficial de LibreOffice. Portal web oficial de LibreOffice en que podemos encontrar información actualizada sobre la aplicación de Writer:

  https://es.libreoffice.org/descubre/writer/

- Manuales de LibreOffice. Portal web de LibreOffice en el que se puede encontrar un guía de Writer:

  https://documentation.libreoffice.org/es/documentacion-en-espanol/writer/

- Curso completo de Calc en YouTube:

  https://www.youtube.com/watch?v=4R8CY1OyvPU

- Página para descargar libro de ejercicos de Writer. En esta página disponemos de la posibilidad de descargar un libro de ejercicios de Writer, con sus ficheros correspondientes.

  https://ifanlo.com/libro-de-ejercicios-de-libreoffice-writer/